青年学者文丛

产业集聚现象统计分析

刘宇 编著

北京邮电大学出版社
www.buptpress.com

内容简介

本书分为9章,包括绪论,产业集聚相关文献综述,产业集聚测度的尺度和测度方法,中国第二、第三产业集聚状况,中国第二、第三产业的集聚区域,中国第二、第三产业集聚因素,中国第二、第三产业集聚效应,中国电子信息制造业集聚研究,结论与建议。

本书的基础数据为中国四次经济普查数据。本书利用经济普查数据对中国第二、第三产业的集聚程度、集聚区域的分布状况进行了研究。本书结合其他统计数据进一步挖掘了产业集聚背后的原因,分析了产业集聚对经济增长的影响以及集聚性产业的经济效率。本书的研究勾勒了中国第二、第三产业集聚的图景,有利于读者全面了解和掌握中国产业集聚的整体状况。

图书在版编目(CIP)数据

产业集聚现象统计分析 / 刘宇编著. -- 北京:北京邮电大学出版社,2021.5
ISBN 978-7-5635-6286-2

Ⅰ. ①产… Ⅱ. ①刘… Ⅲ. ①产业集群－统计分析－中国 Ⅳ. ①F269.23

中国版本图书馆 CIP 数据核字(2021)第 014301 号

策划编辑:刘纳新 姚 顺　　责任编辑:满志文　　封面设计:七星博纳

出版发行	北京邮电大学出版社
社　　址	北京市海淀区西土城路 10 号
邮政编码	100876
发 行 部	电话:010-62282185　传真:010-62283578
E-mail	publish@bupt.edu.cn
经　　销	各地新华书店
印　　刷	保定市中画美凯印刷有限公司
开　　本	720 mm×1 000 mm　1/16
印　　张	14.25
字　　数	278 千字
版　　次	2021 年 5 月第 1 版
印　　次	2021 年 5 月第 1 次印刷

ISBN 978-7-5635-6286-2　　　　　　　　　　　　　　　　定价:45.00 元

・如有印装质量问题,请与北京邮电大学出版社发行部联系・

前 言

产业集聚现象是经济发展过程中出现的一种经济现象,自20世纪80年代以来得到人们广泛的关注。产业集聚现象最初是一种自发的集聚现象,其背后的驱动力源于企业对利润的追求。逐渐地,人们进一步认识到产业集聚是产业结构调整在空间上的反映,是形成产业竞争力的一种有效形式。为此,产业集聚研究开始兴起并在最近二十年进入高潮。学者们在大量考察产业集聚现象的同时,不断探究形成产业集聚的原因和因素,发现并梳理产业集聚给社会发展和经济发展带来的变化,产业集聚从现象走向理论。现在,世界各国都希望从产业集聚理论中找到有利于自己的内容,通过制定政策,引导或促进产业集聚的发展,以提升经济发展水平和质量。

对产业集聚现象的实证研究是产业集聚研究的重要部分。产业集聚现象出现于世界各地,与各地的自然环境条件和社会经济条件密切相关。对众多的产业集聚现象进行实证研究并加以总结和提炼,才能形成系统化、规范化的产业集聚理论。在这方面,中国学者近些年来对中国产业集聚现象的实证研究为产业集聚理论的不断发展做出了一定的贡献。

本书也属于对中国产业集聚现象的实证研究。本书最大的特点是以经济普查数据为基本数据着重于对产业集聚的统计分析,数据的准确性、真实性能够保证研究结果的可靠性。本书的另外一个特点是力求对第二产业集聚和第三产业集聚现象的一并考察,一方面能够勾勒中国产业集聚现象的全貌,另一方面能够发现第二产业集聚和第三产业集聚的相关性。

产业集聚研究的前提和关键是能够正确衡量产业集聚,这涉及三方面问题。一是产业集聚的含义。本书强调产业集聚是某产业中的企业在一定空间范围内的"扎堆"现象,而非产业的某些经济量在一定区域范围内所显现的优势现象。二是衡量的尺度,包括产业尺度和区域尺度。不同产业尺度和区域尺度下产业集聚的衡量结果差异明显。本书中的产业尺度是指国民经济行业分类标准中的"门类"和"大类",以"大类"为主;区域尺度是指中国大陆31个省级行政区域(不包括港澳台)。三是衡量的方法。在多种产业集聚的衡量方法中,本书选择 EG 指数作为衡量全国范围内产业集聚程度的指标,将传统区位熵进行调整作为衡量区域内产业集聚状况的指标。

本书的框架包括在逻辑上相互连接的四个部分:一是考察四次经济普查中的产业集聚程度及其变化;二是发现四次经济普查中产业集聚的区域及其变化;三是挖掘产业集聚的影响因素并剥离主要因素;四是明晰产业集聚所产生的经济效应。在此基础上提出相关建议。

本书作者曾经主持国务院经济普查领导小组办公室关于产业集聚的相关研究课题,本书是在课题研究报告的基础上进一步整理修改而成的。第 8 章则是在课题研究的基础上补充的内容,由王璐提供数据并进行测算。限于作者的学识和能力,本书中肯定存在许多不足或纰漏,望学界同仁指正。

刘 宇

2021 年 4 月

于北京邮电大学经济管理学院

目 录

第1章 绪论 ... 1

1.1 产业集聚基本认知 ... 1
1.1.1 世界范围的产业集聚现象 ... 1
1.1.2 对产业集聚的认识 ... 3
1.1.3 产业集聚相关概念 ... 4
1.1.4 产业集聚的影响和作用 ... 6

1.2 产业集聚研究的数据支撑——经济普查 ... 7
1.2.1 经济普查概述 ... 8
1.2.2 中国四次经济普查比较 ... 9
1.2.3 经济普查数据对本书内容的支撑 ... 11

1.3 本书的轮廓 ... 13
1.3.1 研究目的 ... 13
1.3.2 研究意义 ... 13
1.3.3 研究内容 ... 14
1.3.4 研究思路 ... 15

本章参考文献 ... 16

第2章 产业集聚相关文献综述 ... 17

2.1 产业集聚程度测算方法 ... 17
2.1.1 20世纪90年代以前产业集聚程度测算 ... 17
2.1.2 20世纪90年代以后产业集聚程度测算 ... 21
2.1.3 其他产业集聚测算指标 ... 23

2.2 产业集聚影响因素的相关研究 ... 24
2.2.1 国外关于产业集聚因素的研究 ... 24
2.2.2 国内关于产业集聚因素的研究 ... 26

2.3 产业集聚影响效果的相关研究 ... 29
2.3.1 产业集聚与经济增长、地区差距 ... 29
2.3.2 产业集聚与区域创新 ... 31

2.3.3　产业集聚与区域竞争力 ··· 32
　　2.3.4　产业集聚与要素生产率 ··· 33
　　2.3.5　产业集聚与外商直接投资(FDI) ································ 35
　本章参考文献 ··· 36

第3章　产业集聚测度的尺度和测度方法 ································ 45
3.1　产业集聚测度的尺度 ··· 45
　　3.1.1　产业尺度 ··· 45
　　3.1.2　区域尺度 ··· 55
3.2　产业集聚的测度方法 ··· 56
　　3.2.1　测度产业集聚常用方法 ··· 56
　　3.2.2　测度方法评价 ·· 59
本章参考文献 ··· 61

第4章　中国第二、第三产业集聚状况 ··································· 62
4.1　第二产业集聚分析 ·· 62
　　4.1.1　第二产业集聚趋势变化 ··· 62
　　4.1.2　第二产业集聚程度变化 ··· 68
　　4.1.3　第二产业集聚特征 ·· 73
4.2　第三产业集聚分析 ·· 76
　　4.2.1　第三产业集聚趋势变化 ··· 76
　　4.2.2　第三产业集聚程度变化 ··· 81
　　4.2.3　第三产业集聚特征 ·· 85
本章参考文献 ··· 87

第5章　中国第二、第三产业的集聚区域 ································ 89
5.1　产业集聚区域评估方法 ·· 89
　　5.1.1　EG指数和区位熵的比较 ······································· 89
　　5.1.2　产业的集聚区域衡量 ·· 91
5.2　第二产业集聚区域分析 ·· 94
　　5.2.1　第二产业集聚区域变化 ··· 94
　　5.2.2　第二产业集聚区域统计特征 ···································· 99
5.3　第三产业集聚区域分析 ·· 103
　　5.3.1　第三产业集聚区域变化 ··· 103
　　5.3.2　第三产业集聚区域统计特征 ···································· 108
本章参考文献 ··· 111

第6章 中国第二、第三产业集聚因素 ············ 112

6.1 第二产业集聚因素 ············ 112
6.1.1 集聚因素理论依据 ············ 112
6.1.2 集聚因素统计指标 ············ 114
6.1.3 模型构建及分析 ············ 117

6.2 第三产业集聚因素 ············ 122
6.2.1 集聚因素确定依据 ············ 122
6.2.2 集聚因素相关指标 ············ 124
6.2.3 集聚因素模型分析 ············ 127

6.3 第二、三产业集聚的相关性 ············ 130
6.3.1 对第二、三产业集聚关系的认识 ············ 130
6.3.2 中国第二、三产业集聚相关性现状 ············ 132

本章参考文献 ············ 141

第7章 中国第二、第三产业集聚效应 ············ 144

7.1 产业集聚对经济增长影响的测算方法 ············ 144
7.1.1 模型设定 ············ 144
7.1.2 类型和数据 ············ 145

7.2 产业集聚对各产业经济增长的影响 ············ 146
7.2.1 对第二产业的分析 ············ 146
7.2.2 对第三产业的分析 ············ 148

7.3 产业集聚对区域经济增长的影响 ············ 150
7.3.1 第三次经济普查时期 ············ 151
7.3.2 第四次经济普查时期 ············ 152

7.4 产业集聚对经济效率的影响 ············ 154
7.4.1 效率评价方法 ············ 154
7.4.2 第二产业集聚效率分析 ············ 157
7.4.3 第三产业集聚效率分析 ············ 162

本章参考文献 ············ 168

第8章 中国电子信息制造业集聚研究 ············ 169

8.1 电子信息制造业集聚研究概述 ············ 169
8.1.1 电子信息制造业界定 ············ 169
8.1.2 电子信息制造业集聚问题研究概况 ············ 170

- 8.2 电子信息制造业集聚现状 ……………………………………… 172
  - 8.2.1 电子信息制造业发展现状 ………………………………… 172
  - 8.2.2 电子信息制造业集聚现状测度 …………………………… 175
  - 8.2.3 电子信息制造业集聚区域差异 …………………………… 176
- 8.3 电子信息制造业集聚效应 ……………………………………… 178
  - 8.3.1 数据和变量 ………………………………………………… 178
  - 8.3.2 基于整体产业集聚水平变化的集聚效应 ………………… 179
  - 8.3.3 基于地区产业集聚水平变化的集聚效应 ………………… 180
- 8.4 中部地区电子信息制造业集聚影响因素 ……………………… 181
  - 8.4.1 集聚因素变量选取及数据处理 …………………………… 181
  - 8.4.2 模型构建及结果分析 ……………………………………… 183
- 本章参考文献 ………………………………………………………… 186

第9章 结论与建议 …………………………………………………… 188

- 9.1 主要研究结论 …………………………………………………… 188
  - 9.1.1 产业集聚程度及其变化 …………………………………… 188
  - 9.1.2 产业集聚区域及其变化 …………………………………… 190
  - 9.1.3 关于产业聚集因素 ………………………………………… 193
  - 9.1.4 关于产业聚集效应 ………………………………………… 194
  - 9.1.5 电子信息产业集聚研究结论 ……………………………… 197
- 9.2 相关建议 ………………………………………………………… 198
  - 9.2.1 总体思路 …………………………………………………… 198
  - 9.2.2 主要方式 …………………………………………………… 199
  - 9.2.3 电子信息制造业集聚政策建议 …………………………… 200

附录 …………………………………………………………………… 203

- 附录1 三个版本产业分类标准比较 ……………………………… 203
- 附录2 基于省级层面的产业大类 EG 指数 ……………………… 208

第1章 绪 论

1.1 产业集聚基本认知

1.1.1 世界范围的产业集聚现象

经济全球化是各种经济资源在全球范围内的流动和布局,是建立在技术进步和要素流动基础上的产业空间组织革命。近几十年来,一方面伴随着交通运输、信息通信技术的发展,以及生产和消费在更广泛空间内的需求,地理位置在生产布局中的作用被逐渐削弱;另一方面国际贸易和国际金融市场的自由化降低了商品交易和资本流动的壁垒和障碍,标准化生产减少了对工人特殊技能的依赖,加上各国经济政策制定中开放性趋势的增强,这些都导致生产活动在全球的布局越来越灵活。然而,一个引人注目的想象是,这种生产活动全球化并没有使企业的生产经营活动在空间分布上趋于均衡,反而是生产活动在地理上越来越集中了。在一个国家的内部,与要素自由流动相对应的也是生产的集中。这样的现象在经济一体化和全球化的今天越来越明显。

在国外,欧洲作为现代工业的发源地,产业集聚现象十分突出。最典型的代表有"第三意大利"(包括意大利中部和东北部的7个省)、德国的莱茵-鲁尔城市群、西欧的荷兰-比利时城市群、大巴黎城市群等。美国作为最发达的经济体,产业集聚现象也非常明显,新英格兰地区、五大湖沿岸、阳光西部和南部都是产业集聚的重点区域。在亚洲,日本是产业集聚的引领者,日本的主要产业高度集聚于太平洋沿岸的"三湾一海"地区(即东京湾、伊势湾、大阪湾和濑户内海地区)。韩国的产业集聚也十分突出,其GDP和人口的60%~80%都集中在大首尔地区。在国内,改革开放以来,经济的快速增长是也伴随着剧烈的产业空间重构(spatial restructuring of industries)而演进的。自20世纪80年代在沿海地区出现产业聚集现象以来,各地产业集聚现象越来越普遍,产业集聚区已经成为中国技术创新的重要发源地,并日益成为支撑区域经济发展的重要动力。改革开放近40年,中国经济增长的核心主要是沿海发达地区的三大产业集聚区,包含长三角地区、珠三角地区和环渤海地区。进入21世纪,西部大开发战略的实施和中部地区的崛起,使得中西部地区产业集聚现象也日趋显现,涌现出中原经济区、长株谭经济区、成渝经济区等一批产业集聚区。总的来看,世界范围内的产业集聚现象已成为一种常态化现象。

随着第二、三产业集聚现象明显,研究产业集聚问题具有重要的理论和现实意义,产业集聚日益成为国内外学者研究的重点。从国内外对产业集聚理论的研究成果看来,国外的研究理论相对成熟,已经渗透到了经济发展的各个领域。不同领域的学者从不同的角度研究了产业集聚的发展。经济学家通过外部经济、集聚经济、竞争优势、交易成本等理论来解释产业集聚的形成和发展机制;社会学家强调非正式的社会关系网络和人际关系网络,以及本地的社会化环境对于区域经济发展的关键影响;地理学家则研究产业柔性专业化基础上的空间集聚对区域经济发展的作用,地理空间对产业集聚和发展过程的影响。

中国学者对国内产业集聚理论的研究已逐步迈向较为系统和深入的阶段,能够紧跟国际理论研究前沿,在学科交融上有一定创新。但与国外相比较,中国对产业集聚理论的研究还没能形成一套完整的适合中国产业集聚的理论体系,更缺少支撑此体系的实证分析研究。随着经济全球化的发展,产业集聚理论已经成为国内外经济学、管理学等领域的研究重点。产业集聚理论突破了传统产业经济学的分析方法,形成了独特的中观经济视角,把区域看作一个整体,注重区域发展、创新、竞争、区域网络等。为此,加强实证研究,形成适用于中国的产业集聚理论对于提升区域和国家竞争优势具有重要意义。

随着近年来经济的快速发展,工业化和信息化进程不断加快,产业集聚成为中国工业化发展的一种重要形式。但是在产业集聚的研究中我们仍存在一些问题尚待解决,尤其是,目前的研究所需要的数据不完整,不能更准确地反映产业集聚状况;同时,在以往的关于产业集聚的研究中,许多学者将关注的焦点放在制造业上,对第三产业关注较少。因此,为全面把握产业集聚的现状及其形成和发展规律,本书采用经济普查数据进行研究。

在研究中,对各类产业的集聚现状进行动态分析,对产业集聚的形成因素及影响效果进行分析,可以进一步完善产业集聚理论;同时,在实证研究基础上提出的政策建议,对促进全国各地第二、三产业集聚的健康蓬勃发展有重要的现实意义。

1.1.2 对产业集聚的认识

1. 产业集聚的界定

从经济学角度来说，集聚(agglomeration)既是一种状态，也是一种过程。前者是指经济活动在地理空间上的集中分布现象；后者是指经济要素、经济活动者为获得某些优势条件或利益而向特定区域汇集的过程。"集聚"(agglomeration)一词最早由阿尔弗雷德·韦伯(Alfred Weber,1909年)使用，以概括19世纪下半叶德国工业企业的生产地方化现象。而对产业集聚问题的研究则产生于19世纪末，马歇尔在1890年就开始关注产业集聚这一经济现象，对产业集聚的研究集中于其著作《经济学原理》(1920年)中，并提出了两个重要的概念即"内部经济"和"外部经济"。马歇尔之后，产业集聚理论有了较大的发展，出现了许多流派，比较有影响的有韦伯的区位集聚论、熊彼特的创新产业集聚论、E.M.胡佛的产业集聚最佳规模论、波特的企业竞争优势与钻石模型等。

但对于产业集聚比较权威的界定是来自于Porter(1998年)的定义，认为产业集聚是一组地理上靠近的相互联系的生产者、企业以及相关支撑机构，同处在某一相关的产业领域，由于具有共性和互补性而联系在一起，并形成强劲、持续竞争优势的现象。联合国工业发展组织(UNIDO)认为，聚集能够提高外部经济性，例如可以促进原材料供应商的产生，可以促进产业特殊技能劳动力市场的增长以及促进在技术、管理和财政方面专业化的发展。

目前，我们一般认为，产业集聚是对企业活动在地理上趋向集中的经济现象的描述。狭义地说，产业集聚是指众多同一产业的企业或者相关产业的企业在某一地区的集中，并进一步形成聚合，是产业分布在有机联系基础上的集中化，并不是一种简单的企业在空间上的"扎堆"行为。广义地看，产业集聚就是指某产业部门或者某些产业在地域上出现的集中布局的状况。可见，狭义的产业集聚强调企业集中分布现象是基于相关企业的有机联系，这种联系主要体现为企业间的横向一体化发展和纵向一体化发展。广义的产业集聚则只关注企业集中分布的现象，这些企业可以是同一产业的，也可以是不同产业的。

此外，也可以从宏、微观两个层面把握"产业集聚"的内涵。一方面，产业集聚首先表现为众多微观经济主体的区位邻近，以功能邻近为前提的产业集群是其理想的发展状态；另一方面，区域内部不同产业集聚区的形成和发展又有利于增进区域竞争优势，从而形成经济活动在较大地理空间上的不均衡分布。产业集聚可视为从微观产业集群到宏观产业地理集中的中间桥梁和链接纽带。

2. 产业集聚的内涵

为了更好地理解产业集聚，对集聚内涵的把握应该注意以下几点。

(1) 从产业布局的角度看，产业集聚是一种地理空间分布不均衡的表现，而地理空间可以有不同的尺度，因此，产业集聚现象可以存在于国际间、国内不同区域间、同一区域的不同地区间。对于中国而言，人们更关注省域间、市域间、县域间的集聚现象。

(2) 从产业构成的角度看，产业集聚通常是围绕某一种核心产业或主导产业而形成产业的集中分布。此外，作为对核心产业或主导产业的支撑，还必须有关联产业或配套产业相佐。例如美国阳光西部围绕电子信息、宇航、飞机制造等主导产业形成产业集聚；德国的工具机械产业集中在斯图加特、医疗仪器产业集中于图林根。

(3) 无论是自发形成的产业集聚还是政策引导下的产业的集聚，其背后的诱因和目的都是要充分发挥规模经济、外部经济等带来的经济效率的提高，但规模经济、外部经济的显现则必须在产业发展达到一定规模以后才能实现。

(4) 产业集聚中各个企业之间相互联系，实际上是企业与企业形成的多层次的复杂网络结构，表现为企业间既存在着产品供需间的上下游关系，也有不同企业共同满足某种需求的配套关系，同时，也存在着不同企业共同利用资源的共享关系。

(5) 创新是产业集聚获得持续竞争优势的最终来源。如果关注企业横向一体化或纵向一体化所形成的产业集聚，创新的含义不仅是指单个企业在技术、管理、市场等方面的变化，更多的是指企业间的合作模式、供求关系、资源分配和利用方式的变化。这些变化与产业集聚会形成互动关系，产业集聚有利于创新，而创新又能够进一步促进产业集聚的发展。

(6) 产业集聚的发展要求必须有相关配套的组织机构，如地方政府、协会、中介机构、职业培训和研究机构等。在企业间多层次的复杂网络结构中，这些组织机构如纽带一样将网络节点联系在一起，发挥着支撑、沟通、协调、引导、处置等功能，并且实现相互分工与配合。

1.1.3 产业集聚相关概念

关于产业集聚，在国内外的经济文献和相关理论的发展中出现过若干种概念及其表述，这些概念相互之间有紧密的联系，许多内容有先后发展的逻辑关系。

1. 产业集群

1990 年迈克·波特在《国家竞争优势》一书中首先提出用产业集群(Industrial Cluster)一词对集群现象进行分析。波特通过对 10 个工业化国家的考察发现，产业集群是工业化过程中的普遍现象，在所有发达的经济体中，都可以明显看到各种产业集群。

产业集群是指在特定区域中，具有竞争与合作关系，且在地理上集中，有交互关联性的企业、专业化供应商、服务供应商、金融机构、相关产业的厂商及其他相关机构等组成的群体。不同产业集群的纵深程度和复杂性相异,代表着介于市场和等级制之间的一种新的空间经济组织形式。许多产业集群还包括由于延伸而涉及的销售渠道、顾客、辅助产品制造商、专业化基础设施供应商等,政府及其他提供专业化培训、信息、研究开发、标准制定等的机构,以及同业公会和其他相关的民间团体。

因此,产业集群超越了一般产业范围,形成特定地理范围内多个产业相互融合、众多类型机构相互联结的共生体,构成这一区域特色的竞争优势。产业集群发展状况已经成为考察一个经济体,或其中某个区域和地区发展水平的重要指标。从产业结构和产品结构的角度看,产业集群实际上是某种产品的加工深度和产业链的延伸,在一定意义讲,是产业结构的调整和优化升级。从产业组织的角度看,产业集群实际上是在一定区域内某个企业或大公司、大企业集团的纵向一体化的发展。如果将产业结构和产业组织两者结合起来看,产业集群实际上是指产业成群、围成一圈集聚发展的意思,也就是说在一定的地区内或地区间形成的某种产业链或某些产业链。

产业集群的核心是在一定空间范围内产业的高集中度,这有利于降低企业的制度成本(包括生产成本、交换成本),提高规模经济效益和范围经济效益,提高产业和企业的市场竞争力。

总体来看,产业集群强调多产业或多产业链在一定空间范围内形成的有机整体,产业集聚则强调某一产业或产业链中相关企业的集中分布。有学者认为产业集群着眼于"产业"这一中观层面,产业集聚着眼于"企业"这一微观层面。产业集聚的不断发展会走向产业集群。

2. 产业(地理)集中

产业集中也称市场集中,通常是指在社会生产过程中,企业规模扩大的过程。它表现为全部企业中仅占很小比例的企业或数量很少的企业,积聚或支配着占很大比例的生产要素,因此,产业集中的概念属于产业组织范畴。产业集中是以某个具体的产业为考察对象,既反映产业内资源在不同企业间分布的状况,包括资本、劳动力、技术的集中等,也反映产业的产出状况在不同企业间分布的状况,包括产值、利润、市场份额的集中等。

产业集中不涉及空间概念,只反映产业内企业间在竞争中支配力量的变化。但产业集中现象需要落实在空间上,就形成了"产业地理集中"的概念,它描述的是一个产业的生产要素、产出状况或是产业内的企业数量集中在少数区域的现象。这种现象可以是产业的生产要素、产出状况集中在少数企业而形成产业活动的空间集中,也可以是大量企业尤其是中小企业集聚在少数区域而造成的空间集中。

可见,产业集聚与产业地理集中的概念既相似又有区别。前者强调在一定空间范围内企业数量的增加,后者既有企业数量增加的含义,又有企业规模扩大的含义。从这个角度看,产业地理集中应该含有产业集聚的内容。

3. 产业区

产业区的概念是相关问题研究中一个比较独特的概念,它既和产业集聚的概念类似,反映的是产业或工业在某一个特定区域集中的现象,又不同于产业集聚的概念。因为产业区的概念强调的是区域内某个产业(主要是工业)内部的生产关系,不着重反映产业发展与区域或地区发展的关系,而当代的产业集聚概念既包括产业发展的内涵,也包括区域或地区发展的内涵(尽管重点是在产业发展上)。另外,产业区的概念是和农业区相对而言的,基本上是工业区的概念,而产业集聚还包括服务业的区域性集中。相对于今天学术界普遍使用的产业集群或产业集聚概念而言,产业区的概念显得有一定的局限性。不过,产业区仍然属于集聚经济这一大的概念范围。

产业区的概念是马歇尔提出的,他从内部和外部规模经济的理论研究入手,引申出产业区的概念。马歇尔认为,内部的规模经济产生于企业内部,而外部的规模经济则产生于企业的外部,即所在产业的总体发展情况。如果一个大企业附近聚集了很多中小企业,就出现了他所命名的产业区,外部规模经济及其效率将产生于这个产业区内。在这个产业区内,大企业与中小企业之间以及中小企业相互之间有合作和分工的关系,专业化程度也达到相当高的程度。马歇尔的产业区的概念对后人有很大的启发,当代著名的经济学家研究产业集聚或集聚经济问题时一般都会引用马歇尔的关于外部规模经济和产业区的观点。然而,在当代的研究趋势中,已很少有人使用产业区的概念,更多的是使用产业集聚或集聚经济的概念。

1.1.4 产业集聚的影响和作用

1. 产业集聚与两大效应

一般认为,邻近效应和外部效应是产业集聚形成的两大效应。邻近效应指在一定空间范围内集中分布的企业由于地理位置上的相邻关系而导致相互之间信息、技术和知识的便利传播,从而有效降低了企业之间的交易成本;外部效应是指地理位置相邻的企业由于相互之间的竞争关系或协作关系而获得的外部规模经济和范围经济。产业集聚的核心功能就是通过集中分布企业的合作、竞争和创新,使企业产生邻近效应和外部效应,从而使该地区产生比其他非集聚区域更优的发展力量。

2. 产业集聚与专业化

产业集聚可以促进专业化生产,进而提升集聚性企业的生产力水平。在产业集聚区内,同一产业链上,众多的企业往往分工协作,单个企业只需要专注于生产某一种中间品,使得该产业的专业化生产成为可能,形成区域内部的专业化生产网络体系,从而确立该区域的专业化优势。产业集聚程度越高,企业数量越多,专业化水平也会更高。产业优势的存在,使得外部企业进一步移入,产业集聚进一步加深,出现"累积循环效应"。企业的分工协作和相互依赖也有赖于配套服务的支撑。企业只有位于集聚区内才能享受到功能齐全的配套服务,这是企业间专业化分工产生的"地理锁定"现象。此外,按照马歇尔等人的观点,集聚会导致企业间知识的外溢和劳动力市场的共享,也会引发专业化和垂直分工的发生和深入。例如,同类企业的集聚可以使某一企业发现新的市场需求以及产品创新与技术创新活动迅速被其他企业学习和扩散开来;企业数目众多则提高了企业之间相互学习的可能性,增强了学习收益的累积性,进而强化了生产的专业性。

3. 产业集聚与技术创新

产业集聚可以促进企业技术创新。企业在发展过程中既要有分工又要有合作,这些分工与合作在集聚区内表现得更为显著。集聚区内企业通过一系列正式或非正式的交流与沟通能够获取知识和技术外溢带来的效益,从而有效促进各类新工艺、新技术的迅速传播。在集聚区内的企业还可以较低的交易成本进入市场,这是因为集聚区内企业在资源的共享方面拥有非集聚区企业所不可比拟的优势,从而能够有效降低各类生产要素成本,并能及时了解相关的市场信息,从而占有相关创新信息,提升企业的创新能力,进而能够以最新的创新产品占领市场。集聚区内企业的技术创新模式从研发开始就能够占据主导地位,最后在市场上就能够表现出外部规模经济和外部范围经济。企业基于网络的非线性的创新发展模式,使集聚区内企业降低了软件开发成本和创新的风险。此外,集聚能够把企业积极地联系在一起,强有力地推动有效市场竞争机制的构建,从而进一步促进区域的制度创新。

1.2 产业集聚研究的数据支撑——经济普查

产业集聚现象的普遍存在不仅引发了人们对产业集聚理论的探究,也引发了人们对各地产业集聚实践的分析,这些都需要强有力的数据支撑。经济普查作为中国目前涉及面最广、经济数据采集最全面、最准确的一种调查方法,其所形成的数据资源极其丰富,无论是从产业层面还是从企业层面,都能够为产业集聚研究提供翔实的数据,因此,也是本书的主要数据来源。

1.2.1 经济普查概述

1. 经济普查含义

统计调查的方式多种多样,按调查范围的不同,统计调查可以分为全面调查和非全面调查。普查是全面调查的一种形式。

所谓普查就是普遍性调查,是为了某种特定的目的而专门组织的一次性全面调查,用以搜集重要国情国力和资源状况的全面资料,为政府制定政策提供依据。普查一般是在全国范围内进行的,而且所要搜集的是经常的、定期的统计报表所不能提供的更为详细的资料,调查工作量大,时间性强,需要动员大量的人力和财力,因此,不易经常举行。

经济普查是对全国的经济状况进行的全面调查,是一次重大的国情国力调查,被形容为是对经济发展状况的全面"体检"。其目的是要全面掌握我国第二产业、第三产业的基本情况、发展状况、运营状况,为研究制定国民经济和社会发展规划,提高决策和管理水平奠定基础;同时,对改革统计调查体系,完善国民经济核算制度,健全统计监测和预警、预报系统,也将具有重大意义。

2. 经济普查溯源

在新中国统计发展史,第一项普查是 1950 年开展的全国工矿企业普查,此后,1953 年开展了第一次全国人口普查,1964 年、1982 年分别开展了第二次、第三次全国人口普查,1986 年开展了第二次全国工业普查。我国确定开展周期性普查正是从人口普查开始的,1986 年 8 月,国务院批复同意今后每 10 年进行一次全国人口普查。这种周期性安排也扩展到其他普查。1994 年 7 月,国务院批示了国家统计局《关于建立国家普查制度改革统计调查体系的请示》,提出实行周期性的普查制度,确定人口、第三产业、工业、农业普查分别在逢 0、3、5、7 的年份实施,而基本单位普查则逢 1、6 年份实施。随后,这些普查陆续按计划开展。1993 年开展了第一次全国第三产业普查,1995 年开展了第三次全国工业普查,1996 年开展了第一次全国基本单位普查,1997 年开展了第一次全国农业普查。2003 年 8 月,经国务院批准,国家统计局、国家发展和改革委员会、财政部联合发出通知,决定调整国家普查项目和周期安排,将第三产业普查、工业普查、基本单位普查合并,同时将建筑业纳入普查内容,统称为经济普查,改为每 10 年进行两次,分别在逢 3、8 的年份实施。人口普查、农业普查仍为每 10 年进行一次,分别在逢 0、6 的年份实施。由此,经济普查开始进入中国统计调查的行列。

3. 经济普查的制度确定

2003 年 12 月 2 日,国务院向各省、自治区、直辖市人民政府和国务院各部委、各直属机构发出了《关于开展第一次全国经济普查的通知》,《通知》明确了经济普查的周期和普查内容。2004年9月5日国务院颁布了《全国经济普查条例》,指出了经济普查的目的和意义,再一次规范了经济普查的对象、范围和周期,同时对普查对象的义务、普查的组织实施、普查人员的选调和培训、普查人员的工作要求及权利和义务、普查方法、普查表式及其内容和标准的制定、普查数据的处理和质量控制、普查数据的公布及管理和开发应用、普查中违法行为的法律责任等都做了明确的规定,由此,经济普查走向制度化。

2018年7月4日,国务院第15次常务会议通过了《国务院关于修改〈全国经济普查条例〉的决定》,于2018年8月23日开始执行新的《全国经济普查条例》。

需要说明的是,第一次经济普查是中国首次全方位、全覆盖的经济调查,普查的时间点为2004年12月31日。第一次经济普查没有选择《全国经济普查条例》所规定的逢3、8的年份,是因为作为首次经济普查,整合了原有不同时间点的其他项目普查所致。整合的内容包括:一是将原定于2003年进行的第二次全国第三产业普查推迟;二是将计划在2005年开展的第四次全国工业普查和2006年开展的第三次全国基本单位普查提前;三是将上述这些普查项目合并,同时将建筑业纳入普查范围。可见,为了协调原有不同普查项目的时间,才最终选定2004年作为首次经济普查的时间。第一次经济普查之后的各次普查,则按照《全国经济普查条例》规定的时间点进行。

1.2.2 中国四次经济普查比较

目前,中国已经进行了四次经济普查,时间点分别是2004年、2008年、2013年、2018年。通过经济普查,国家和各级地方政府掌握了丰富、翔实、准确的一手资料,这些资料为经济核算、决策分析、政策制定、经济研究提供了强大的助力。由于各种环境和条件的变化,每隔五年一次的经济普查不完全是上一次普查的复制,在普查目的、普查方法、普查内容、普查对象、普查组织等方面还有一些细微的变化。

1. 普查目的差异

四次经济普查的目的总体相同,但每一次新的经济普查在上一次经济普查目的进一步确定的基础上又有所调整。

第一次经济普查的目的是全面掌握我国第二产业和第三产业的发展规模、结构和效益等信息,建立健全覆盖国民经济各个行业的基本单位名录库(含编码)及其数据库系统。

第二次经济普查目的增加了如下内容:①了解我国第二产业和第三产业的布局;②了解我国产业组织、产业技术的现状以及各生产要素的构成;③摸清我国各类企业和单位能源消耗的基本情况;④建立健全覆盖国民经济各行业的基本单位名录库的统计电子地理信息系统。

第三次经济普查目的增加的内容是:进一步查实服务业、战略性新兴产业和小微企业的发展状况,目的是要为加强和改善宏观调控,加快经济结构战略性调整,科学制定中长期发展规划等提供支持。

第四次经济普查目的是:①了解我国第二产业和第三产业的产业形态现状;②摸清全部法人单位资产负债状况;③进一步查实各类单位主要产品产量、服务活动;④全面准确反映供给侧结构性改革、新动能培育壮大、经济结构优化升级等方面的新进展。

2. 普查方法差异

第一次经济普查和第二次经济普查的方法基本一致。对法人单位、产业活动单位采用全面调查方法,对个体经营户采用全面调查、抽样调查等方法。具体调查方法是企业填报调查表与普查员上门调查相结合。

第三次经济普查更多地运用了现代信息技术,全面采用手持电子终端设备和电子地图,实现普查数据的采集、报送、处理等手段的自动化、电子化,技术要求更高。首次使用PDA手持电子终端设备,对所有普查对象(除军队、武警系统和保密单位)由普查员使用电子终端设备(PDA)进行GPS定位、底册信息核查和相关证照拍照,实现便捷、快速、准确地采集普查数据。对个体经营户的数据采集明确放弃全面调查方法,只采用抽样调查方法。

第四次经济普查则沿用了第三次经济普查的方法。

3. 普查内容差异

第一次经济普查的主要内容是各调查单位的单位标志、从业人员、财务收支、资产状况,以及企业的主要生产经营活动和生产能力,主要原材料和能源消耗及科技开发的投入状况。

第二次经济普查与第一次经济普查相比,扩大主要能源品种和水的消费量的统计范围,以及增加高耗能通用设备的普查。

第三次经济普查与第二次经济普查相比,调查内容中科技情况的调查更加细化,同时增加了信息化调查。

第四次经济普查增加了企业应用电子商务情况的调查。

4. 组织实施差异

四次经济普查都按照"全国统一领导、部门分工协作、地方分级负责、各方共同参与"的原则组织实施。

第一次经济普查参与调查的部门有铁道部、中国人民银行、中国证券监督管理委员会、中国保险监督管理委员会、国家邮政局、解放军和武警部队。

第二次经济普查除国家邮政局外,参与调查的部门不变。

第三次经济普查在部门分工协作方面强调编制、民政、税务、工商和质检部门及时提供审批登记的单位名录。同时,由铁路总公司负责铁路系统的调查。

第四次经济普查则强调编制、民政、税务、市场监督等部门要及时提供行政记录和相关资料,协助开展单位清查、普查和数据评估认定工作。

5. 普查表差异

四次经济普查的调查内容有细微的调整,同一调查内容调查项目的详细程度也有所差别,各次普查中调查表的分类标准也不同,因此,四次经济普查中调查表的数量有较大差别。

第一次经济普查,从表号来看共有43张普查表,这些普查表没有做进一步分类。通用普查表3张,专业普查表28张,部门普查表12张。

第二次经济普查,从表号来看共有56张普查表,其中,通用普查表8张,专业普查表36张,部门普查表12张。

第三次经济普查,从表号来看共有54张普查表。与第二次经济普查对普查表的分类不同,第三次经济普查的普查表分为网联直报单位普查表、非网联直报单位普查表、个体经营户普查表,从表号来看这三类普查表的数量分别为30张、21张、3张。

第四次经济普查,从表号来看共有66张普查表。与第三次经济普查对普查表的分类不同,第四次经济普查的普查表分为一套表单位普查表、非一套表单位普查表、个体经营户抽样调查表、部门普查表,从表号来看这四类普查表的数量分别为27张、7张、1张和31张。

1.2.3 经济普查数据对本书内容的支撑

对中国产业集聚的研究已有很多成果,但已有的研究大都采用各种统计数据,尤其是国民经济核算数据进行分析。本书力求数据支撑的准确性、广泛性,采用经济普查数据作为主要数据源。为了更深入了解近期中国产业集聚现象的特点,本书在研究过程中侧重于对第三次和第四次经济普查数据的利用。

1. 数据利用的内容

经济普查数据指标多样、数据量大,在产业集聚研究中可利用的数据广泛。以往关于产业的研究中,采用的指标和数据大都是各地区经济类指标和数据(例如产值、产量、收入、税收、增加值等)和反映各地区基本状况的指标和数据(例如企业数量、就业人数等)。鉴于四次经济普查针对不同行业以及针对不同机构在经济指标设置有一定差异(例如反映工业企业生产状况的主要指标是"产值",反映服务业企业主要生产状况的指标是"营业收入";反映非企业法人和事业单位经营成果的指标是"经常性支出和固定资产折旧"),为了能够针对不同时期、不同行业、不同机构在分析时保证指标含义的一致性,本书主要利用经济普查中的基本状况数据,具体来说,就是利用各行各业就业人员的数据。一般来看,各个机构或产业的就业人员与该机构或产业的经济指标具有强烈的相关性,在某一产业内,企业的就业人员数量大,往往也预示着该企业的产出规模大;某产业在一定的区域就业人员数量大,往往也说明该产业在同一地区的产出量大,具有集聚趋势。因此,在研究中,用就业人员数量而非经济指标来反映产业规模和区域分布具有合理性和科学性。

2. 数据利用的尺度

数据利用的尺度包括行业分类尺度和地区分类尺度。

在行业分类尺度上,《国民经济行业分类》标准的行业分类尺度有四类,分类尺度由大到小依此为门类(字母编码)、大类(2位数行业)、中类(3位数行业)、小类(4位数行业)。鉴于数据的可得性,本书主要关注行业门类(字母编码)、行业大类(2位数行业)的就业人数。此外,四次经济普查所依据的《国民经济行业分类》标准不断修订变化(第一、第二次经济普查数据依据《国民经济行业分类》(GB/T 4754—2002),第三次经济普查数据依据《国民经济行业分类》(GB/T 4754—2011),第四次经济普查数据依据《国民经济行业分类》(GB/T 4754—2017)),行业分类尺度越小(行业中类、小类),不同《国民经济行业分类》修订版本的行业类型划分的差异性越明显。为了保证四次经济普查行业分类的大体一致性,也需要选择较大尺度的行业分类。

在地区分类尺度上,经济普查在地区划分上一般分为省级行政区域、地市级行政区域。以往关于产业集聚的研究大都关注产业在省级层面的集聚现象,本书仍然聚焦于这一层面,即关注省级的就业人员分布。

3. 数据利用的方式

本书以经济普查数据作为数据资源,力图构建反映产业集聚状况的指标作为分析依据。主要是两类指标,一是利用各行业在各个区域的就业人数构建反映产业集聚程度的指标,二是针对各个区域,利用该区域就业人数数据构建反映该区域产业集聚效果的指标。

1.3 本书的轮廓

本书属于实证研究,力求沿着四次经济普查的时间维度分析中国的产业集聚现象及其变化。本书又非单纯的实证研究,而是以产业集聚的相关理论为研究基础,力求通过对中国产业集聚现象的研究实现与理论的紧密结合。

1.3.1 研究目的

关于中国的产业集聚问题已有众多学者进行过研究,并且有了一定的成果。在以往的研究中,多数学者关注于制造业的集聚现象及其机理,或者是制造业整体,或者是制造业中的某个行业。近些年随着服务经济的发展,对服务业集聚现象尤其是生产性服务业的集聚问题的研究开始走入人们的视野。本书大体延续前人的研究方式,但在研究内容上更具有综合性和概括性。本书的亮点是以经济普查数据作为研究的基础数据,以期达到研究结果更准确可靠、更接近现实。本书最终希望达到以下目的:

一是与经济普查以第二、第三产业为普查对象相呼应,以经济普查数据(主要是就业数据)来勾勒第二、第三产业的集聚现象及其特点,并分析集聚现象的发展变化;

二是结合其他数据资源量化分析近些年(主要是第三、第四次经济普查)第二、第三产业集聚的影响因素,辨明主要影响因素;

三是探究产业集聚所产生的各种影响,其中,主要关注第二、第三产业集聚的相互影响,第二、第三产业集聚对经济增长的影响,第二、第三产业集聚对经济效率的影响。

1.3.2 研究意义

对中国的产业集聚问题的研究一直是学术界关注的领域。不同的学者利用不同的数据资源、采用不同的方法,从不同的视角开展研究,得到的研究结论或是相同、相近,或是相异,这是科学研究的常态。理论研究上的争鸣、实证研究上的多样,无疑能进一步扩展产业集聚这一领域的研究范围、深化研究的力度。本书在目前关于产业集聚的众多研究中尽管仅是"沧海一粟",但"积木成林""聚沙成漠",因此,本书仍具有一定的理论和现实意义。

就理论意义来看,首先,本书作为众多相关研究的一份子,无论研究思路、研究视角、研究结论,都会对产业集聚理论进一步完善和发展有所丰富。尤其是本书中关于第二产业和第三产业集聚因素的分析,在一定程度上能够补充产业集聚机理的相关理论。第二,本书中涉及较多的定量研究方法,例如有偏回归分析、典型相关分析方法、数据包络分析方法等,可以从方法论角度丰富产业集聚的研究手段。第三,本书在学科定位上属于区域经济学的研究范畴,但研究过程中涉及许多相关学科的内容,例如统计学、经济地理学、宏观管理学等,因此,从整体看,本书显示出一定的学科融合性,这也体现了产业集聚理论研究中所必需的多学科支撑特点。

本书定位于实证研究,因此具有明显的现实意义。首先,本书基于经济普查数据测算了产业的集聚程度,分析了产业的集聚区域,从而在国家层面和区域层面能够明确中国的产业集聚现象及其变化。第二,本书中关于产业集聚因素的分析,使人们能够了解影响中国产业集聚的主要因素,从而为进一步引导产业集聚指明方向。第三,第二产业集聚与第三集聚具有明显的相关性,本书通过定量分析,确定了两者之间的相关程度,有利于促进第二产业集聚与第三产业集聚的协调性。第四,引导产业集聚的最终目的是提升经济效率,促进经济增长,本书分析了产业集聚对促进经济增长和提升经济效率的影响程度,从而为制定相应的产业政策提供了依据。

1.3.3 研究内容

本书共分为9个部分,各个部分之间有明确的逻辑关系。

第一部分,绪论。主要对产业集聚的现象进行展示,对产业集聚的概念进行阐述。鉴于本书以经济普查数据作为数据资源,因此,本部分也对中国四次经济普查情况进行了介绍。在前述铺垫的基础上,对本书的轮廓做了大体勾勒,提出了本书的目的、意义、研究内容和研究思路。

第二部分,产业集聚相关文献综述。主要对已有的关于产业集聚的相关文献进行了梳理。结合本书的内容,从三个方面进行把握,一是关于产业集聚的测度方法,二是关于产业集聚的影响因素,三是关于产业集聚的影响效应,以期通过这种梳理为本书的进展提供借鉴。

第三部分,产业集聚测度的尺度和测度方法。产业集聚测度的尺度包括产业尺度和区域尺度两类。根据数据来源以及借鉴前人的研究思路,本书选择产业"门类"和"大类"作为衡量产业的尺度,选择省级行政区域作为衡量区域的尺度。关于测度方法,本书选择EG指数测度产业的集聚程度,选择调整后的区位熵测度产业的区域集聚状况。

第四部分，中国第二、第三产业集聚程度。以经济普查中的"就业人数"指标作为基础数据构建 EG 指数，分别分析中国第二、第三产业集聚趋势变化、集聚程度变化以及相应的集聚特征。

第五部分，中国第二、第三产业的集聚区域。以经济普查中的"就业人数"指标作为基础数据构建调整后的新区位熵公式，分别分析第二、第三产业集聚区域的变化及其相应的集聚区域统计特征。

第六部分，中国第二、第三产业集聚因素。主要从两方面进行分析，一是结合其他数据资源，分别对第二产业集聚和第三产业集聚的影响因素进行分析，找出主要因素，辨明不必要因素。二是对第二产业集聚和第三产业集聚的相关性进行分析，弄清中国的第三产业集聚与第二产业集聚的相关程度。

第七部分，中国第二、第三产业集聚效应。涉及两种类型的分析，一是分析产业集聚对经济增长的影响。利用生产函数分别测算第二产业集聚和第三产业集聚对本产业增加值的影响以及对区域经济增长的影响，并比较相互间的差异。二是分析产业集聚对生产效率的影响。利用数据包络分析方法分别对第二产业集聚、第三产业集聚对各自产业的产出效率的影响进行测算，找出影响产出效率的原因。

第八部分，中国电子信息制造业集聚研究。数字经济的产生和发展使得电子信息制造业越来越受到关注，因此，针对电子信息制造业的集聚性进行研究。测算东、中、西三大地带电子信息制造业的集聚程度并进行比较分析，探究三大地带电子信息制造业的集聚因素，并明确其中的关键因素。

第九部分，结论与建议。对前述研究进行整理和概况，得出重要的研究结论，在此基础上提出相关建议，一是如何从总体上引导第二、第三产业的集聚性发展提出建议，二是如何促进电子信息制造业的集聚性发展提出具体建议。

1.3.4 研究思路

本书以中国的产业集聚为研究领域，着重于实证分析。研究思路为：以产业集聚相关文献为基础，以中国产业集聚的测度为核心，研究内容进一步向两个方向延伸，一个方向延伸到产业集聚背后的各种因素，另一个方向延伸到产业集聚产生的影响。在产业的确定上，以第二、第三产业集聚的总体性研究为骨干，以电子信息制造业的集聚研究为补充，最终得出研究结论并提出相关建议。

研究思路框图如图 1-1 所示。

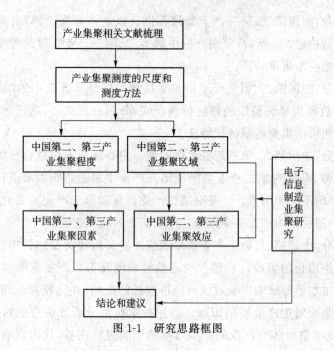

图 1-1 研究思路框图

本章参考文献

[1] (德)阿尔弗雷德.韦伯.工业区位论[M].李刚剑等译,北京:商务印书馆,2010:36.

[2] Porter M E.Clusters and the New Economics of Competition[J].Harvard Business Review,1998,76(6):77-90.

[3] UNIDO.General review study of small & medium enterprise(SME)clusters in India http://www.unido.org/userfiles/RussoF/small.pdf.1996.

第 2 章 产业集聚相关文献综述

产业集聚是现代产业发展的重要特征与表现形式,是形成现代产业竞争优势的重要因素。研究产业集聚能够深刻理解产业的区域分布和行业分布,为政府制定旨在缩小区域差距和行业差距的政策提供重要参考依据,因此有关产业集聚的研究具有重要的理论和实践价值。历史上,关于产业集聚的研究开始得很早,不同的学科和流派分别从不同的视角研究产业集聚问题,并且已经取得了较为丰硕的成果,产生了多种产业集聚理论和研究成果。本章将重点对产业集聚的测算指标、产业集聚的影响因素以及产业集聚的影响效果的相关理论和研究进行梳理,以期为产业集聚经济良性发展提供理论研究基础和实践启示。

2.1 产业集聚程度测算方法

产业集聚是相关领域内的关联企业及相关机构在空间位置上的集中分布,是把相互关联产品的生产按照一定规模集聚到某一地区的一种经济现象或经济过程。产业集聚理论的产生离不开对产业集聚现象的关注,而对集聚现象的深入分析必然需要对产业集聚程度的科学测度,在此基础上才能不断围绕对产业集聚的认识进行深入研究。因此,产业集聚程度测算方法是产业集聚理论的重要内容,也是区域经济学家一直关注的课题。自 20 世纪 90 年代以来,随着产业集聚理论的发展,有关产业集聚程度的测度方法得到不断地发展和完善。

2.1.1 20世纪90年代以前产业集聚程度测算

自产业集聚现象引发关注以来,学者们就一刻没有停止对产业集聚程度的测算,产生了许多测算方法。在 20 世纪 90 年代以前,学者们多采用行业集中度(CRn)、区位基尼系数、赫芬达尔指数、区位熵指数来测度产业集聚程度。20 世纪 90 年代以后,出现一些新的测度产业集聚程度的方法,但行业集中度(CRn)、区位基尼系数、赫芬达尔指数仍然在许多学者的研究中出现。

1. 行业集中度

行业集中度是产业组织理论中衡量市场结构的一种研究方法,它是用行业内规模最大的几个企业的有关数值(产值总量、或增加值总量、或资产总量、或就业人数等)占整个行业的份额来度量的。一般行业集中度越大,这几个企业的垄断程度越高。

区域经济学将行业集中度(CRn)移植到产业集聚程度的测度上,用行业在各个地区的分布中,分布规模最大的几个地区的有关数值(产值总量、或增加值总量、或资产总量、或就业人数等)占整个全国该行业的份额来度量行业的集聚程度。行业集中度越大,说明这一行业或地区的集聚程度越高。行业集中度计算简单,含义明确,一度成为测度产业集聚程度的常用方法。然而,行业集中度只反映了地区规模分布的一个方面,只说明了最大几个地区某产业在总体中的份额,忽略了其余地区的规模分布情况,而且,选取规模最大的地区或行业没有明确的界定,当选取的数量不同时可能会得出不同的结论。由于存在以上不足,学者们通常将它作为一个辅助指标来测算产业集聚程度。在国内,罗勇、曹丽莉(2005年)曾将集中度作为 EG 指数的辅助指标对 1993 年—2003 年中国 20 个制造行业产品销售收入的集聚程度进行了测算;赵祥(2013年)构建了类似行业集中度指标对工业的产出份额进行了分析;王子龙、谭清美、许萧迪(2006年)也将行业集中度作为 EG 指数的辅助指标对中国部分制造产业 1994—2003 年集聚水平进行了测度;赵玉林、魏芳(2008年)则利用行业集中度对 1995—2006 年我国高技术产业的集聚程度进行了度量;盖晓敏、高彦梅(2013年)将行业集中度作为赫芬达尔指数和区位基尼系数对照指标对 1997 年—2011 年我国电子及通信设备制造业集聚现状进行了测度。

2. 空间基尼系数

洛伦茨(Lorenz)在研究居民收入分配时,创造了解释社会分配平均程度的洛伦茨曲线。1922 年意大利经济学家基尼依据洛仑兹曲线提出了计算收入分配公平程度的统计指标——基尼系数。欧美国家的学者利用洛仑兹曲线和基尼系数的原理和方法构建了空间基尼系数,并利用这一系数对产业集聚程度进行了实证研究。美国人 Krugman(1991年)是较早利用空间基尼系数对产业集聚进行测度的学者,他测定了美国制造业三位数行业的集聚程度,即比较某个地区某一产业的就业人数占总就业人数的比重以及该地区全部就业人数占总人数比重的情况。Audretsch 和 Feldman(1996年)则计算了美国制造业两位数行业的空间基尼系数,并对 12 个创新性行业的地理集中的原因进行了深入的分析,研究表明创新活动会使企业趋向于聚集。Henderson 等人(2001年)利用 1983—1993 年韩国制造业数据和人口数据,在对基尼系数进行简单变形的基础上，对韩国制造业外部性程度进行了估计；Amiti（1998年）计算了欧盟10个国家三位数水平的27个行业的基尼系数，以检验欧盟国家在1968年—1990年期间的工业集中程度变化；Henderson（2003年）利用生产方程对美国机械产业和高科技产业规模外部性进行了估计，并利用空间基尼系数对产业间的溢出效应（多样化效应）进行了测度。

在国内，梁琦（2004年）计算了2001年中国制造业3位数分类的171个行业的空间基尼系数，同时也计算了这些产业的主要分布区域；张同升、梁进社、宋金平（2005年）利用1980—2000年中国制造业的工业增加值数据，计算并分析各行业的区位基尼系数及变动趋势，判断各工业行业在省区之间分布的不平衡性和变动情况；杨勇（2010年）利用空间基尼系数对中国旅游产业1998—2006年的集聚水平进行了测度；盖骁敏、高彦梅（2013年）对1997年—2011年我国电子及通信设备制造业集聚现状进行测度时，在采用行业集中度指标的同时也采用了空间基尼系数指标。

空间基尼系数作为衡量产业地理分布的常用指标，数值越大，表明产业地理分布越不平均，意味着产业集聚程度越高。由于这一测量方法简便直观，可以转化成非常直观的图形，所以在国内外关于产业集聚的研究中被很多学者利用。但这一指标存在着一定的不足之处，没有考虑产业内企业规模的分布状况（Ellision和Glaeser（1997年）），没有区分随机集中（由少数大企业所导致产业集聚）和源于共享外部性或自然优势的集中（由众多中小企业所导致的产业集聚），即如果一个地区存在着一个规模很大的企业，可能就会造成该地区在该产业上有较高的基尼系数，但实际上并无明显的集聚现象的出现。利用空间基尼系数来比较不同产业的集聚程度时，会由于各产业中企业规模或地理区域大小的差异而造成跨产业比较上的误差。空间基尼系数没有考虑到具体的产业组织及区域差异，在表示产业集聚程度时往往含有虚假成分，不能区分集聚来自产业结构还是来自自然优势和溢出所引致的地理集中，因此在测算产业集聚程度时这一测算指标多与其他指标混合使用。

3. 地区赫芬达尔—赫希曼指数

赫芬达尔—赫希曼指数（Herfindahl-Hirschman Index，HHI），简称赫芬达尔指数，也是产业组织理论中衡量市场结构的指标之一，用某行业市场上所有企业的市场份额的平方和来表示。赫芬达尔指数越高，表示市场的垄断程度越高。在实际分析中经常用赫芬达尔指数的倒数作为产业多样化的一个测度。

在区域经济研究中，依据赫芬达尔指数的构建思路，将原指数中的企业的市场份额修改为区域的经济份额，则可以构建地区赫芬达尔指数用来测度产业的集聚程度。在不考虑地区规模的情况下，这种测度反映了经济活动的地理分布的绝对集中度。当所有地区该产业都具有相同的份额时,该指数等于 $1/n$,表示绝对平均;当某产业完全集中在某一地区时该指数为 1。地区赫芬达尔指数的倒数也可以用来衡量产业的地区分布多样化程度。

国外学者较多地采用赫芬达尔指数对市场的垄断性和多样化进行研究。例如 Henderson(1997 年)利用面板数据模型估计了美国资本品产业的动态外部性,利用赫芬达尔指数对产业多样化进行了测度,并将赫芬达尔指数滞后项加入模型进行回归分析。Duranton 和 Puga(2000 年)用赫芬达尔指数倒数作为多样化的测度对城市专业化和多样化的优势与劣势进行了考察。Naude 和 Krugell(2003 年)将赫芬达尔指数的倒数作为城市化经济(多样化经济)的度量,计算了南非 19 个城市的赫芬达尔指数及其例数,得出了扩散只与开放城市规模和低的交通运输成本有关的结论。Cecile Batisse(2004 年)利用中国 29 个省的 30 个工业产业在 1988 年—1997 年的数据,探讨了产业专门化、产业多样化、竞争度和一省发展初始水平等因素对经济增长的作用,使用赫芬达尔指数的倒数作为多样化的测度,结果表明在该样本期间,产业外部工业环境和产业内的竞争度有利于产业的增长,但产业专门化的影响为负。

地区赫芬达尔指数用于产业集聚的测度在国内学者的研究中较为多见。潘文卿(2012 年)利用中国制造业 2 位代码行业中的企业数据,计算了 2001 年—2007 年的地区赫芬达尔指数,考察了经济集聚程度及其变化;盖骁敏、高彦梅(2013 年)在对 1997 年—2011 年我国电子及通信设备制造业的集聚状况进行分析时,同时采用了行业集中度、空间基尼系数和地区赫芬达尔指数进行了测度,并运用面板回归模型分析影响我国电子及通信设备制造业集聚转移的因素和作用机制。茅锐(2015 年)构建了一个地区内所有产业年产值的赫芬达尔指数对 1998 年—2007 年中国的工业集聚状况进行了分析。季书涵等人(2016 年)利用 1998 年—2007 年中国工业各行业数据构建地区赫芬达尔指数,分析工业产业集聚对资源错配的影响。

运用地区赫芬达尔指数测算产业集聚时存在一定的不足:一是不能说明区域之间的关系,尤其是空间联系和相互依赖;二是地区赫芬达尔指数只能度量绝对集中度而不能度量相对集中度,要比较不同产业间集聚程度,用赫芬达尔指数进行比较会得出失真的结果,因为在某些产业中如果只有少数的企业,根据定义会被认为是集聚产业;三是在计算指数时会用到企业级的数据,由于数据资料的限制,多数涉及中国产业集聚研究的数据一般为省级数据或城市级数据,因此也使得所计算的地区赫芬达尔指数的准确性大打折扣。

4. 区位熵指数

区位熵指数来源于基尼系数,是测算某产业地方专业化程度的重要指标,也有人把它称为地方专业化指数。区位熵指数也是测度产业集聚程度的常用方法，它不仅能够反映产业的集聚状况，还能够进行地区分解，方便考察地区内和地区间的产业集聚程度。一般而言，这一指标的数值越大，表明某产业在该地区的集聚程度越高。

区位熵指数构建简单，被多数学者在研究中使用。Donoghue 和 Gleave(2004年)曾运用标准化的区位熵指数对英国商务服务业（包括会计业、广告业、计算机服务业、管理咨询服务业和人力资源服务业等）的空间分布情况进行了研究，发现服务业主要集聚在英国东南部等地区。Grimes(2007年)等人使用区位熵指标并同时利用县级层面的数据，对美国1990年—1997年间的计算机服务业的集聚状况进行了研究。他们发现，在控制了当地的计算机服务业需求的条件后，合适的劳动力供给、产业之间的联系以及同主要港口的接近对计算机服务业集聚具有重要的解释力，而成本因素则与计算机服务业集聚无关。程大中和黄雯(2005年)测算了1990年—2002年中国服务业的区位熵指数并进行了东、中、西三大地带的比较。蒋金荷(2005年)利用分工指数和区位熵指数考察了1995年—2002年中国高技术产业的空间分布状况，发现区域同构性在减弱，地方专业化在增强，从而表明中国高技术产业集聚态势日益加剧。刘军、徐康宁(2010年)以区位熵方法计算各省(市)的制造业集聚指数，并根据我国制造业集聚水平提出中国产业集聚增长效应符合倒"N"型假说，验证当前中国产业集聚增长效应处于倒"N"型曲线的中间阶段。孙玉涛等人(2011年)将区位熵指数界定为区域特化系数，测算了1999年—2006年中国八大经济区域科技投入的集中程度。孙浦阳(2012年)采用各个城市不同产业的区位熵指标来衡量不同产业的集聚程度，采用了城市制造业就业人口，服务业就业人口，生产性服务业、消费性服务业和公共性服务业就业人口来分别计算城市制造业和服务业的集聚水平。盖骁敏、高彦梅(2013年)在采用其他测算方法的同时，也采用区位熵指数描述我国电子及通信设备制造业的集聚现状，并运用面板回归模型分析影响我国电子及通信设备制造业集聚转移的因素和作用机制。

2.1.2 20世纪90年代以后产业集聚程度测算

随着对产业集聚问题研究的深入，学者们不断改进或构建产业集聚的测度指标，思考新的测度方法。20世纪90年代以后，在许多文献中研究者更多地采用EG指数来测度产业集聚程度。

1. EG指数

EG指数是 Ellision & Glaeser 于1997年提出的一种新的集聚测度方法，是为解决空间基尼系数失真问题而设计的。Ellison & Glaeser 认为，企业的区位选择是出于利润最大化的目的,为了实现这一目的,企业选择区位要么是利用该区位的自然优势(如接近原料地),要么从与其他企业地理邻近中获得好处。他们分别建立了自然优势和地理邻近的溢出效应模型,推导出 EG 指数。在一定假设下,该指数独立于企业的数目和规模,也独立于用于测度的地理单元。相比于集中度、区位基尼系数等测算指标,EG 指数不仅考虑了产业内企业规模的分布情况,还区分随机集中和源于共享外部性或自然优势的集中,能更准确地测算产业集聚程度。

Ellison 和 Glaeser(1997 年)基于选址模型构建了 EG 指数,分析了美国 50 个州的四位数制造业的集聚情况,结果显示,美国制造业集聚情况差异显著,而且制造业集聚与上下游产业分布有紧密关联。Rosenthal 和 Strange(2001 年)利用美国四位数制造业的数据考察了美国集聚经济的微观基础,用 EG 指数对集聚经济的微观基础的代理变量(知识溢出、劳动力池、投入共享)进行了回归,发现劳动力池在各个地理层面对集聚都有较强的正向作用,知识溢出只在水平的测度中对集聚具有正向作用。Braunerhjelm 和 Johansson(2003 年)使用瑞士 1975 年—1993 年四位数产业(制造业和服务业)的数据,应用 EG 指数对瑞士生产集聚进行了实证分析,并得出企业规模对集聚及区域最初的集聚水平有正向影响的结论。Barrios 和 Strobl(2004 年)使用 Ellison 和 Glaeser 的方法并采用 EG 指数对欧盟 15 个成员国 1972 年—1995 年的集聚变动进行了分析,发现集聚水平的变化主要是由于产业移动的原因而非历史偶然事件的结果。Barrios 等人(2005 年)采用 EG 指数对爱尔兰和葡萄牙 1985 年—1998 年制造业的集聚变动进行了估计和分析,发现单个制造业产业集聚水平在过去 20 年中稍微有些下降,但集聚的区位却有很大的变动。

罗勇和曹丽莉(2005 年)采用 EG 指数研究了 1993 年—2003 年中国电子及通信设备制造业的产值与集聚的关系,得出 EG 指数和工业总产值之间存在高度正相关的结论。路江涌、陶志刚(2006 年)利用 EG 指数方法和全国制造业的企业级数据对 1998 年—2003 年产业集聚的特点进行了分析,认为无论是行业集聚程度还是行业区域共同集聚程度,中国目前仍低于西方发达国家近期的水平,但这一研究涉及的年份跨度较小,不足以动态地反映中国产业集聚程度的变化,尤其是近期的变化状况。李健、唐燕、张吉辉(2012 年)利用产业集中度和 EG 指数,对我国再生资源产业的集聚程度进行了测度和分析。郝俊卿(2013 年)以关中城市群制造业为例,采用 EG 指数对产业集聚水平和演变特征的分析表明关中城市群制造业集聚水平总体较高。

2. MS 指数

Francoise Maurel 和 Beatrice Sedillot(1999 年)发展了一个新的厂商选址决

策的序贯模型,并且导出了与 EG 指数相当类似的一个指数,即 MS 指数,利用该指数对 1993 年法国 50 个两位数产业和 273 个四位数产业进行了测度。事实上,MS 指数的设计充分肯定了 Ellison 和 Glaeser 关于企业在区位决定时相互依赖的观点,在形式上以 Ellison 和 Glaeser 模型为基础对 EG 指数进行了一定的改造。MS 指数与 EG 指数的主要区别在于 EG 指数中以空间基尼系数表示的成份中两个变量差的平方和被调整为两个变量平方和的差。

MS 指数识别了三种类型的产业集聚,第一类是采掘业,该类产业的聚集是由接近资源分布地所决定的;第二类是传统产业(纺织、皮革),最初的产业区位可以追溯到产业革命,这种先发优势后来又进一步强化了产业聚集;第三类产业是高新产业。

2.1.3 其他产业集聚测算指标

上述测度产业集聚的方法是大多数学者常用的方法,或者是不常用但普遍被认为是一种较适宜的方法(例如 MS 指数)。除上述这些方法以外,一些学者从自身研究的角度出发,还采用其他一些方法对产业集聚进行测度。

Fingleton(2004 年)等对区位熵指数进行了改进,设计了水平集聚区位熵指标(HCLQ),用来测算产业的绝对集聚水平。Fingleton 定义水平集聚区位熵(HCLQ)为本地产业提供的就业数超过预期的规模数。

程大中和陈福炯(2005 年)研究了产业集聚与劳动生产率之间的关系,并使用产业相对密度指标分析了中国服务业分部门相对密集度的地区和部门差异性,认为服务业集聚可以显著地影响地区劳动生产率。

唐中赋、任学锋、顾培亮(2005 年)基于钻石模型构建了高新技术产业集聚水平的评价指标体系,同时考察了 1997 年—2001 年中国电子及通信设备制造业的空间分布状况并发现东部省域的产业集聚水平远高于中、西部省域,区域产业发展不均衡性在加剧。

蒋金荷(2005 年)利用分工指数和区位熵考察了 1995 年—2002 年中国高技术产业的空间分布状况,发现区域同构性在减弱,地方专业化在增强,从而表明中国高技术产业集聚态势日益加剧。

王业强、魏后凯(2006 年)采用标准差系数对中国产业地理集中情况进行了测度,对 28 个两位数制造业地理集中的空间和时间特点进行了分析和解释。

王海宁、陈媛媛(2010 年)采用 Hallet(2000 年)提出的产业方差系数来测算各个行业空间分布的非均衡性,发现一般严重依赖自然资源的行业、国有垄断程度较高的行业以及出口比重大的行业的集聚程度都比较大,烟草行业居于首位,恰好与全要素能源效率的排名一致。

席艳玲、吉生保(2012年)基于Theil指数的研究表明,中国高技术产业以2004年为拐点经历了先集聚后分散的空间分布变化期。

施海燕(2012年)基于产业地理集中综合指数的研究显示,东部、东北、中部和西部地区的集聚度由高到低依次减弱,东部地区的集聚度仍在提高,但个别省域已表现出一定的过度集聚迹象。

杨林涛(2014年)认为,测度产业集聚度的思路就是找出一个可供参照的对象,以此参照对象为基准,衡量某行业与该参照对象之间的地理分布的偏离程度,实质上就是衡量某行业与此参照对象之间的地理分布的差异程度,而这种差异程度的衡量可以表示为衡量某行业与此参照对象之间的地理分布的相关程度。基于这一思路,设计一种测算产业集聚的新方法——集聚R系数法,并采用该方法对2010年中国制造业的行业集聚程度进行了测算。

刘荣、张维维(2012年)利用偏度和峰度这两个统计学指标构建了集聚强度指数,并利用该指数对1987年—2007年中国电子信息产业的集聚程度进行了测度。

2.2 产业集聚影响因素的相关研究

产业集聚是指产业发展到一定阶段而产生的空间、集聚行为,之所以会产生产业集聚现象,源于各种因素,对此,不同理论学派给予了不同的解释。

2.2.1 国外关于产业集聚因素的研究

1. 新古典经济学

新古典经济学家马歇尔(Marshall,1842年—1924年)较早注意到了产业聚集现象,他的"产业区"概念是产业集聚理论的基石。马歇尔在1890年出版的《经济学原理》中,将专业化的产业集聚所形成的特定地区称为"产业区"(Industrial District),并提出了"地方性工业"的概念。在马歇尔看来,"地方性工业"聚集在"产业区",就是具有分工性质的经济活动在特定地区的产业聚集。马歇尔认为产业在特定地区的聚集可以形成外部规模经济,即所谓"因许多性质相似的小型企业集中在特定地方而获得的经济"。马歇尔认为外部规模经济与产业集聚密切相关,并指出外部规模经济是导致产业集聚形成的重要原因。马歇尔(1890年)对产业地方化现象的分析,揭示了这样一个道理,即产业集聚在一个特定的区域内引发的各种外部规模经济效应是推动地区产业产出持续增长和产业规模壮大的主要动因,而这些外部规模经济效应反过来又成为吸引产业向一个地区集中的动力。Marshall(1920年)指出,产业地理集聚(Agglomeration)的形成在很大程度上得益于集聚所产生的外部规模经济,即创造出熟练的劳动力市场、专业的服务性中间产业和技术外溢。他还指出,一个新产业一旦出现在某个地区,就会通过需求、劳动力、产业关联以及各种相关服务业的发展进一步吸引同类企业在本地区发展壮大,如此不断累积循环,从而强化本地产业的集聚态势。

2. 古典经济地理学

古典经济地理学理论主要代表人韦伯(Alfred Weber,1929年)在其1909年的《论工业区位》著作中,提出了集聚经济的概念。韦伯认为,影响工业区位的区域性因素(即第一类因素)主要是运输成本和劳动力成本,这两种成本分别产生运输指向和劳动力指向的效果,影响工业区位的决定。相对于运输成本与劳动力成本而言,韦伯认为聚集因素(即第二类因素)对厂商选择区位更加重要,因为与各自分散相比,多个厂商聚集在一起能给各个厂商带来更多的收益或节省更多的成本,成本节约主要来源于聚集导致的批量购买和出售的规模扩大,以及某些经常性开支成本的节约。韦伯认为工业区位选择过程分三个阶段,第一阶段以运输费用为指向,在给定原料产地和消费地的基础上,考虑使总运费最少的区位选择,得到费用最小的生产网络;第二阶段以劳动费用为指向,基于之前得到的生产区位,进一步权衡考虑劳动费用引起的变化,并对第一阶段的区位进行位移和调整;第三阶段为集聚指向论,集聚或分散的力量能够使企业从费用最低点转移至其他集中(或分散)的地点。

3. 新产业区理论

国外新产业区理论(New Industrial District)的研究兴起于20世纪70年代,意大利、美国、德国等地区出现了一些由于中小企业聚集而发展快速的现象,引起了经济学家对产业区研究的关注。新产业区理论可以分为两个学派,即"新产业区"学派和"新产业空间"学派。

"新产业区"学派是具有共同社会背景的人们和企业在一定自然地域上形成的地方生产体系。新产业区学派的代表学者Piore和Sabel(1984年)强调了意大利式的信任和后福特制的生产系统,提出了合作与竞争、信任与制度以及网络的重要性。他们认为以柔性专业化为基础的产业集群,常包括三种类型,一是区域性产业集群,以意大利为典型;二是家族式的企业联合体,以日本为典型;三是核心企业以及受其支配的独立工厂,在美国和德国经常见到这种类型的集群。新产业区学派还提出了在产业集聚研究中不可忽视的本地网络(Lcoal Network)和根植性(Embeddedness)两个重要的因素。

"新产业空间"学派强调以交易成本思想为基础,认为在一个高度变动的市场环境下,本地化的生产协作网络存在会降低社会交易成本、保护企业间的合作,因此有利于提高企业的创新能力和灵活适应性。该学派指出，随着市场的不确定性和技术的不确定性日益增加，距离较长的企业交易，需要承担更大的风险和成本，因此，为了减少交易成本和费用，企业集聚的发展模式成为一种必然的趋势。

4. 新经济地理学

传统的新古典主义框架下的区域经济理论，一直是以规模报酬不变和完全竞争假设为出发点研究区域经济问题的，一度忽略了经济活动中不完全竞争和规模报酬递增的事实。迪克斯特和斯蒂格利茨（Dixit and Stiglitz，1977年）提出了著名的 D-S 模型，突破了完全竞争及规模报酬不变的固有视角。在 D-S 模型基础上，克鲁格曼于 20 世纪 90 年代初期创立了新经济地理学。

Krugman（1991年）以规模报酬递增、不完全竞争的市场结构为假设前提，并与区位理论中的运输成本相结合，在 Dixit-Stiglitz 垄断竞争模型的基础上，构建了"中心—外围"模型，证明了产业聚集是由规模报酬递增、运输成本和生产要素移动等因素通过市场传导的相互作用而产生。在制造业中心与农业外围的均衡形成和演化的过程中，较大的规模经济、较低的运输成本、以及制造业在支出中较大的份额（需求因素）这三个变量起着决定性作用。在这种作用下，企业倾向于在具有市场规模优势的地区集中，以获得生产中的规模报酬递增、贸易成本节约以及需求增长所带来的生产率增进效应。越是企业集中的地区，这种生产率增进效应便越强，也就是说，产业集聚与生产率的增进两者形成了循环累积机制，直至将所有企业都吸引至一个地区，该地区因而成为各种工业部门集聚的中心地区。此外，克鲁格曼还强调历史偶然性的作用，他认为最初的聚集可能仅仅取决于某个"历史偶然"，初始的优势将有可能在收益递增基础上的累积效应而得到进一步"锁定"（lock in），即产业聚集具有"路径依赖"（path-dependence）性，或者说，"中心—外围"结构一旦形成，就会自我增强并持续下去。

2.2.2 国内关于产业集聚因素的研究

国内关于产业集聚形成机理和因素的解释主要是基于两个视角，一是经济学派的研究视角，二是地理学派的研究视角。

1. 经济学派的视角

经济学派认为，需要从产业集聚的外部性原因解释产业集聚形成的机理和要素。邱成利（2001年）基于新经济地理学的观点，认为制度创新可导致交易成本降低，而交易成本降低正是企业集聚的重要原因。因此，促进产业集聚推动区域经济发展，必须加快有利于产业集聚的正式制度和非正式制度创新，形成互补配套的制度结构，并注意弥补制度供给的不足。倪卫红、董敏、胡汉辉（2003年）的研究除涉及上述因素之外，还指出本地根植性对高技术产业集聚的重要性，这种根植性表现在一是引进的高新技术在本地真正得到消化、吸收,并在此基础上进行自主创新,二是引入的高新技术企业、跨国公司必须要融入或根植于区域的社会文化网络中,才能使其核心技术在本地被模仿和迅速扩散。雷平(2009年)认为20世纪初我国电子信息制造业的马歇尔外部性不显著,相关产业的制造企业在空间上的集聚没有给电子信息产业制造业企业带来集聚经济效应,其原因在于电子信息制造业没有根植于区域产业链,由此看出区域产业链对产业集聚的重要性。毛军(2006年)从实证角度说明了人力资本对高技术产业区位决策和集聚形成的影响,认为专业化人力资本在高技术产业集聚中的作用举足轻重,其中的特殊专业化人力资本是产品研发的主体,成为企业的专有性资源,而一般专业化人力资本分布也影响高技术产业制造环节的区位选择。陈柳钦(2008年)强调了社会资本对高技术产业集群成长的重要影响,这种影响表现在九个方面,即影响高新技术产业集群的位置、发展速度和信息交流;有效解决高新技术企业技术创新网络中契约缺口问题;有助于高新技术产业集群由萌芽阶段向初级阶段发展;有助于促进高新技术产业集群实现知识的转移、流动和创造;有助于促进高新技术产业集群内企业间的集体学习;有助于高新技术产业风险投资基地的建立;有助于提高高新技术产业集群内企业创新效率;使高新技术产业集群内技术创新扩散更加迅速;激励高新技术产业集群内人才创新。傅兆君(2003年)提出知识外溢、技术连接和技术扩散等创新活动能够促进了企业的空间集聚,有利于区域创新网络的形成和加速区域内各企业员工的非正式交流。梁琦(2004年)认为,缄默知识及其空间黏性是导致创新活动集聚的根本原因,因此,对创新活动频繁的高技术产业而言,知识溢出本地化是形成产业集聚的重要原因。盖翊中(2005年)总结Porter等学者对高科技产业空间集聚因素的分析,得出了5个重要的影响因素——高品质人力资源、技术知识资源、资本资源、基础设施和聚集经济,继而提出假说,认为这些因素对高科技产业的空间集聚有正向影响关系,并用理论和实证模型证明了这种关系。袁红林(2006年)分析了高科技企业更容易出现集聚现象的根本原因在于企业之间追求知识的共享。通过地理空间上的聚集,企业与企业之间能够更好地弥补知识差距,以较低的成本获取企业维持竞争优势的知识。郭政、雷如桥、陈继祥(2008年)运用博弈论分析了知识溢出、同业竞争和内部知识转移对高技术企业区位决策的影响并发现,当知识溢出效应减弱、同业竞争强度提高以及内部知识转移效率下降时,技术领先企业倾向于集聚,技术落后企业则倾向于分散。曹休宁(2009年)认为,合作创新由于可以降低成本、利于获取隐性知识和创新分享,而成为产业集聚的关键因素。范方志、周剑、谭燕芝(2004年)从集群单元、模式、环境及生命周期四个方面分析了外商直接投资对高技术产业集群发展的影响。此外,彭中文、何新城(2008年)基于1998年—2005年中国省域面板数据和固定效应模型的研究实证了外资研发对中国高技术产业集聚的促进作用。

2. 地理学派的视角

地理学派主要从地区产业关联和地区政策角度解释产业集聚的机制和因素。

(1) 产业关联方面。王缉慈等人(2009年)以深圳数字电视产业的地理集聚为例,研究了高新技术产业创新集群的形成因素,即良好的创业环境、企业与研究机构之间近距离合作、产业结构复杂化与多部门合作、政府的引导作用。王国新(2010年)的研究表明,除了人力资本之外,集群的要素禀赋对集群的成长具有非常重要的促进作用;集群间关系对集群成长具有至关重要的影响;集群的密度、集群间的地理接近程度以及集群间的产业重叠度对集群成长都有显著的"倒U"效应。臧新、李菡(2011年)认为我国制造业整体在短期和长期均存在产业集聚和垂直专业化的双向因果关系,即产业集聚程度的增加促使垂直专业化加深,而垂直专业化水平的提高也能使得制造业产业集聚进一步加强。赵祥(2013年)认为市场一体化水平的提高是产业在空间上高效集聚和扩散的先决条件,提高国内区域市场一体化水平,降低产品和要素的区际流动成本有利于产业集聚。

(2) 地区政策方面。李建玲、孙铁山(2003年)强调了政府对营造区域创新环境,进而推动高技术产业集聚的积极作用,一方面是投资于基础设施、各种研究机构和组织以及供企业间或企业与其他机构间交流场所的建设,创造有利于区域创新的硬基础;另一方面是通过政策、法规的制定,完善区域制度环境、鼓励创新、促进交流与联系,并在区域内倡导形成富有活力、勇于创新的地方文化。刘恒江、陈继祥(2004年)认为,产业集聚的动力机制有内源、外源两种,前者将集聚体内的资源禀赋转化为内生优势;后者包括政府的主导行为、外部竞争环境状况等,这些也能够影响企业的发展。对这一动力机制的研究有利于发展我国产业集聚的新模式。陈平(2006年)将高科技产业集群成长的驱动因素归纳为四大方面,即投资因素、科研因素、产业因素和环境因素。其中每种驱动因素都包含一系列具体子因素,这些子因素可以分为两大类,一是操作性因素,即产业集群的经营管理者可以直接进行控制和影响的因素;二是外部性因素,即由区域历史、文化、社会经济等背景所决定,无法在中短期内加以改变的因素。常跟应(2007年)认为区位要素动态影响工业企业的发展,但区位要素的影响必须在特定的内部和外部环境下才能实现,例如政策环境及外部竞争和国际化。张占仓(2006年)认为产业集群的竞争力与产业的性质并无直接联系,因为在高技术产业里有低技术,而在低技术产业里也有高技术,关键是要发挥区域的核心能力,因此,高端产业、中端产业、低端产业都可以集群发展。对于中西部而言,应将相应的产业集群作为区域发展战略进入政府决策。苗长虹(2009年)以演化经济地理学为理论基础,研究发现集群成长的关键机制为市场需求扩大、分工深化、知识创造和扩散。其中,政府的推动、地方企业家的兴起、知识传播途径的构建是对知识创造、分工深化起关键作用的因素。徐妍(2013年)将高技术产业集聚动因归纳为具有创新创业精神的企业家、缄默知识溢出本地化、产业垂直关联效应、区域创新资源优势、产业成本节约效应、外商直接投资以及政府推动等方面,由此提炼出广义资本积累、知识本地溢出和创新环境优化三个途径,以此解释产业集聚对高技术产业技术创新效率空间分异的影响机理。

2.3 产业集聚影响效果的相关研究

产业集聚的影响是多方面的,这里仅就产业集聚对经济不平衡增长、区域创新、区域竞争力、要素生产率、外商投资等方面的影响进行文献梳理。

2.3.1 产业集聚与经济增长、地区差距

产业集聚与经济增长和地区差距关系的研究始于20世纪50年代。Perroux(1950年)、Myrdal(1957年)和Hirschman(1958年)等人都曾经研究过这一问题。但真正对这一问题进行理论创新并作为专门领域进行研究的,则源于20世纪90年代初Krugman等人构建的新经济地理学(Krugman,1991年,1991年;Black和Henderson,1999年;Fujita和Thisse,2002年)。Krugman的模型并没有将集聚与经济增长直接联系起来,但内生增长理论的发展架起了两者之间的桥梁。新经济地理学认为,产业集聚能够产生知识和技术溢出效应,而内生增长理论认为,知识的溢出促进经济增长,因此,产业集聚与经济增长之间表现出明显的相关性。以此为基础,经济学家们开始了产业集聚与经济增长关系的理论与实证研究。

Martin和Ottaviano(2001年)综合了Krugman的新经济地理理论和Romer的内生增长理论,建立了经济增长和经济活动的空间集聚相互强化的模型,证明了经济活动的空间集聚能够降低创新成本,从而刺激经济增长;反过来,经济增长也能促进产业集聚。Fujita和Thisse(2002年)在假定区域间劳动力自由流动的前提下,证明了产业集聚能促进经济增长。Ciccone和Hall(1996年)研究了美国的产业集聚对经济增长的影响,结果表明美国非农就业密度提高一倍,非农产业劳动生产率提高6%。Dekle和Eaton(1999年)基于日本地区数据的研究也发现,产业部门的就业密度能显著地提高生产率。Brulhart和Mathys(2006年)基于欧洲各个地区面板数据的研究结果证实集聚经济显著地促进了劳动生产率,并且这种集聚效应随时间而逐渐增强。Geppert等(2008年)利用德国1980年以来的数据对区域产业集中、就业增长与经济增长之间的关系进行了研究,发现产业集聚和经济增长之间存在正向关系。

虽然关于集聚与经济增长关系的多数研究证实了前者对后者的促进作用,

但是也有部分研究得出了与之不同的结论。Bode(2004年)基于德国数据的研究发现,在控制私人收益以后,经济密度提高劳动生产率的效应却消失了。Bautista(2006年)基于墨西哥32个州1994年—2000年的数据进行研究发现集聚经济对于经济增长的影响并不显著。Martinez-Galarraga J等人(2008年)运用西班牙1860年—1999年的数据来研究经济密度和劳动生产率的关系,发现了集聚效应的存在,并通过集聚趋势分析得出经济活动的空间集聚遵循"倒U"型曲线,即某一区域的空间集聚经历先上升后下降的趋势,产业集聚对经济增长无明显作用。

近年来,有少数学者开始关注中国的产业集聚、经济增长与区域差距问题。范剑勇和朱国林(2002年)研究发现,中国20世纪90年代中期以后基尼系数的扩大是由集中效应、结构效应共同推动地区差距的扩大,且集中效应的作用更显著。之后,范剑勇(2004年)进一步认为改革开放以来中国地区间的专业化水平和市场一体化水平不断提高,产业布局已发生根本改变,绝大部分行业已经或正在转移至东部沿海地区,并认为中国现阶段处于"产业高集聚、地区低专业化"的状况,从而使得制造业集中于东部沿海地区,无法向中部地区转移,进而推动了地区差距不断扩大。唐中赋、任学锋、顾培亮(2005年)考察了1997年—2001年中国电子及通信设备制造业的空间分布状况也发现,东部省域的产业集聚水平远高于中、西部省域,区域产业发展不均衡性在加剧。范剑勇(2006年)利用中国2004年地级城市和副省级城市的截面数据,以非农就业密度衡量产业集聚,从产业集聚对劳动生产率的影响以及这种影响是否存在省际差异两方面来考察中国的地区差距问题,结果显示,非农产业劳动生产率对非农就业密度的弹性系数为8.8%左右,多数省份、特别是沿海地区的劳动生产率对就业密度的正弹性系数,导致非农产业存在着空间上的规模报酬递增特征,通过累积循环机制使地区间的经济发展发生两极分化,区域发展差距将不断扩大。罗勇(2007年)选取5个典型省份,在每个省份选取一个集聚程度较高的行业,运用时间序列数据,对特定产业集聚与各省经济增长的关系进行了实证研究,结果显示,产业集聚促进了区域经济增长,同时拉大了与其他地区的差距。李胜会和冯邦彦(2008年)以新经济地理学理论为主要框架,从产业集聚与扩散的变化来研究由此导致的经济增长效率的不同和地区差距的变化;并以广东省为案例,运用空间基尼系数测度广东的产业集聚程度,以泰尔指数和变异系数测度区域差距,运用Granger因果检验技术,证实了产业集聚是广东省地区差距的主要原因之一。刘军、徐康宁(2010年)基于中国数据得出产业集聚促进经济增长,同时导致区域差距的产生,提出中国产业集聚增长效应符合"倒N"型假说,验证当前中国产业集聚增长效应处于"倒N"型曲线的中间阶段。郑若谷(2009年)认为产业集聚改变了制造业的区域布局,形成了各地区增长机制的不同,促进了地区制造业发展的不平衡,这是导致我国地区经济差距扩大的重要原因,而产业集聚所导致的地区制造业规模的不同和地区间全要素生产率的差异是造成制造业地区差距的主要原因。

2.3.2 产业集聚与区域创新

目前,国内外有关产业集聚与区域创新的研究日渐增多。Baglla and Beechetti(2002年)对意大利的产业与区域创新的关系进行了研究,认为产业集聚的水平并不会对企业的研究开发支出产生直接的影响,但是对于整个区域的创新能力则会产生较为显著的影响。Pinch 等人(2003年)认为产业集群会产生一种知识学习模式,这种模式会将企业原有的知识转化为编码化的知识传播和流动,通过提高邻近企业的相互学习能力来促进知识在整个产业集聚内部的传播,因此,产业集群的这种模式大大提升了知识的传播速度和企业的创新水平,进而提高了整个企业的创新能力。Cainelli 和 Liso(2005年)对基于意大利 1218 个传统行业企业的研究表明,传统马歇尔产业区的区域创新能力相对其他地区更高。Brett Anitra Gilbert(2008年)选取了一些产业集群和非集群地区企业的相关数据进行比较研究,结果发现产业集群地区与非集群地区相比,前者的企业产品创新水平要高,而技术知识溢出与创新程度呈现显著的正相关性。Cainelli 等人(1999年)曾重点研究了意大利摩德纳艾米拉-罗马格纳生物制药产业区,认为集聚网络关系也是需要通过企业进行投资者来营造与建立的,并且发现,研发投入与非市场性的网络能够同时推动区域创新的发展,两者是协同作用的,并非互补的关系。

魏江等人(2004年)聚焦于浙江温州义乌地区性特色产业集聚现象,系统研究了产业集聚的技术溢出问题以及创新机制,并运用理论加实证的方法对地区内的创新系统构成要素、参与创新的结构模式、技术学习机制和传播途径进行了分析。吴添祖、姚杭永(2004年)认为产业集群内汇聚了大量作为创新主体的企业、咨询机构、供应商和消费者等,是一个微型的地方创新系统。集群会强化创新特征,提高创新的扩散速度,缩短企业或个人的创新决策时间;在人际关系这种非正式交流上有着本质上的优势。赵涛等人(2005年)分析了创新的过程、创新系统的产生和发展、产业集聚影响创新系统的要素构成,在此基础上提出产业集聚有利于建立包括核心层次、服务层次和宏观层次的产业集聚创新系统,该系统更能有效地为技术创新活动提供软硬件支持。黄坡和陈柳钦(2006年)、蔡铂和聂鸣(2006年)首先从理论上探讨了产业集聚与企业技术创新的相互关系,在此基础上运用创新系统方法阐明产业集聚程度的提高能有效增加企业的技术创新活动。马建会(2006年)以广东全省的产业集聚情况为研究对象,通过分析发现产业集聚程度低、产品技术含量低、生产组织和生产方式比较简单、创新能力不足等是制约广东某些区域产业集聚的发展和竞争力提高的主要因素。黎继子、刘春玲、邹德文

(2006年)研究了"武汉·中国光谷"的光电子产业并对产业集聚与技术创新的相互关系进行了分析,研究结果表明简单的产业集聚和技术创新之间并不存在正相关,创新型企业的集聚才能促进技术创新。王雅芬(2007年)对产业集聚的形成、发展、消亡与技术创新之间的关系进行了分析研究,从理论上对产业集聚不同阶段的变化对技术创新的影响作用进行分析,研究表明在不同产业集聚阶段产业集聚对技术创新的影响和作用存在很大差异性。邝国良、王霞霞、龚玉策(2007年)以珠三角地区产业集聚下的技术扩散情况为研究对象,认为政府在产业集聚下推动技术扩散有着举足轻重的作用,使政府在制定与产业集聚有关的创新性政策时有了理论支持。黄中伟(2007年)重点分析产业集聚中的网络组织与技术创新的关系,发现产业集聚的网络组织具备乘数传导、合作和创新动力增强机制等创新机制,能有效降低创新风险,促进技术创新的转化,加速创新成果的传播,减少技术创新的必要时间。李凯、任晓艳、向涛(2007年)研究了国家级高新技术开发区,通过分析认为在产业集聚与技术创新的关系中,高新区的政策指标高度越高,国家高新区技术创新能力越强;技术溢出越弱,国家高新区技术创新能力越强;劳动力素质越高,国家高新区技术创新能力越强。张秀武、胡日东(2008年)基于1998年—2005年中国省域面板数据和空间回归模型分析了集群视角下区域高技术产业创新驱动因素,并发现,集群内和集群间的知识溢出都显著促进了区域创新产出,但政府支持尚未产生稳定影响。张铁山、赵光(2009年)将高技术企业创新能力分解为知识创新能力、文化创新能力和要素创新能力,进而从知识溢出、创新要素获取和创新文化根植性三个角度论述了集群对高技术企业创新能力的影响。张昕、陈林(2011年)认为产业集聚对区域创新绩效的影响是通过知识溢出机制发生作用的。以医药制造业和电子及通信设备制造业为例进行研究,结果表明,知识溢出对区域创新绩效的影响存在行业间差异。电子及通信设备制造业的溢出更多发生在生产环节,生产专业化有利于区域创新水平的提高;医药制造业的溢出更多发生在研发环节,多样化的研发环境有助于区域创新绩效水平的提高。刘勇(2013年)认为以高新技术为中心的产业集聚能促进企业间技术、高端人才的共享与流动,给企业带来不可估量的利益。徐妍(2013年)通过考察分析1997年—2011年中国高技术产业集聚演进态势及广义资本积累、知识本地溢出、创新环境优化三种集聚效应对区域高技术产业技术创新效率提升的影响,认为创新环境优化效应以及各集聚效应的交互影响是导致各省域创新效率差异的主要原因。

2.3.3 产业集聚与区域竞争力

国内外学者从各个角度研究了产业集聚与区域竞争力的关系。大多数学者的研究都认为,产业集聚能够促进区域竞争力水平的提升,有利于经济增长。但个别学者的研究也得出不同的结论。

著名管理学家波特(Porter,1998年)用钻石模型解释了产业集聚形成原因和产业集聚发展的路径依赖,从供需、要素、结构以及相关产业四个因素分析了产业集聚,认为这些相关因素的综合作用,使得集聚内产业相互关联,决定了产业集聚区域竞争力的高低。Lura Paija(2001年)对芬兰 ICT 产业集群进行了实证研究,认为 ICT 产业集群优化了芬兰的产业结构,帮助其形成一种竞争优势,进而刺激了芬兰经济的增长。Fujita and Thisse(2003年)从理论上论述了集聚影响经济增长的机制,其中着重分析了劳动力流动导致人力资本和产业在空间上的重新配置,认为人力资本的创新和溢出效应以及本地市场需求效应对产业发展和经济增长产生了影响。

张元智(2001年)较早探讨了产业集聚与高科技产业开发区竞争优势的互动关系,把产业集聚看作是未来区域经济发展的一种新模式,认为产业集聚能够聚积较多的资本,能够有效降低内部企业的技术准入门滥、创业所承担的风险和资源要素费用,有利于区域发展所需"社会资本"的培育与形成。刘恒江、陈继祥(2004年)认为,产业集聚具有很强的动力机制,能够有效促进产业获得持续竞争优势。崔海潮(2005年)认为,产业集群是企业和市场之间的经济组织,集聚体内存在的高度相关的产业或企业,使得分工协作和规模经济成为这一经济组织发展的关键优势。集群经济与区域优势资源紧密结合,具有显著的区域特色,形成了相对的竞争优势。苏英、穆荣平、宋河发等人(2007年)认为,高技术产业集群的宏观竞争优势表现为提高区域市场效率、获得区域规模报酬递增、增强区域创新创业能力,微观竞争优势则表现为降低生产和交易成本、建立区域营销品牌。张占仓(2008年)研究了经济欠发达地区的产业集聚状况,认为这些地区往往容易形成传统产业的集聚,这恰好是资源在优化配置中进行供需双方双向选择的结果,传统产业集聚的发展能够促进经济欠发达地区的发展,是该地区的重要战略选择。高雪莲(2009年)通过考察中国北京中关村科技园区的高技术产业集群衍生状况发现,集群衍生效应有利于提升竞争优势和智力资源配置率,从而促进高技术产业集群成长。赵婷(2012年)从物质资本深化、人力资本形成与积累、技术进步、市场效率改善、外部规模经济以及动态外部性六个方面证明了产业集聚促进地区生产率增进。吴迪(2012年)通过分析认为产业集群促进了生产专业化水平和生产率的提高,促进了区域内部之间的竞争与合作,提升了区域产业的创新能力,培育产业集群是提高区域竞争力的必然要求。

2.3.4 产业集聚与要素生产率

新经济地理学认为,产业集聚是影响生产率的重要因素,产业集聚水平提高产生规模报酬递增效应和外部经济效应,大量产业在特定的地域范围内集中,通过支持配套中间产业、创造熟练劳动力市场、促进知识与技术溢出效应,共享基础设施和拓展产业前后向联系等渠道来促进全要素生产率的提高。产业集聚能促进静态的成本节约和动态的学习与创新能力的增强,进而提升企业的能源效率。实证研究也表明,产业集聚与要素生产率密切相关。

Ciccone(2002年)对就业密度代表的产业集聚对地区劳动生产率的影响进行了经验分析,使用了法国、德国、英国、意大利和西班牙5个国家的NUT-3级别行政区的跨部门数据进行估计,研究发现当就业密度每上升100%时,地区劳动生产率会提高4.5%。Henderson(2003年)研究认为一个区域通常会有产业专业化集聚和产业多样化集聚并存的情况,与产业多样化相比,产业专业化即"马歇尔外部性"是显著的。Cingano和Schivardi(2004年)使用意大利的截面数据估计了长期弹性系数,发现集聚对生产率的长期弹性为6.7%。Futagami(2013年)以市场规模代替行业集聚程度,以经济发展水平替代全要素生产率,探究产业集聚与全要素生产率之间的关联性,结果表明市场规模与经济增长之间存在"倒U"形关系,也就是说产业集聚与全要素生产率之间为"倒U"形关系,产业集聚程度的提升能够促进全要素生产率的提升,但是达到一定程度后,产业集聚的提升会导致全要素生产率的下降。

程大中和陈福炯(2005年)研究了产业集聚与劳动生产率之间的关系,并使用产业相对密度指标分析了中国服务业分部门相对密集度的地区和部门差异性,认为服务业集聚可以显著地影响地区劳动生产率。范剑勇(2006年)经检验得到,以就业密度表示的产业集聚会有效地促进地级城市和副省级城市的劳动生产率。张宇、蒋殿春(2008年)也发现中国制造业集聚会通过FDI技术溢出提高全要素生产率。一是产业集聚程度已成为跨国公司进行区位决策的一个重要的因素;二是产业集聚程度与行业的技术水平之间存在着明显的正相关关系,在产业集聚程度较高的行业中,跨国公司也具有较高的生产率水平;三是产业集聚与内资企业的技术水平也存在着正相关关系,在产业集聚程度较高的行业中,内资企业会更容易获取FDI的技术外溢效应。赵伟、张萃(2008年)实证考察了我国制造业区域集聚与全要素生产率增长之间的关系,发现无论是数据层面的分析还是经验层面的检验,均表明制造业区域集聚的全要素生产率提高效应明显。王海宁、陈媛媛(2010年)从外部性的角度探讨了能源效率的影响因素,借助中国2001年—2007年25个工业行业的数据分析认为产业集聚带来的外部性可以促进全要素能源效率和单要素能源效率的提高。李思慧(2011年)利用江苏高新技术企业微观数据检验,产业集聚、人力资本对企业能源效率都具有显著的正向作用。产业集聚会产生外部经济效应,企业通过成本节约和学习与创新能力的增强可以获得较高的能源效率。

2.3.5 产业集聚与外商直接投资(FDI)

近年来,不少学者将产业集聚与外商直接投资的关系作为研究方向,但研究焦点大多集中在外商直接投资对产业集聚的影响。这其中,一部分学者也发现,产业集聚与外商直接投资存在着相互关系,产业集聚对外商直接投资也具有重要影响,能够形成对外商投资的强烈吸引作用。

Guimareas 等人(2000 年)认为产业集聚可以有效地降低信息成本,降低不确定性风险,并且提供较完善的共享劳动力市场。东道国的产业集聚可以吸引 FDI 流入,并以葡萄牙为例,研究了一国最基本行政区的制造业、服务业、外资企业集聚水平对 FDI 流入的影响。Amiti(2008 年)基于中国境内五家典型跨国外资企业1998 年—2001 年的相关数据,实证发现产业聚集度、要素成本、厂商相关度是影响 FDI 企业择址的关键因素。Chen(2009 年)利用省级面板数据实证分析了制造业集聚对 FDI 的影响,发现中国制造业只有通过产业多样化才能促进 FDI 流入,产业集聚并不利于 FDI 流入。Hilbert 和 Voiculoan(2010 年)以罗马尼亚为例研究了地区工业集聚和服务业集聚对 FDI 流入的影响,认为工业集聚和服务业集聚可以吸引 FDI 的流入,而相邻城市的相关集聚因素对中心城市的 FDI 流入也是具有促进作用的。Tuan(2003 年)在克鲁格曼 CP 模型的基础上,分析了 1998 年广东省服务企业的数据,发现服务业同制造业一样,集聚因素都会成为其吸引 FDI 的一个重要因素,并且无论是制造业还是服务业,企业规模越小,集聚因素对 FDI 产生的作用越大。

肖文和林高榜(2008 年)以长三角地区 12 个主要城市面板数据为样本,研究了产业集聚与 FDI 以及经济增长之间的关系,认为产业集聚是影响 FDI 流入的重要因素。余珮和孙永平(2011 年)使用了世界 500 强企业在华投资的跨国公司的微观数据对集聚效应和跨国公司区位选择进行研究,研究结果显示集聚效应,特别是母国(大洲)效应,在吸收新进外资时有积极的作用,尤其是对欧洲公司,它们倾向于在已经集聚了来自同一个国家或来自欧洲的子公司的东道地区设立新的子公司。孙浦阳(2012 年)通过研究发现服务业集聚程度高的城市对外资企业有较高的吸引力,而城市的制造业集聚和外资集聚对该城市的 FDI 流入均为负向作用。在服务业各细分行业中,只有生产性服务业集聚和公共性服务业集聚对 FDI 的流入有较显著的吸引作用,而消费性服务业集聚的作用并不明显。何骏(2013年)通过面板数据模型,对我国东部 12 城市 2000 年—2010 年服务业集聚对服务业 FDI 的影响进行实证检验,研究发现,服务业集聚对引入服务业 FDI 存在着正向影响,且影响程度较为明显,即服务业集聚度增加 1 个百分点,将使得服务业FDI 提高 1.04 个百分点。

本章参考文献

[1] 蔡铂,聂鸣.产业集群的创新机理研究[J].研究与发展管理,2006(1):19-25.
[2] 曹休宁,戴振.产业集聚环境中的企业合作创新行为分析[J].经济地理,2009(8):1323-1326.
[3] 常跟应.区位、制度与我国西部工业空间集聚机制研究——以兰州市为例[J].地域研究与开发,2007(6):48-52.
[4] 陈柳钦.高新技术产业集群中的社会资本效应分析[J].当代经济管理,2008(11):77-85.
[5] 陈平.论高科技产业集群成长的驱动因素[J].科学学与科学技术管理,2006(12):80-86.
[6] 程大中,陈福炯.中国服务业相对密集度及对其劳动生产率的影响[J].管理世界,2005(2):77-84.
[7] 程大中,黄雯.中国服务业的区位分布与地区专业化[J].财贸经济,2005(7):73-81.
[8] 崔海潮.集群经济是区域经济发展的新选择[J].延安大学学报(社会科学版),2005(5):63-65.
[9] 范方志,周剑,谭燕芝.对外直接投资、外部经济与高新技术产业集群[J].财贸研究,2004(1):13-18.
[10] 范剑勇,朱国林.中国地区差距演变及其结构分解.管理世界,2002(7):37-44.
[11] 范剑勇.市场一体化、地区专业化与产业集聚趋势——兼谈对地区差距的影响[J].中国社会科学,2004(6):39-51.
[12] 范剑勇.产业集聚与地区间劳动生产率差异.经济研究,2006(11):72-81.
[13] 傅兆君,陈振权.知识流动与产业空间集聚现象分析[J].地域研究与开发,2003(3):5-8,13.
[14] 盖骁敏,高彦梅.产业集聚与集聚转移:中国电子及通信设备制造业的竞争力[J].改革,2013(12):113-121.
[15] 盖翊中.区位因素与高科技产业空间集聚的相关模型[J].财贸经济,2005(6):66-70.
[16] 高雪莲.北京高科技产业集群衍生效应及其影响分析——基于中关村科技园区的案例研究[J].地域研究与开发,2009(1):47-52.

[17] 郭政,雷如桥,陈继祥.高科技企业集聚定位决策研究[J].研究与发展管理, 2008(2):81-85.

[18] 郝俊卿.关中城市群产业集聚特征、机理及效应研究[D].西北大学博士论文,2013.

[19] 何骏.服务业集聚能否加快我国引进服务业FDI？——基于我国东部主要城市面板数据的分析[J].经济管理,2013(3):26-33.

[20] 黄坡,陈柳钦.通过产业集群推动企业技术创新[J].上海立信会计学院学报,2006(3):70-78.

[21] 黄中伟.产业集群的网络创新机制和绩效[J].经济地理,2007(1):47-51.

[22] 季书涵,朱英明,张鑫.产业集聚对资源错配的改善效果研究[J].中国工业集聚,2016(6):73-90.

[23] 邝国良,王霞霞,龚玉策.珠江三角洲产业集群模式下技术扩散机制的博弈分析[J].科学学与科学技术管理,2007(3):62-64.

[24] 蒋金荷.我国高技术产业同构性与集聚的实证分析[J].数量经济技术经济研究,2005(12):91-97.

[25] 雷平.我国信息产业制造业集聚效应与区域根植性——基于省际面板数据的研究[J].软科学,2009,10:12-16.

[26] 黎继子,刘春玲,邹德文.产业集中、集群式供应链组织衍续和技术创新——以"武汉·中国光谷"光电子产业为例[J].财经研究,2006(7):41-52.

[27] 李凯,任晓艳,向涛.产业集群效应对技术创新能力的贡献——基于国家高新区的实证研究[J].科学学研究,2007(3):448-452.

[28] 李健,唐燕,张吉辉.中国再生资源产业集聚度变动趋势及影响因素研究[J].中国人口.资源与环境,2012(5):94-100.

[29] 李建玲,孙铁山.推进北京高新技术产业集聚与发展中的政府作用研究[J].科研管理,2003(5):92-97.

[30] 李胜会,冯邦彦.地区差距、产业集聚与经济增长:理论及来自广东省的证据[J].南方经济,2008(2):3-18.

[31] 李思慧.产业集聚、人力资本与企业能源效率——以高新技术企业为例[J].财贸经济,2011(9):128-134.

[32] 梁琦.产业集聚的均衡性和稳定性[J].世界经济,2004,a(6):11-17,80.

[33] 梁琦.高技术产业集聚的新理论解释[J].广东社会科学,2004,b(2):46-51.

[34] 刘恒江,陈继祥.产业集群竞争力研究述评[J].外国经济与管理,2004(10):2-9.

[35] 刘军,徐康宁.产业集聚、经济增长与地区差距——基于中国省级面板数据的实证研究[J].中国软科学,2010(7):91-102.

[36] 刘荣,张维维.我国电子信息产业聚集水平的评价与分析[J].情报杂志,2012(1):47-49,110.

[37] 路江涌,陶志刚.中国制造业区域集聚及国际比较[J].经济研究,2006,41(3):103-114.

[38] 罗勇.产业集聚、经济增长与区域差距——基于中国的实证研究[M].北京:中国社会科学出版社,2007.

[39] 罗勇,曹丽莉.中国制造业集聚程度变动趋势实证研究[J].经济研究,2005(8):106-115.

[40] 马建会.产业集群升级:助推广东中小民营企业核心竞争力提升[J].广东经济,2006(7):26-29.

[41] 毛军.人力资本与高技术产业集聚——以京津、长三角、珠三角为例的分析[J].北京社会科学,2006(5):82-86.

[42] 茅锐.产业集聚和企业的融资约束[J].管理世界,2015(2):58-71.

[43] 苗长虹,魏也华.分工深化、知识创造与产业集群成长——河南鄢陵县花木产业的案例研究[J].地理研究,2009(4):853-864.

[44] 倪卫红,董敏,胡汉辉.对区域性高新技术产业集聚规律的理论分析[J].中国软科学,2003(11):140-144.

[45] 潘文卿,刘庆.中国制造业产业集聚与地区经济增长——基于中国工业企业数据的研究[J].清华大学学报(哲学社会科学版),2012(1):137-147,161.

[46] 彭中文,何新城.外资R&D溢出与高技术产业集聚的实证分析[J].中央财经大学学报,2008(10):85-88.

[47] 邱成利.制度创新与产业集聚的关系研究[J].中国软科学,2001,9:101-104.

[48] 施海燕.中国高技术产业时空演变、集聚适宜度及要素优化配置[J].科学学与科学技术管理,2012(7):96-102.

[49] 苏英,穆荣平,宋河发,王琴.高技术产业集群的竞争优势论[J].科学学与科学技术管理,2007(2):120-126.

[50] 孙浦阳,韩帅,靳舒晶.产业集聚对外商直接投资的影响分析——基于服务业与制造业的比较研究[J].数量经济技术经济研究,2012(9):40-57.

[51] 孙玉涛,刘凤朝,徐茜.基于特化系数的我国区域科技投入结构演变分析[J].管理评论,2011(2):80-87.

[52] 唐中赋,任学锋,顾培亮.我国高新技术产业集聚水平的评价——以电子及通讯设备制造业为例[J].西安电子科技大学学报(社会科学版),2005(3):57-61.

[53] 王国新.集群要素禀赋、集群间关系与集群成长——基于54个高新技术开发区的实证研究[J].科研管理,2010(5):131-140.

[54] 王海宁,陈媛媛.产业集聚效应与工业能源效率研究——基于中国25个工业行业的实证分析[J].财经研究,2010(9):69-79.

[55] 王缉慈,王敬甯,姜冀轩.深圳数字电视产业的地理集聚——研究高新技术创新集群的一个尝试[J].地理科学进展,2009(5):673-682.

[56] 王雅芬.基于产业集群生命周期的技术创新研究[J].商业经济与管理,2007(5):23-28.

[57] 王业强,魏后凯.产业地理集中的时空特征分析——以中国28个两位数制造业为例[J].统计研究,2006(6):28-33.

[58] 王子龙,谭清美,许箫迪.产业集聚水平测度的实证研究[J].中国软科学,2006(3):109-116.

[59] 魏江,魏勇.产业集群学习机制多层解析[J].中国软科学,2004(1):121-125,136.

[60] 吴迪.产业集聚与区域竞争力的关系研究[D].东北财经大学博士论文,2012.

[61] 吴添祖,姚杭永.基于产业集群的技术创新扩散绩效研究[J].科技进步与对策,2004(7):52-54.

[62] 席艳玲,吉生保.中国高技术产业集聚程度变动趋势及影响因素——基于新经济地理学的视角[J].中国科技论坛,2012,10:51-57.

[63] 肖文,林高榜.产业集聚和外国直接投资区位选择——基于长三角地区经济发展的视角[J].国际贸易问题,2008(7):82-86.

[64] 徐妍.产业集聚视角下中国高技术产业创新效率及其空间分异研究[D].南开大学博士论文,2013.

[65] 杨林涛.一种可供选择的产业集聚测度新方法[J].上海经济研究,2014(4):104-118.

[66] 杨勇.中国旅游产业集聚水平的实证研究[J].山西财经大学学报,2010(9):54-61.

[67] 余珮,孙永平.集聚效应对跨国公司在华区位选择的影响[J].经济研究,2011(1):71-82.

[68] 袁红林.高科技企业集群的动因——基于企业知识观的视角[J].江西财经大学学报,2006(6):9-11.

[69] 臧新,李菡.垂直专业化与产业集聚的互动关系——基于中国制造行业样本的实证研究[J].中国工业经济,2011(8):57-67.

[70] 张铁山,赵光.集群对高技术企业创新能力的影响分析[J].中国科技论坛,2009(1):31-35.

[71] 张同升,梁进社,宋金平.中国制造业省区间分布的集中与分散研究[J].经济地理,2005(3):315-319,332.

[72] 张秀武,胡日东.区域高技术产业创新驱动力分析——基于产业集群的视角[J].财经研究,2008(4):37-49.

[73] 张昕,陈林.产业集聚对区域创新绩效影响的实证研究——以两类高技术制造业为例[J].科技进步与对策,2012(15):42-45.

[74] 张宇,蒋殿春.FDI、产业集聚与产业技术进步——基于中国制造行业数据的实证检验[J].财经研究,2008(1):72-82.

[75] 张元智.产业集聚与区域竞争优势探讨[J].国际贸易问题,2001(9):33-36.

[76] 张占仓.产业集群战略与区域发展[J].中州学刊,2006(1):31-35.

[77] 张占仓.产业集群与欠发达地区发展的辩证关系研究[A].第十届中国科协年会"新时期河南土地供需态势与城乡统筹发展"论坛文集[C].2008.9.1

[78] 赵涛,牛旭东,艾宏图.产业集群创新系统的分析与建立[J].中国地质大学学报(社会科学版),2005(2):69-72.

[79] 赵婷.产业集聚与地区生产率增进:理论分析及中国经验实证[D].浙江大学博士论文,2012.

[80] 赵伟,张萃.中国制造业区域集聚与全要素生产率增长[J].上海交通大学学报(哲学社会科学版),2008(5):52-56,64.

[81] 赵祥.产业集聚、区域分工与区域经济差距——基于我国经验数据的实证分析[J].江汉论坛,2013(12):71-78.

[82] 赵玉林,魏芳.基于熵指数和行业集中度的我国高技术产业集聚度研究[J].科学学与科学技术管理,2008(11):122-126,180.

[83] 郑若谷.产业集聚、增长动力与地区差距——入世以来我国制造业的实证分析[J].经济管理,2009(12):14-22.

[84] Alfred Weber.Theory of the Location of Industry[M].Chicago:The University of Chicago Press,1929.

[85] Amiti M,Javorcik S.Trade Cost and Location of Foreign Firms in China[J].Journal of Development Economics,2008,85(1-2):129-149.

[86] Amiti M.New Trade Theories and Industrial Location in the EU:A Survey of Evidence[J].Oxford Review of E-conomic Policy,1998,14(2):45-53.

[87] Bagella M,Beechetti L.Geographical Agglomeration-Private R&D Expenditure Effect:Empirical Evidence on Italian Data[J].Economies of Innovation and New Technology,2002,11(3):233-247.

[88] Barrios,Salvador,Bertinelli,Luisito,Strobl.E,Teixeira,Antonio-Carlos.The Dynamics of Agglomeration:Evidence from Ireland and Portugal[J].Journal of Urba Economics,2005,57:170-188.

[89] Bautista A D.Agglomeration Economies,Economic Growth and the New Economic Geography in Mexico [DB]. Working paper, EconWPA, No. 0508001.http://129.3.20.41/ep s/urb/papers/0508,2006.

[90] Fingleton B,Igliori D C,Moore B.Employment Growth of Small High-technology Firms and the Role of Horizontal Clustering:Evidence from Computing Services and R&D in Great Britain,1991-2000[J].Urban Studies, 2004,41(4):773-799.

[91] Black D,Henderson V.A Theory of Urban Growth [J].Journal of Political Economy 1999,107(2):252-284.

[92] Bode E.Productivity Effects of Agglomeration Externalities[DB].Working paper.http://www.cournot2.ustrasbg.fr/sew/papers_sew/Bode_Eckhardt pdf,2004.

[93] Braunerhjelm P,Johansson D.The Determinants of Spatial Concentration: the Manufacturing and Service Sectors in an International Perspective[J]. Industry and Innovation,2003(10):41-63.

[94] Brett Anitra Gilbert,Patricia P.McDougall,David B.Audretsch.Clusters, Knowledge Spillovers and New Venture Performance:An Empirical Examination.Journal of Business Venturing,2008,23(4):405-422.

[95] Brulhart M,Mathys N A.Sectoral Agglomeration Effects in a Panel of European Region s[DB].

[96] Cecile Batisse.专业化、多样化和中国地区工业产业增长的关系[J].世界经济文汇,2002(4):49-62.

[97] Cainelli Giulio,De Liso Nicola.Innovation in Industrial Districts:Evidence from Italy[J].Industry and Innovation,2005,12(3):383-398.

[98] Cainelli G,Leoncini R.Externalities and Long-term Local Industrial Development: Some Evidence From Italy[J].Economic Industrielle,1999,90:25-39.

[99] Chen Y.Agglomeration and Location of Foreign Direct Investment:The Case of China[J].China Economic Review,2009,20(3):549-557.

[100] Ciccone A,Hall R E.Productivity and the Density of Economic Activity [J]. American Economic Review,1996,86:54-70.

[101] Ciccone A.Agglomeration Effects in Europe.European Economic Review, 2002,46(2):213-227.

[102] Cingano F,Schivardi F.Identifying the sources of local productivity growth[J]. Journal of the European Economic Association,2004(2):720-742.

[103] Audretseh D B,Feldman M.R&D Spillovers and the Geography of Innovation and Production[J].American Economic Review,1996(6):630-640.

[104] Dekle R,Eaton J.Agglomeration and Land Rents:Evidence from the Prefectures [J].Journal of Urban Economics,1999,46:200-214.

[105] Donoghue B,Gleave A.Note on Methods for Measuring Industrial Agglomeration [J].Regional Studies,2004,38(4):419-427.

[106] Grimes D,Prime P B,Walker M B.Change in the Concentration of Employment in Computer Services:Spatial Estimation at the U.S.Metro County Level[J]. Growth and Change,2007,38(1):39-55.

[107] Dixit A K and Stiglitz J E.Monopolistic Competition and Optimum Product Diversity[J].The American Economic Review,1977,67(3):297-308.

[108] Ellison G & Glaeser E L.Geographic Concentration in U.S.Manufacturing Industries:A Dartboard Approach [J].Journal of Political Economy.1997,67 (5):889-927.

[109] Fujita,Thisse.Economics of Agglomeration,Cities,Industrial Location and Regional Growth[M].Cambridge University Press,2002.

[110] Fujita M,Thisse J F.Does geographical agglomeration foster economic growth? And who gains and loses from it? [J].The Japanese economic review,2003,54(2):121-145.

[111] Fujita M,Thisse J F.Economics of Agglomeration:Cities,Industrial Location,and Globalization [M].Cambridge:Cambridge University Press, 2013:53-59.

[112] Francoise Maurel,Beatrice Sedillot.A measure of the geographic concentration in French manufacturing industries[J]. Regional Science and Urban Economies,1999,(9):575-604.

[113] Gilles Duranton,Diego Puga.Diversity and Specialisation in Cities:Why, Where and When Does it Matter? [J].Urban Studies,2000,(7):533-555.

[114] Ellison G,Glaeser E.Geographic Concentration in U.S.Manufacruring Industries:A Dartboard Approach[J].Journal of Political Economy,October, 889-927.

[115] Ellison G,Glaeser E.GeograPhic Concentration in U.S.Manufacruring Industries:A Dartboard Approach [J].Journal of Political Economy, October, 889-927.

[116] Geppert, Gornig K M. A. Werwatz. Economic Growth of Agglomeration and Geographic Concentration of Industrial-Evidence from Genmary[J]. SFB 649 Discussion paper, 2006-2008.

[117] Guimaraes P, Figueiredo O, Woodward D P. Agglomeration and the Location of Foreign Direct Investment in Portugal [J]. Journal of Urban Economic, 2000, 47(1): 115-135.

[118] Hallet Martin. Regional specialization and concentration in the EU[R]. Economic Papers, No.141, 2000.

[119] Henderson V J. Marshall's Scale Economics[J]. Journal of Urban Economics, 2003, 53(1): 1-28.

[120] Hilbert C, Voiculoan AI. Agglomeration Economies and the Location of Foreign Direct Investment: Empirical Evidence From Romania[J]. Regional Studies, 2010, 44(3): 355-371.

[121] Hirschman A O. The Strategy of Economic Development[M]. New Haven: Yale University Press, 1958.

[122] Henderson J V. Externalities and industrial development[J]. Journal of urban economics, 1997, 42: 449-470.

[123] Krugman P. Geography and trade[M]. MIT Press, 1991.

[124] Krugman P. Increasing Returns and Economic Geography[J]. Journal of Political Economy, 1991, 99: 483-499.

[125] Marshall A. Principles of economics[M]. New York: MacMillan, 1920.

[126] Marshall A. Principles of Economics: An Introductory Volume[M]. London: Macmillan, 1890.

[127] Marshall A. Principles of Economics: An Introductory Volume (8th ed) [M]. London: Macmillan, 1920.

[128] Martin, Ottaviano. Growth and Agglomeration[J]. International Economic Review, 2001, 42(4): 947-968.

[129] Martinez-Galarraga J, Paluzie E, Pons J, Tirado D A. Agglomeration and Labour Productivity in Spain over the Long Term [J]. Cliometrica, 2008 (2): 195-212.

[130] Myrdal G. Economic Theory and Underdeveloped Regions[M]. Duckworth, London, 1957.

[131] Naude W A, Krugell W F. Are South Africa's Cities Too Small? [J]. Cities, 2003, 20(3): 175-180.

[132] Paija L. What is Behind the Finnish'ICT Miracle'[J]. The Finnish Economy and Society, 2001(3): 51-54.

[133] Perroux F.Economic Spaces:Theory and Application[J].Quarterly Journal of Economics,1950,54(1):89-104.

[134] Pinch S,Henry N,Jenkins M,et al.From Industrial Districts to Knowledge Clusters:A Model of Knowledge Dissemination and Competitive Advantage in Industrial Agglomeration[J]. Journal of Economic Geography, 2003 (3): 373-388.

[135] Piore M J,Sabel C.The Second Industrial Divide [M].New York:Basic Books,1984.

[136] Porter M.Location Competition and Economic Development:Local Clusters in a Global Economy[J].Economic Development Quarter,2000(14):15-20.

[137] Stuart S.Rosenthal,William C.The Determinants of Agglomeration[J]. Journal of Urban Economics,2001(9):191-229.

[138] Salvador Barrios,Eric Strobl.Industry Mobility and Geographic Concentration in the European Union[J].Economics Letter,2004,82,71-75.

[139] Tuan,Chyau,Linda.FDI Facilitated by Agglomeration Economies:Evidence from Manufacturing and Services Joint Ventures in China[J].Journal of Asian Economics.2003(13):749-766.

[140] Vernon Henderson,Marshall's Scale Economies[J].Journal of Urban Economics,2003,53:1-28.

[141] Vernon Henderson,Todd lee,Yung Joon Lee.Scale Externalities in Korea [J].Journal of Urban Economics,2001(5):479-504.

第3章 产业集聚测度的尺度和测度方法

产业集聚就是产业在一定空间范围内的集中分布现象,因此,考察产业集聚,首先要解决两大类问题,一是相关统计分类的问题,包括产业分类和区域空间分类,二是集聚的测度方法。前者是解决产业集聚的尺度问题,后者是解决产业集聚的衡量问题。产业集聚测度的尺度选择主要取决于研究目的和相关数据的支撑;产业集聚测度的方法选择主要取决于人们对产业集聚的认识。

3.1 产业集聚测度的尺度

所谓产业,是指从事相同性质的经济活动的企业的集合,由于对"相同性质"的认识有宽窄之分,造成产业的划分存在不同的尺度。所谓集聚,是指在一定空间范围内的聚合、集中,由于对"空间范围"的大小认识不同,造成空间(区域)划分上存在不同尺度。

3.1.1 产业尺度

1. 产业划分标准

本书以经济普查数据为支撑。从2004年的第一次经济普查到2018年的第四次经济普查,跨度十四年,所采用的产业划分标准不同,期间有很大的调整。

第一次和第二次经济普查的产业分类依据是《国民经济行业分类》(GB/T 4754—2002),第三次经济普查的产业分类依据是《国民经济行业分类》(GB/T 4754—2011),第四次经济普查的产业分类依据是《国民经济行业分类》(GB/T 4754—2017)。

在2002年版产业分类标准中,产业被划分为20个门类(字母编码产业)、95个大类(2位数产业)、396个中类(3位数产业)、913个小类(4位数产业)。

在2011年版产业分类标准中,产业被划分为20个门类(字母编码产业)、96个大类(2位数产业)、432个中类(3位数产业)、1094个小类(4位数产业)。

在2017年版产业分类标准中,产业被划分为20个门类(字母编码产业)、97个大类(2位数产业)、472个中类(3位数产业)、1375个小类(4位数产业)。

三个版本的产业分类标准相比较,从数量上看,产业门类数量没有变化,产业大类从2002年版的95个增加到2011年版的96个再增加到2017年版的97个,三版之间的增加数量都是1个;产业中类从2002年版的396个增加到2011年版的432个再增加到2017年版的472个,增加数量分别为36个、40个;产业小类从2002年版的913个增加到2011年版的1094个再增加到2017年版的1375个,增加数量分别为181个、281个。从内容上看,产业门类基本一致,产业大类的内容有一定差别,产业中类和产业小类的调整幅度很大,这些调整主要有:一是对原有的产业中类,尤其是产业小类进行分拆,分拆后的部分与其他产业中类或小类合并,形成新的产业中类或小类;二是根据产业的发展变化,新增一部分产业中类或产业小类;三是随着产业的发展变化,原有的产业中类或小类被替代,给予新的名称或赋予新的含义。

2. 三个版本产业分类标准比较

四次经济普查涉及三个版本的产业分类标准。为了能够对四次经济普查的产业集聚状况进行比较,需要对四次经济普查所涉及的产业划分进行统一处理。由于经济普查只是针对第二、第三产业所进行的全面调查,因此,在对国民经济行业分类标准三个版本的比较时只关注第二、第三产业,忽略第一产业。由于三个版本的产业分类标准中产业中类、小类的划分差异较大,因此,这里只关注三个版本中产业门类和产业大类的划分。

产业分类标准2002年版与2011年版的对照如表3-1所示。

表3-1 产业分类标准2002年版与2011年版的对照

	2002年版本	2011年版本
门类编码调整	F.交通运输、仓储和邮政业 G.信息传输、计算机服务和软件业 H.批发和零售业 I.住宿和餐饮业	F.批发和零售业 G.交通运输、仓储和邮政业 H.住宿和餐饮业 I.信息传输、软件和信息技术服务业

续表

	2002 年版本	2011 年版本
门类内部结构调整	B.采矿业	B.采矿业 增加"11 开采辅助活动"
	E.建筑业 其中：①47 房屋和土木工程建筑业 ②49 建筑装饰业、50 其他建筑业	E.建筑业 调整： ①原"47 房屋和土木工程建筑业"拆分为 47 房屋建筑业、48 土木工程建筑业 ②原"49 建筑装饰业、50 其他建筑业"合并为 50 建筑装饰和其他建筑业
	G.信息传输、计算机服务和软件业 其中：①60 电信和其他信息传输服务业 ②61 计算机服务业、62 软件业	I.信息传输、软件和信息技术服务业 调整： ①原"60 电信和其他信息传输服务业"拆分为 63 电信、广播电视和卫星传输服务、64 互联网和相关服务 ②原"61 计算机服务业、62 软件业"合并为 65 软件和信息技术服务
	M.科学研究、技术服务和地质勘探业 其中：78 地质勘查业	M.科学研究和技术服务业 调整： 原"78 地质勘查业"调整为中类"747 地质勘探"
门类内容调整	G.信息传输、计算机服务和软件业	I.信息传输、软件和信息技术服务业 增加： "L.租赁和商务服务"一个小类"7499 其他未列明的商务服务"
	J.金融业	J.金融业 增加： "L.租赁和商务服务"一个小类"7412 投资与资产管理"
	O.居民服务和其他服务业	O.居民服务、修理和其他服务业 增加： "C.制造业"一个小类"3726 汽车修理" "G.信息传输、计算机服务和软件业"一个小类"6130 计算机修理"
	P.教育	P.教育 增加： "R.文化、体育和娱乐业"一个小类"9190 其他体育"

续 表

	2002 年版本	2011 年版本
门类内容调整	R.文化、体育和娱乐业	R.文化、体育和娱乐业 增加： "G.信息传输、计算机服务和软件业"一个小类"6190 其他计算机服务" "L.租赁和商务服务租赁和商务服务业"一个小类"7499 其他未列明的商务服务"
	Q.卫生、社会保障和社会福利业 其中："86 社会保障业"	Q.卫生和社会工作 调整： 原"86 社会保障业"纳入"S.公共管理、社会保障和社会组织"中
大类间调整与对应	"06 煤炭开采和洗选业、07 石油和天然气开采业、11 其他采矿业"的部分内容	11 开采辅助活动
	17 纺织业、18 纺织服装、鞋、帽制造业、19 皮革、毛皮、羽毛(绒)及其制品业 以及： "29 橡胶制品业"中的"2960 橡胶靴鞋制造" "30 塑料制品业"中的"3081 塑料鞋制造"	17 纺织业、18 纺织服装、服饰业、19 皮革、毛皮、羽毛及其制品和制鞋业
	24 文教体育用品制造业、42 工艺品及其他制造业	24 文教、工美、体育和娱乐用品制造业、41 其他制造业
	29 橡胶制品业、30 塑料制品业	29 橡胶和塑料制品业
	31 非金属矿物制品业 以及： "42 工艺品及其他制造业"中的"4221 制镜及类似品加工"	30 非金属矿物制品业
	34 金属制品业 以及： "35 通用设备制造业"中的"3592 锻件及粉末冶金制品制造" "37 交通运输设备制造业"中的"3792 交通管理用金属标志及设施制造" "36 专用设备制造业"中的"3663 武器弹药制造"	33 金属制品业

续 表

	2002 年版本	2011 年版本
大类间调整与对应	35 通用设备制造业、41 仪器仪表及文化、办公用机械制造业	34 通用设备制造业、40 仪器仪表制造业
	36 专用设备制造业 以及： "37 交通运输设备制造业"中的"3759 航标器材及其他浮动装置的制造"	35 专用设备制造业
	37 交通运输设备制造业 以及： "36 专用设备制造业"中的"3669 航空、航天及其他专用设备制造"	36 汽车制造业、37 铁路、船舶、航空航天和其他运输设备制造业
	39 电气机械及器材制造业 以及： "36 专用设备制造业"中的"3696 交通安全及管制专用设备制造" "37 交通运输设备制造业"中的"3714 铁路专用设备及器材、配件制造"	38 电气机械及器材制造业
	"34 金属制品业、35 通用设备制造业、36 专用设备制造业"中的部分内容	43 金属制品、机械和设备修理业
	47 房屋和土木工程建筑业	47 房屋建筑业、48 土木工程建筑业
	49 建筑装饰业、50 其他建筑业	50 建筑装饰和其他建筑业
	52 道路运输业、53 城市公共交通业	54 道路运输业
	60 电信和其他信息传输服务业	63 电信、广播电视和卫星传输服务、64 互联网和相关服务
	61 计算机服务业、62 软件业 以及： "74 商务服务业"中的"7499 其他未列明的商务服务"的部分内容	65 软件和信息技术服务
	68 银行业 "71 其他金融活动"的部分内容	66 货币金融服务
	69 证券业 以及： "74 商务服务业"中"7412 投资与资产管理"的部分内容	67 资本市场服务

续表

	2002 年版本	2011 年版本
大类间调整与对应	71 其他金融活动 以及： "74 商务服务业"中"7412 投资与资产管理"的部分内容	69 其他金融业
	76 专业技术服务业、78 地质勘查业 以及： "82 居民服务业"中的"8280 摄影扩印服务" "05 农、林、牧、渔服务业"中的"0531 兽医服务"	74 专业技术服务业
	81 公共设施管理业 以及： "80 环境管理业"中的"8022 城市环境卫生管理"和"8021 城市市容管理"	78 公共设施管理业
	83 其他服务业 以及： "37 铁路、船舶、航空航天和其他运输设备制造业"中的"3726 汽车修理" "61 计算机服务业"中的"6130 计算机维修"	80 机动车、电子产品和日用产品修理业
	84 教育 以及： "91 体育"中的"9190 其他体育"的部分内容	82 教育
	91 体育 以及： "90 娱乐业"中的"9230 休闲健身娱乐活动"	88 体育
	92 娱乐业 以及： "61 计算机服务业"中"6190 其他计算机服务"部分内容 "74 商务服务业"中"7499 其他未列明的商务服务"的部分内容	89 娱乐业

注：字母为产业门类编码，两位数字为产业大类编码，三位数字为产业中类编码，四位数字为产业小类编码。

产业分类标准 2011 年版与 2017 年版的对照如表 3-2 所示。

表 3-2 产业分类标准 2011 年版与 2017 年版的对照

	2011 年版本	2017 年版本
门类内容调整	C.制造业 以及： "D.电力、燃气及水生产和供应业"中的一个小类"4500 燃气生产和供应业"	C.制造业
	N.水利、环境和公共设施管理业 以及： "K 房地产业"中的一个小类"7090 其他房地产业"部分内容	N.水利、环境和公共设施管理业
	O.居民服务、修理和其他服务业 以及： "M.科学研究和技术服务业"中的小类"7492 摄影扩印服务"以及"7493 兽医服务"部分内容 "A.农、林、牧、渔业"中的一个小类"0390 其他畜牧业"的部分内容	O.居民服务、修理和其他服务业
	R.文化、体育和娱乐业 以及： "L.租赁和商务服务业"中的一个小类"7299 其他未列明商务服务业"部分内容	R.文化、体育和娱乐业
大类间调整与对应	25 石油、煤炭及其他燃料加工业 以及： "45 燃气生产和供应业"中的"4500 燃气生产和供应业"部分内容 "41 其他制造业"中的"4120 煤制品制造"	25 石油、煤炭及其他燃料加工业
	33 金属制品业 以及： "31 黑色金属冶炼和压延加工业"中的"3130 黑色金属铸造" "32 有色金属冶炼和压延加工业"中的"3250 有色金属铸造"	33 金属制品业
	34 通用设备制造业 以及： "35 专用设备制造业"中的"3599 其他专用设备制造"的部分内容	34 通用设备制造业

续表

	2011 年版本	2017 年版本
大类间调整与对应	37 铁路、船舶、航空航天和其他运输设备制造业 以及： "35 专用设备制造业"中的"3514 海洋工程专用设备制造"	37 铁路、船舶、航空航天和其他运输设备制造业
	40 仪器仪表制造业 以及： "34 通用设备制造业"中的"3467 衡器制造"	40 仪器仪表制造业
	58 装卸搬运和运输代理业、59 仓储业	58 多式联运和运输代理业、59 装卸搬运和仓储业
	69 其他金融业 以及： "72 商务服务业"中的"7296 担保服务"部分内容	69 其他金融业
	72 商务服务业 以及： "70 房地产业"中的"7020 物业管理"部分内容	72 商务服务业
	75 科技推广和应用服务业 以及： "72 商务服务业"中的"7250 知识产权服务"	75 科技推广和应用服务业
	"70 房地产业"中的"7090 其他房地产业"部分内容	79 土地管理业
	79 居民服务业 以及： "74 专业技术服务业"中的"7492 摄影扩印服务"	80 居民服务业
	81 其他服务业 以及： "03 畜牧业"中的"0390 其他畜牧业"部分内容 "74 专业技术服务业"中的"7493 兽医服务"部分内容	82 其他服务业
	89 娱乐业 以及： "72 商务服务业"中的"7299 其他未列明商务服务业"部分内容	90 娱乐业

注：字母为产业门类编码，两位数字为产业大类编码，三位数字为产业中类编码，四位数字为产业小类编码。

表 3-1 和表 3-2 所示,国民经济行业分类标准 2011 年版和 2002 年版相比有一定差别,2017 年版和 2011 年版相比差别较小。

首先,2011 年版和 2002 年版相比,既有产业门类(字母编码)编码的调整、产业门类内部结构的调整,也有产业门类内容的调整、产业大类(2 位数编码)内容的相互调整;2017 年版和 2011 年版相比,只需要对产业门类内容进行细微调整,对产业大类(2 位数编码)内容进行一定调整,调整的幅度相对较小。

第二,就产业门类的内容来看。2011 年版和 2002 年版相比,2002 年版的 20 个门类中有 6 个门类需要调整,其中,3 个门类的调整各自涉及 1 个小类(四位数编码产业)的调入,2 个门类的调整各自涉及 2 个小类的调入,1 个门类的调整涉及一个中类(三位数编码产业)的调入。2017 年版和 2011 年版相比,2011 年版的 20 个门类中有 4 个门类需要调整,其中,3 个门类的调整各自涉及 1 个小类的调入,1 个门类的调整涉及 3 个小类的调入。总体来看,2011 年版和 2002 年版相比,门类的内容略有差别;2017 年版和 2011 年版相比,门类的内容大体稳定。

第三,就产业大类的内容来看。2011 年版和 2002 年版相比,2002 年版中有 32 个产业大类需要调整,或者是产业大类构成的分拆和重组,或者是引入新的产业小类;另外,还有 6 个产业大类需要调出部分内容形成 2 个新的产业大类。2017 年版和 2011 年版相比,2002 年版中有 11 个产业大类需要引入新的小类,有 1 个产业大类的部分内容需要调出形成新的产业大类,有 2 个产业大类需要重新组合。总体来看,2017 年版和 2011 年版相比,产业大类的调整幅度小。

3. 本书关注的产业尺度

本书对产业集聚现象的测度主要关注两个层面的产业尺度,一是产业门类层面(字母编码产业),二是产业大类层面(两位数产业)。

(1) 产业门类

三个版本的国民经济行业分类标准中产业门类的数量一致。不同版本的产业门类有关编码上的调整以及在门类内部结构的调整都不影响整个门类的完整性。有些门类在调整中引入 1 个或 2 个本门类以外的小类,由于行业小类的规模小,对所属门类的影响微乎其微,因此,可以认为不同版本标准中同一门类的内涵基本一致。个别门类涉及内部行业中类的调整,以调整后形成的新门类为准。

一个特殊的情况是在 2002 年版标准中,"卫生、社会保障和社会福利业"这一门类中含有"社会保障"这一大类,而在 2011 年版和 2017 年版标准中,"社会保障"被纳入"公共管理、社会保障和社会组织"这一门类中。为保证国民经济行业分类标准三个版本中产业门类的一致性,本书仍然采用"卫生、社会保障和社会福利业"这种划分。

考虑到 2002 年版标准中"公共管理和社会组织"、2011 年版和 2017 年版标准中"公共管理、社会保障和社会组织"("社会保障"除外)这一门类的数据不全,且其构成单位大多属于行政事业单位或非企业法人单位,不属于企业;此外,三个版本中的"国际组织"这一门类大多也不是由企业构成的,因此,最终确定需要关注的门类有 17 个(在 20 个门类中,忽略"农、林、牧、渔业""公共管理和社会组织"或"公共管理、社会保障和社会组织"("社会保障"除外)、"国际组织"这 3 个门类),其中属于第二产业的门类有 4 个,属于第三产业的门类有 13 个。

(2) 产业大类

三个版本的国民经济行业分类标准中产业大类的数量分别是 95 个、96 个、97 个。产业大类的确定可以考虑一下原则:①不同版本的分类标准中产业大类的调整如果涉及本大类以外行业小类的调入或调出,则可认为该大类基本完整;②如果在产业大类调整中涉及某大类的拆分,则以拆分前的大类为准;③如果在产业大类调整中涉及不同大类的重组,则以重组后的大类为准;④如果在产业大类调整中涉及多个大类交叉组合成新的多个大类,则将组合前后的多个大类分别综合在一起视为同一大类;⑤如果在产业大类调整中涉及从原有多个产业大类中分别调出一部分内容组成新的大类,则忽略新大类,以原有多个产业大类为准;⑥忽略第一产业中大类、"国际组织"这一门类中的大类,以及"公共管理、社会保障和社会组织"("社会保障"除外)这一门类中的大类。最终需要关注的大类是 73 个,其中,属于第二产业的大类有 37 个,属于第三产业的大类有 36 个。本书关注的产业门类和产业大类如表 3-3 所示。

表 3-3 本书关注的产业门类和产业大类

门类	大类	门类	大类
采矿业	煤炭开采和洗选业、石油和天然气开采业、黑色金属矿采选业、有色金属矿采选业、非金属矿采选业、其他采矿业	房地产业	房地产业
制造业	农副食品加工业、食品制造业、酒饮料和精制茶制造业、烟草制品业、纺织服装鞋帽皮革毛皮羽毛制品、木材加工及木竹藤棕草制品业、家具制造业、造纸及纸制品业、印刷业和记录媒介的复制、文教工美体育和娱乐用品制造业及其他制造业、石油加工炼焦及核燃料加工业、化学原料及化学制品制造业、医药制造业、化学纤维制造业、橡胶及塑料制品业、非金属矿物制品业、黑色金属冶炼和压延加工业、有色金属冶炼和压延加工业、金属制品业、通用设备及仪器仪表制造业、专用设备制造业、交通运输设备制造业、电气机械及器材制造业、计算机通信和其他电子设备制造业、废弃资源综合利用业	租赁和商务服务业	租赁业、商务服务业

续表

门类	大类	门类	大类
电力、燃气及水生产和供应业	电力热力生产和供应业、燃气生产和供应业、水的生产和供应业	科学研究和技术服务业	研究与试验发展、专业技术服务业、科技推广和应用服务业
建筑业	房屋和土木工程建筑业、建筑安装业、建筑装饰修和其他建筑业	水利、环境和公共设施管理业	水利管理业、生态环境治理和公共设施管理业
批发零售业	批发业、零售业	居民服务、修理和其他服务业	居民服务业、机动车电子产品日用产品修理和其他服务业
交通运输、仓储和邮政业	铁路运输业、道路运输业、水上运输业、航空运输业、管道运输业、装卸搬运运输代理业和仓储业、邮政业	教育	教育
住宿和餐饮业	住宿业、餐饮业	卫生、社会保障和社会工作	卫生、社会保障、社会工作
信息传输、软件和信息技术服务业	信息传输和互联网相关服务、软件和信息技术服务	文化、体育和娱乐业	新闻出版业、广播电视电影和录音制作业、文化艺术业、体育、娱乐业
金融业	货币金融服务、资本市场服务、保险业、其他金融业		

3.1.2 区域尺度

1. 区域划分标准

四次经济普查,区域划分的尺度都为四个层次,即省(自治区、直辖市)、地(区、市、州、盟)、县(区、市、旗)、乡(镇)及以下。

第一次、第二次经济普查,县以上区域划分依据《中华人民共和国行政区划代码》(GB/T 2260—2002)和《中华人民共和国行政区划代码》(GB/T 2260—2007),县以下区域划分依据《统计上使用的县以下行政区划代码编制规则》(国统字[2000]64号)。

第三次、第四次经济普查,县以上区域划分依据《中华人民共和国行政区划代码》(GB/T 2260—2007),县以下区域划分依据《县级以下行政区划代码编制规则》(GB/T 10114—2003)。

同时,参照民政部发布的普查年份《中华人民共和国县以上行政区划代码》和《中华人民共和国县以下行政区划变更情况》。

2. 本书关注的区域尺度

四次经济普查,省级区域基本稳定,地市级及以下行政区域有一定的变更,为了能够较好地反映四次经济普查过程中产业集聚程度及其变化,本书主要关注省级区域的产业集聚。

3.2 产业集聚的测度方法

研究产业集聚状况,首先必须有一套适宜的方法对产业集聚状况进行测度。现有的各种测度方法中,既有绝对集聚程度的测度,也有相对集聚程度的测度;既有基于无偏差因素的测度,也有基于一定偏差因素的测度。

3.2.1 测度产业集聚常用方法

在以往的研究中,常用的方法有以下几种。

1. 产业集中度(CR_n)

产业集中度(CR_n)是用规模最大的几个地区或规模最大的几个产业有关数值 X(产值总量、增加值总量、资产总量、就业人数等)占整个行业的份额来度量的,用公式表示为

$$CR_n = \frac{\sum_{i=1}^{n} x_i}{\sum_{i=1}^{N} x_i}$$

式中,CR_n 代表产业中份额最大的 n 个区域的集中度,x_i 代表产业中第 i 个区域的产值(销售额、就业人数等),N 代表产业分布的全部区域数。CR_n 越大,说明这一产业的集聚程度越高。CR_n 的测算结果可以判定产业集聚现象的变化趋势。如果存在极度集聚现象,CR_n 的最大值应该是 100%;如果存在产业分散分布,极端的可能性是产业平均分散到 N 个区域内,每个区域占有的产业份额为 $1/N$。

2. 区位熵法

区位熵是判断产业是否集聚的一个简便易行的方法,计算公式如下:

$$LQ_{ij} = \frac{\dfrac{x_{ij}}{\sum_j x_{ij}}}{\dfrac{\sum_i x_{ij}}{\sum_i \sum_j x_{ij}}}$$

式中,x_{ij} 为区域 i 中 j 产业的产值或从业人数,代表某个区域的相对专业化程度。若 LQ>1,表示产业在区域之中具有一定专业水平,往往这种产业可能形成产业集聚。

3. 赫芬达尔指数

赫芬达尔指数是衡量产业集聚的重要指标,是产业中某产业产值或从业人数比重的平方和。公式如下:

$$H_i = \sum_{k=1}^{N} \left(\frac{X_i^k}{X_i}\right)^2$$

式中,X_i^k 为 i 产业第 k 个企业的就业人数,X_i 为 i 产业的就业总人数,N 为企业数量。

如果产业市场处于垄断状态,则 $H=1$ 为最大值;如果产业内存在大量规模相等的中小企业,则 H 趋于 0;H 介于 0 和 1 之间,即 $0<H<1$。H 值越大,则产业 i 集聚水平越高;反之,越低。

4. 区位基尼系数

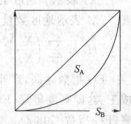

由意大利经济学家基尼(Gini)提出的基尼系数是衡量企业空间集聚最广泛的指标,其数值在理论上等于洛伦兹曲线与 45°度线之间面积的两倍。1986 年 Keeble 将洛伦兹曲线和基尼系数相结合用于测量产业在地区间的集聚程度,即区位基尼系数。其计量公式如下:

$$G = \frac{S_A}{S_A + S_B} = 2 S_A \quad 0 \leqslant G \leqslant 1$$

式中,洛伦兹曲线的下凸程度越小,基尼系数越接近于 0,说明产业在空间分布集聚程度极低;洛伦兹曲线的下凸程度越大,基尼系数越接近于 1,说明产业在空间中的集聚程度高。

克鲁格曼(Krugman,1991)等曾用基尼系数来测定美国制造业集聚程度,即比较某个地区某一产业的产值或就业人数占全国该产业总产值或总就业人数的比重,以及该地区全部产业总产值或全部就业人数占全国总产值或总就业人数的

情况,其具体表达式为

$$G_i = \sum_{j}^{M} (S_{ij} - X_j)^2$$

式中,G_i 为 i 产业区位基尼系数;

S_{ij} 表示 i 产业在 j 地区产值或就业人数占全国该产业总产值或就业人数的比重;

X_j 表示 j 地区全部产值或就业人数占全国总产值或就业人数的比重;

M 表示地区数量。

5. EG 指数

Ellison 和 Glaeser 认为,企业一般不孤立考虑区位的影响因素,企业选择某个区位是为了利用某个区位的自然优势如接近原材料,亦或是从与其他企业临近中获取好处(贺灿飞,2007 年)。于是,假设某一国家或地区的某一产业内有 N 个企业,且该国家或地区可划分为 M 个区域单元,这个企业分布于 M 个区域单元中,Ellison 和 Glaeser(1997 年)建立的产业地理集中指数的计算公式如下(罗勇、曹丽莉 2005 年)

$$\gamma_{EG} = \frac{G - \left(1 - \sum_{j}^{M} X_j^2\right) H_i}{\left(1 - \sum_{j}^{M} X_j^2\right)(1 - H_i)}$$

式中:$G_i = \sum_{j}^{M} (S_{ij} - X_j)^2$,为 i 产业区位基尼系数;

X_j 表示 j 地区全部产值或就业人数占全国总产值或就业人数的比重;

M 表示地区数量;

$H_i = \sum_{k=1}^{N} \left(\frac{X_i^k}{X_i}\right)^2$,$i$ 产业赫芬达尔指数(H 指数)。

EG 指数越高,产业集聚程度越强,Ellison 和 Glaeser(1997 年)将产业集聚分成三类,即高度集聚(EG 指数>0.05)、中度集聚(0.02<EG 指数<0.05)和低度集聚(EG 指数<0.02)。

需要说明的是,目前在公开的统计资料中难以得到关于企业的详细数据,因此,不能按照赫芬达尔指数的计算公式计算该指数进而得到 EG 指数。本书参照杨洪焦等人(2008 年)的做法对赫芬达尔指数的计算方法进行了调整,即假设对于每个地区 j,产业 i 内的所有企业具有相同的规模(产值相等或就业人数相等),调整后的赫芬达尔指数计算公式为

$$H_i = \sum_{j=1}^{M} \frac{1}{n_{ij}} (S_{ij})^2$$

式中,n_{ij} 为 j 地区 i 产业的企业数量,其他符号的含义与上述公式相同。

3.2.2 测度方法评价

原则上,上述各种统计指标都可以用来测度地区间产业分布的不均等性或不平衡程度。然而,由于这些指标的计算方法各异,它们的统计特性乃至隐含在其后的伦理判断并不一样,这就需要选择适宜的方法。

1. 选择能够反映相对集聚的综合性指标对产业集聚进行测度

对产业集聚的考察,可以从绝对集聚和相对集聚两个角度进行。所谓绝对集聚指的是在不考虑经济发展水平、产业规模变化情况下的集聚状态,是对产业集聚的实际测度。所谓相对集聚是在与经济发展水平、产业规模变化相对比情况下的产业集聚状态。一般,人们实际观察和感受到的主要是绝对集聚,而在研究中考虑相对集聚较多。

在上述方法中,行业集中度、赫芬代尔系数测度的是产业的绝对集聚程度,区位熵、区位基尼系数、EG指数测度的是产业相对集聚程度。对于产业集聚的考察,是偏重于相对集聚还是绝对集聚,应该从以下两方面考虑。

① 一国之内的产业集聚现象不是固定的,而是在变化的,这与国民经济发展水平、产业发展水平的变化密切相关。只有当一国的总体经济发展水平、产业发展水平保持一定,产业间的绝对集聚程度和相对集聚程度的分布和变化才具有一致性,否则,可能会出现区域间绝对集聚程度和相对集聚程度的错位和变化走势的不一致。严格意义上说,对于总体经济发展水平不同的两个时期,各地区间的绝对集聚数据不具有可比性,只有相对集聚数据才具有可比性。

② 充分考虑国际间的对比。一般来看,在进行国际对比时,不是任何测度指标都同样适用的。原则上,只有当对比的国家经济发展水平、产业发展水平相同时,采用产业绝对集聚指标对比不同国家的产业集聚程度才有意义。而产业相对集聚程度的测算指标一般无量纲,排除了不同国家经济发展水平、产业发展水平的差异性,可以方便地进行国际间的比较。

此外,对总体分布特征的考察在统计学上一般存在两类指标,一是综合性指标,二是局部性指标。所谓综合性指标是指在充分考虑每个个体差异性基础上所构建的一类反映总体分布特征的指标;而局部性指标是指仅采用总体中一些个体的极端值或总体中某些代表性个体的分布数值所构建的一类反映总体分布特征的指标。一个经济体范围内如果存在众多区域,考察产业集聚程度时应该综合考虑该产业在各个区域的分布状况,很显然,这样的考察才能更全面地反映产业集聚的实际状态。

鉴于上述考虑,在对产业集聚现象进行研究时,应选择反映相对集聚的综合性指标对产业集聚进行测度。

2. 既要测度产业总体集聚程度也要明确产业在各区域的集聚程度

总体集聚程度的测度是采用一定的测度指标对一国范围内产业集聚与否的一种度量,它充分考虑了产业在各个区域的分布状况,是对产业在各个区域分布的分散和集聚程度的综合评价。产业区域集聚程度的测度是针对某个具体区域对产业集聚状况的度量。

产业总体集聚程度和产业区域集聚程度是考察产业集聚状况的两个角度。产业总体集聚程度的测度给出了产业在一国范围内总的集聚状态,但这种集聚状态必须要落实在不同的区域上,而产业区域集聚程度的测度则给出了产业集聚现象在区域空间的具体反映。

3. 选择适宜的测度指标和方法

前述的各种测度方法各有优势和不足,这里仅做简单介绍。

行业集中度计算简单,含义明确,是测度产业集聚程度的常用方法。然而,行业集中度只反映了地区规模分布的一个方面,只说明了最大几个地区某产业在总体中的份额,忽略了其余地区的规模分布情况,因此,该指标反映的产业集聚程度不全面。而且,当 n 取不同的值时可能会得出不同的结论。由于存在以上不足,学者通常将它作为一个辅助指标来测算产业集聚程度。

区位熵法由于计算简便可行,能够直观形象地反映某个地区的产业集聚水平因而被广泛应用。该方法的不足表现在一是没有考虑企业规模的影响,可能会出现区位熵很大而企业规模很小的情况。假设有两个地区,其产业结构完全相同,只是其中一个地区的每一个产业的规模都是另外一个地区的 K 倍,这样按上述公式算出来的经济规模较大的地区的区位熵将是规模较小地区的 $1/K$,但实际上某产业在这两个地区的集聚程度是一样的。二是没有考虑企业的数量。若一个地区只有少量的大企业,另一个地区有众多的中小企业,但两个地区的产业规模一致,经济发展水平一致,计算出来的区位熵一致,但是很显然,后一种情况的产业集聚程度显著。

赫芬代尔系数的优点在于考虑了企业数量和企业规模两个因素对产业集聚的影响,能够准确反映企业或市场绝对集聚的程度或水平。但也存在一定的缺点,一是需要该产业中每家企业的微观数据,对数据的要求高;二是不能说明区域之间的关系,尤其是空间联系和相互依赖;三是只能度量绝对集中度而不能度量相对集中度。要比较不同产业间集聚程度,用赫芬达尔指数进行的比较会得出失真的结果,因为在某些产业中如果原本企业的数量就很少,利用赫芬代尔系数测算也可能会得出产业集聚的结论。

区位基尼系数在测度产业集聚程度中的主要优点表现为简便易行,但也存在一定缺陷。有学者曾指出基尼系数大于零并不表明有集聚现象存在,因为它没有考虑到企业的规模差异。如果一个地区存在着一个规模很大的企业，可能就会造成该地区在该产业上有较高的基尼系数，但实际上并无明显的集群现象的出现。利用空间基尼系数来比较不同产业的集聚程度时，会由于各产业中企业规模或地理区域的大小差异而造成跨产业比较上的误差。空间基尼系数没有考虑到具体的产业组织及区域差异，因此在表示产业集聚程度时含有虚假成分，不能区分集聚究竟来自产业结构还是来自自然资源和溢出所导致的地理集中；另外，该系数还没有考虑到产业一致性的地理集中程度和不同行业的集中程度的比较问题。

EG指数是当前应用较广泛的测度产业集聚程度的方法。该方法的最大缺陷来自公式中的赫芬代尔系数，对企业微观数据要求较高，但该方法的优势也很明显。由于区位基尼系数存在着一个缺陷，即不能分清产业的区域集聚是由于行业中只有少数几个大厂商导致，还是因为大量中小厂商集中在少数几个地区而形成的，故将产业的赫芬达尔指数放入EG指数中，从微观的企业层面入手将众多规模较小的企业的空间集中确认为产业集聚，消除了厂商规模对产业集聚的影响，弥补了空间基尼系数的缺陷，可以进一步优化了产业集聚的测量方法。

很显然，在上述各种方法的比较中，EG指数在测度产业集聚程度方面优势更突出，因此在本书中，选择EG指数测度产业的总体集聚程度。而区位熵指标在反映区域的产业集聚水平方面应用更广泛，但鉴于区位熵指标存在着一些不足，本书中拟对区域熵的构建进行一定的调整，采用修正的区域熵公式测度各区域的产业集聚水平。

本章参考文献

[1] 罗勇,曹丽莉.中国制造业集聚程度变动趋势实证研究[J].经济研究，2005(8):106-115.

[2] 贺灿飞.中国制造业地理集中与集聚[M].北京:科学出版社,2007.

[3] 杨洪焦,孙林岩,高杰.中国制造业聚集度的演进态势及其特征分析——基于1988—2005年的实证研究[J].数量经济技术经济研究,2008(5):55-66.

[4] Ellision G.Glaeser E L.Geographic Concentration in U.S.Manufacturing Industries: A Dartboard Approach [J].Journal of Political Economy.1997,5(105): 889-927.

[5] Krugman, Paul. Geography and Trade[M]. MIT press, Cambridge, Massachusetts.1991.

第4章 中国第二、第三产业集聚状况

在以往的关于产业集聚的研究中,许多学者将关注的焦点放在制造业上。随着服务业在全球范围内的快速发展,特别是发达国家经济结构中服务业地位的快速提升,对服务业特别是生产性服务业集聚问题的研究也日益加强。本书除继续研究制造业以外,将整个关注点扩展到第二产业;同时,也对生产性服务业的关注扩展到整个服务业领域。本书主要利用四次经济普查中就业人数数据,测度中国第二、三产业的集聚状况。

4.1 第二产业集聚分析

主要从产业集聚趋势变化和集聚程度两个角度进行分析。

4.1.1 第二产业集聚趋势变化

选择 EG 指数反映产业的相对集聚状况。以各省级行政区域就业人数作为基本数据计算四次经济普查的 EG 指数,观察产业集聚的变化。

1. 产业门类

第二产业中有 4 个产业门类,分别是采矿业、制造业、电力热力燃气及水的生产供应业、建筑业。

图 4-1 所示,第二产业各个门类 EG 指数变化的趋势有一定差异,表现为:①持续增长。采矿业、电力、热力、燃气及水的生产供应业 EG 指数都呈现持续增长态势。其中,采矿业的 EG 指数高于其他各个门类,且呈现明显提升态势,三经普后这种上升态势进一步突出。电力、热力、燃气及水的生产供应业 EG 指数则一直平缓增长。②持续下降。制造业的 EG 指数低于采矿业,一直呈现缓慢下降趋势。③波动性下降。建筑业的 EG 指数呈现先微弱增长又微弱下降的态势。总体来看,电力、热力、燃气及水的生产供应业以及建筑业这两大门类的 EG 指数大体相当,明显低于采矿业和制造业,EG 指数的变化不明显。

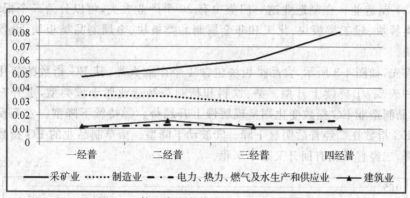

图 4-1 第二产业各门类 EG 指数变化趋势

2. 产业大类

(1) 采矿业。在采矿业这一门类中有 6 个产业大类,如图 4-2 所示,这 6 个产业大类的 EG 指数变化趋势可分为两种类型:①持续上升型。属于该类型的有煤炭开采和洗选业、非金属采矿业,且前者的 EG 指数明显高于后者。②波动上升型。石油和天然气开采业的 EG 指数的变化以三经普为界呈现先下降后增长的态势,且增长明显;其他采矿业的 EG 指数变化波动性较大,呈现下降—增长—下降的态势,但总体来看,从一经普到四经普,该产业的 EG 指数仍然是上升的;黑色金属矿采选业、有色金属矿采选业的 EG 指数变化呈现先平缓上升再平缓下降的态势,但在四次经济普查范围内仍然显示是上升的。

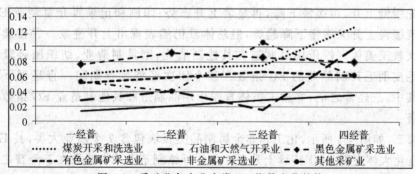

图 4-2 采矿业各产业大类 EG 指数变化趋势

综合分析这 6 个产业大类的 EG 指数变化趋势,可以看出,整个采矿业 EG 指数呈现上升的变化态势与煤炭开采和洗选业、非金属采矿业、石油和天然气开采业这 3 个产业大类的 EG 指数变化态势密切相关。

(2)制造业。在制造业这一门类中有 25 个产业大类,可以分为 5 个板块,即食品类板块、轻工类板块、化工和非金属制品类板块、金属制品类板块、设备制造类板块。

首先,如图 4-3 所示,食品类板块包含 4 个产业大类,其 EG 指数的变化大体有三种表现:①持续上升型。酒、饮料和精制茶制造业属于该类型,上升态势明显;食品制造业 EG 指数变化则呈现缓慢上升趋势。②持续下降型。农副食品加工业 EG 指数在二经普后明显下降。③波动下降型。烟草制品业的 EG 指数先显著下降,二经普后稍有回升又趋于平稳。

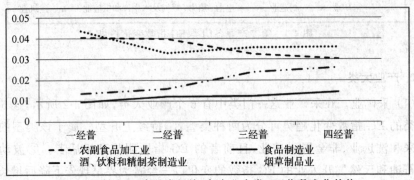

图 4-3 制造业"食品类板块"各产业大类 EG 指数变化趋势

第二,如图 4-4 所示,轻工类板块包含 6 个产业大类,其 EG 指数的变化表现为:①持续上升型。造纸和纸制品业在四次经济普查中一直呈现上升态势,但上升幅度平缓。②波动上升型。木材加工和木、竹、藤、棕、草制品业 EG 指数呈现先缓慢上升,再缓慢下降,再显著上升态势;印刷和记录媒介复制业 EG 指数呈现缓慢上升又缓慢下降趋势,但总体看仍然表现出上升迹象。③持续下降型。文教工美体育娱乐用品制造和其他制造业、家具制造业、纺织服装鞋帽及皮革毛皮羽毛其制品业的 EG 指数在整个四次经济普查期间一直呈现下降态势。其中,三经普之前,文教工美体育娱乐用品制造和其他制造业 EG 指数下降最显著。

第三,如图 4-5 所示,化工和非金属制品类板块包含 7 个产业大类,其 EG 指数的变化大体表现为:①持续上升型。化学纤维制造业 EG 指数在三经普之前上升非常突出,三经普之后则处于平稳状态。二经普之后,其 EG 指数一直位于该板块首位。②波动下降型。石油、煤炭和其他燃料加工业 EG 指数在三经普之前下降明显,三经普之后则呈现上升迹象,但总的来看,从一经普到四经普,该产业 EG 指数仍然是下降的。③平稳型。橡胶和塑料制品业、化学原料和化学制品制造业、医药制造业这 3 个大类的 EG 指数变化平稳,没有明显的升降现象。④缓慢下降型。非金属矿物制品业、废弃资源综合利用业的 EG 指数呈现下降态势,但下降幅度非常缓慢。

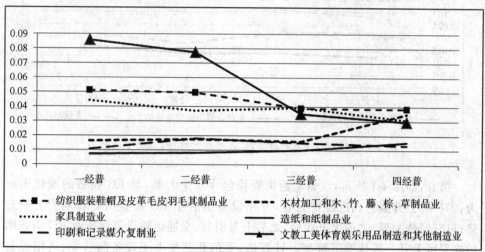

图 4-4 制造业"轻工类板块"各产业大类 EG 指数变化趋势

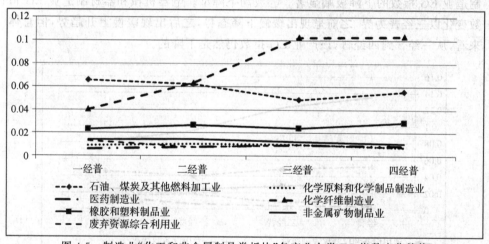

图 4-5 制造业"化工和非金属制品类板块"各产业大类 EG 指数变化趋势

第四,如图 4-6 所示,金属制品类板块包含 3 个产业大类,其 EG 指数的变化有三种表现:①波动上升型。黑色金属冶炼和压延加工业的 EG 指数的变化大体呈现缓慢上升—缓慢下降—显著上升趋势。②水平波动型。金属制品业的 EG 指数变化除三经普有明显的波谷外,其他时期大体一致。③持续上升型。有色金属冶炼和压延加工业的 EG 指数呈现上升态势,但总体来看,上升态势非常平缓。

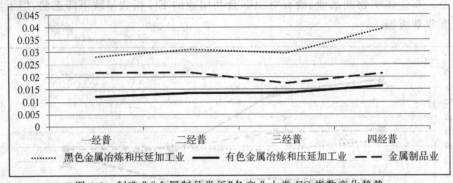

图 4-6 制造业"金属制品类板"各产业大类 EG 指数变化趋势

第五,如图 4-7 所示,设备制造类板块包含 5 个大类,其 EG 指数的变化表现为:①持续上升型。四次经济普查,专用设备制造业 EG 指数始终表现为上升态势,以三经普为界,之前上升缓慢,之后上升明显;交通运输设备制造业 EG 指数则始终平缓上升。②持续下降型。计算机、通信和其他电子设备制造业、通用设备和仪器仪表制造业的 EG 指数出现下降态势,其中,计算机、通信和其他电子设备制造业 EG 指数的下降极端显著。③波动下降型。电器机械和器材制造业 EG 指数变化以三经普为界,之前呈现出缓慢下降态势,之后出现缓慢上升趋势,但总体来看,从一经普到四经普,该产业 EG 指数仍然是下降的。

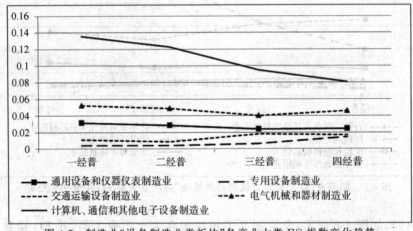

图 4-7 制造业"设备制造业类板块"各产业大类 EG 指数变化趋势

在制造业的 25 个产业大类中,EG 指数的变化有较大差异。考虑到制造业这一门类 EG 指数的变化趋势,在 25 个产业大类中 EG 指数呈现下降态势的 6 个大类与制造业整体的 EG 指数变化相关性更强。这 6 个大类分别是农副食品加工业、纺织服装鞋帽及皮革毛皮羽毛其制品业、家具制造业、文教工美体育娱乐用品制造和其他制造业、通用设备和仪器仪表制造业、计算机、通信和其他电子设备制造业。

（3）电力、热力、燃气及水的生产供应业。如图 4-8 所示，在这一门类中有 3 个产业大类，其 EG 指数变化表现为：①持续上升型。电力、热力生产供应业 EG 指数呈现稳步的直线型增长。②波动上升型。燃气生产和供应业的 EG 指数则呈现增长—下降—增长的波动性上升。③平稳型。水的生产和供应业 EG 指数变化基本稳定，基本保持水平变化。

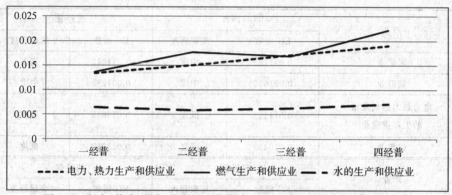

图 4-8　电力、热力、燃气及水的生产供应业各产业大类 EG 指数变化趋势

（4）建筑业。如图 4-9 所示，在建筑业这一门类中有 3 个产业大类，其 EG 指数变化表现为：①持续上升型。房屋和土木工程建筑业的 EG 指数一直是上升的，大体呈现直线上升态势。②水平波动型。建筑业安装业的 EG 指数在大体呈现水平—下降—上升态势，除三经普出现波谷外，其他时期大体一致。③波动下降型。建筑装饰装修和其他建筑业 EG 指数变化幅度较大，先显著上升，二经普后又急剧下降。

总体来看，房屋和土木工程建筑业、建筑装饰装修和其他建筑业 EG 指数的综合变化与建筑业这一门类 EG 指数的变化相关性更强。

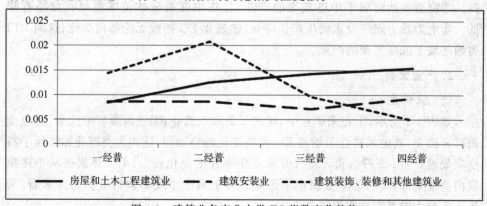

图 4-9　建筑业各产业大类 EG 指数变化趋势

4.1.2 第二产业集聚程度变化

依据 EG 指数判断产业集聚程度(高度集聚、中度集聚、低度集聚)及其变化。

1. 产业门类

在第二产业四大门类中,产业集聚程度的变化如表 4-1 所示。

表 4-1 第二产业各个门类集聚程度

产业	一经普		二经普	
	EG 指数	集聚程度	EG 指数	集聚程度
采矿业	0.047725	中度	0.054042	高度
制造业	0.031645	中度	0.031235	中度
电力热力燃气及水的生产供应业	0.011142	低度	0.012845	低度
建筑业	0.010439	低度	0.013983	低度
产业	三经普		四经普	
	EG 指数	集聚程度	EG 指数	集聚程度
采矿业	0.063134	高度	0.077498	高度
制造业	0.028829	中度	0.030037	中度
电力热力燃气及水的生产供应业	0.013370	低度	0.016141	低度
建筑业	0.010345	低度	0.009880	低度

如表 4-1 所示,①采矿业除了在一经普中显示属于中度集聚外,第二、三、四次经济普查中都属于高度集聚的产业,并且在高度集聚的范围内集聚程度进一步提高。②制造业始终属于中度集聚的产业,且在中度集聚的范围集聚程度略有降低。③电力热力燃气及水的生产供应业、建筑业 EG 指数无论如何变化,这两大门类始终属于低度集聚的产业。

2. 产业大类

(1) 采矿业

如表 4-2 所示,①在采矿业中,煤炭开采和洗选业、黑色金属矿采选业、有色金属矿采选业、其他采矿业无论其 EG 指数变化趋势如何,这些大类产业始终属于高度集聚性产业;②石油和天然气开采业集聚程度变化较大,但大体属于从中度集聚向高度集聚转换;③非金属矿采选业总体上属于中度集聚产业。总体来看,采矿业各个大类都存在集聚现象。

表 4-2 采矿业各个大类集聚程度

产业	一经普		二经普	
	EG 指数	集聚程度	EG 指数	集聚程度
煤炭开采和洗选业	0.063412	高度	0.072312	高度
石油和天然气开采业	0.028629	中度	0.040635	中度
黑色金属矿采选业	0.076223	高度	0.091481	高度
有色金属矿采选业	0.051517	高度	0.058952	高度
非金属矿采选业	0.013798	低度	0.020470	中度
其他采矿业	0.052771	高度	0.040404	中度

产业	三经普		四经普	
	EG 指数	集聚程度	EG 指数	集聚程度
煤炭开采和洗选业	0.074775	高度	0.126435	高度
石油和天然气开采业	0.015874	低度	0.098836	高度
黑色金属矿采选业	0.086075	高度	0.079757	高度
有色金属矿采选业	0.066907	高度	0.061700	高度
非金属矿采选业	0.029252	中度	0.035874	中度
其他采矿业	0.105922	高度	0.062387	高度

(2) 制造业

仍在按照 5 个板块进行分析。

1) 食品类板块

如表 4-3 所示,在制造业"食品类板块"中,①农副食品加工业、烟草制品业始终属于中度集聚性产业;②食品制造业属于低度集聚;③酒、饮料和精制茶制造则由低度集聚向中度集聚转换。

表 4-3 制造业"食品类板块"各个大类集聚程度

产业	一经普		二经普	
	EG 指数	集聚程度	EG 指数	集聚程度
农副食品加工业	0.040493	中度	0.039674	中度
食品制造业	0.009428	低度	0.012108	低度
酒、饮料和精制茶制造业	0.013536	低度	0.015840	低度
烟草制品业	0.043578	中度	0.032974	中度

产业	三经普		四经普	
	EG 指数	集聚程度	EG 指数	集聚程度
农副食品加工业	0.032517	中度	0.030283	中度
食品制造业	0.012501	低度	0.014579	低度
酒、饮料和精制茶制造业	0.023904	中度	0.026082	中度
烟草制品业	0.035731	中度	0.035841	中度

2) 轻工类板块

如表 4-4 所示,在制造业"轻工类板块"中,①家具制造业始终属于中度集聚产业;②纺织服装鞋帽及皮革、毛皮、羽毛其制品业、文教工美体育娱乐用品制造和其他制造业则由高度集聚向中度集聚转换;③木材加工和木、竹、藤、棕、草制品业以及造纸和纸制品业、印刷和记录媒介复制业始终属于低度集聚产业。

表 4-4 制造业"轻工类板块"各个大类集聚程度

产业	一经普		二经普	
	EG 指数	集聚程度	EG 指数	集聚程度
纺织服装鞋帽及皮革、毛皮、羽毛其制品业	0.051382	高度	0.049753	中度
木材加工和木、竹、藤、棕、草制品业	0.016422	低度	0.017572	低度
家具制造业	0.044527	中度	0.037255	中度
造纸和纸制品业	0.007388	低度	0.008372	低度
印刷和记录媒介复制业	0.010857	低度	0.018273	低度
文教工美体育娱乐用品制造和其他制造业	0.085913	高度	0.077583	高度
产业	三经普		四经普	
	EG 指数	集聚程度	EG 指数	集聚程度
纺织服装鞋帽及皮革、毛皮、羽毛其制品业	0.039137	中度	0.038533	中度
木材加工和木、竹、藤、棕、草制品业	0.016343	低度	0.034982	中度
家具制造业	0.039398	中度	0.030934	中度
造纸和纸制品业	0.010132	低度	0.015496	低度
印刷和记录媒介复制业	0.015426	低度	0.013369	低度
文教工美体育娱乐用品制造和其他制造业	0.035226	中度	0.029884	中度

3) 化工和非金属制品类板块

如表 4-5 所示,制造业"化工和非金属制品类板块"中,①石油、煤炭及其他燃料加工业大体属于高度集聚性产业;②橡胶和塑料制品业属于中度集聚性产业;③化学原料和化学制品制造业、医药制造业、非金属矿物制品业、废弃资源综合利用业属于低度集聚性产业;④化学纤维制造业的变化较突出,从中度、高度集聚转化为低度集聚。

表 4-5 制造业"化工和非金属制品类板块"各个大类集聚程度

产业	一经普		二经普	
	EG 指数	集聚程度	EG 指数	集聚程度
石油、煤炭及其他燃料加工业	0.065388	高度	0.062058	高度

续表

产业	一经普		二经普	
	EG 指数	集聚程度	EG 指数	集聚程度
化学原料和化学制品制造业	0.009061	低度	0.010139	低度
医药制造业	0.006129	低度	0.007882	低度
化学纤维制造业	0.040149	中度	0.062983	高度
橡胶和塑料制品业	0.023294	中度	0.026476	中度
非金属矿物制品业	0.013950	低度	0.014519	低度
废弃资源综合利用业	0.012971	低度	0.007528	低度

产业	三经普		四经普	
	EG 指数	集聚程度	EG 指数	集聚程度
石油、煤炭及其他燃料加工业	0.048337	中度	0.055747	高度
化学原料和化学制品制造业	0.010057	低度	0.007253	低度
医药制造业	0.009297	低度	0.008632	低度
化学纤维制造业	0.102696	高度	0.103473	高度
橡胶和塑料制品业	0.024259	中度	0.028660	中度
非金属矿物制品业	0.012346	低度	0.010473	低度
废弃资源综合利用业	0.009524	低度	0.007623	低度

4) 金属制品类板块

如表 4-6 所示，制造业"金属制品类板块"中，①黑色金属冶炼和压延加工业、金属制品业属于中度集聚；②有色金属冶炼和压延加工业属于低度集聚。

表 4-6 制造业"金属制品类板块"各个大类集聚程度

产业	一经普		二经普	
	EG 指数	集聚程度	EG 指数	集聚程度
黑色金属冶炼和压延加工业	0.028056	中度	0.031098	中度
有色金属冶炼和压延加工业	0.012136	低度	0.013653	低度
金属制品业	0.021728	中度	0.021810	中度

产业	三经普		四经普	
	EG 指数	集聚程度	EG 指数	集聚程度
黑色金属冶炼和压延加工业	0.029406	中度	0.039298	中度
有色金属冶炼和压延加工业	0.013619	低度	0.016444	低度
金属制品业	0.017390	低度	0.021357	中度

5）设备制造类板

如表 4-7 所示,在制造业"设备制造类板块"中,①计算机、通信和其他电子设备制造业始终属于高度集聚性产业;②通用设备和仪器仪表制造业属于中度集聚性产业;③电气机械和器材制造业由高度集聚转化为中度集聚,且第二、三、四次经济普查中都属于中度集聚;④专用设备制造业、交通运输设备制造业始终属于低度集聚。

表 4-7 制造业"设备制造类板块"各个大类集聚程度

产业	一经普		二经普	
	EG 指数	集聚程度	EG 指数	集聚程度
通用设备和仪器仪表制造业	0.031572	中度	0.028704	中度
专用设备制造业	0.003857	低度	0.004083	低度
交通运输设备制造业	0.011185	低度	0.008977	低度
电气机械和器材制造业	0.052450	高度	0.048954	中度
计算机、通信和其他电子设备制造业	0.135682	高度	0.122597	高度

产业	三经普		四经普	
	EG 指数	集聚程度	EG 指数	集聚程度
通用设备和仪器仪表制造业	0.023712	中度	0.024438	中度
专用设备制造业	0.006624	低度	0.014319	低度
交通运输设备制造业	0.017857	低度	0.016927	低度
电气机械和器材制造业	0.040311	中度	0.045824	中度
计算机、通信和其他电子设备制造业	0.094984	高度	0.080479	高度

(3) 电力、热力、燃气及水的生产供应业和建筑业

将电力、热力、燃气及水的生产供应业以及建筑业综合在一起,考察其各个产业大类的集聚程度。

如表 4-8 所示,"电力、热力、燃气及水的生产供应业"和"建筑业"中除了"建筑装饰、装修和其他建筑业"在二经普时期、"燃气生产和供应业"在四经普时期出现过中度集聚外,所有各个大类都属于低度集聚。

表 4-8 "电力、热力、燃气及水的生产供应业"和"建筑业"各个大类集聚程度

产业	一经普		二经普	
	EG 指数	集聚程度	EG 指数	集聚程度
电力、热力生产和供应业	0.013415	低度	0.015057	低度
燃气生产和供应业	0.013598	低度	0.017664	低度

续表

产业	一经普		二经普	
	EG 指数	集聚程度	EG 指数	集聚程度
水的生产和供应业	0.006413	低度	0.005816	低度
房屋和土木工程建筑业	0.008393	低度	0.012531	低度
建筑安装业	0.008554	低度	0.008588	低度
建筑装饰、装修和其他建筑业	0.014370	低度	0.020831	中度

产业	三经普		四经普	
	EG 指数	集聚程度	EG 指数	集聚程度
电力、热力生产和供应业	0.017058	低度	0.019056	低度
燃气生产和供应业	0.016827	低度	0.022215	中度
水的生产和供应业	0.006225	低度	0.007152	低度
房屋和土木工程建筑业	0.014291	低度	0.015449	低度
建筑安装业	0.007087	低度	0.009327	低度
建筑装饰、装修和其他建筑业	0.009658	低度	0.004866	低度

4.1.3 第二产业集聚特征

结合产业集聚变化态势和产业集聚程度分析产业集聚特征。

1. 产业门类

第二产业中的四大门类产业，其集聚性特征表现为

第一，高度集聚性，且集聚程度持续增长。采矿业是典型的具有这类特征的产业。由于矿产资源的地域禀赋差异性以及采矿业的资源依赖性，决定了采矿业是天然具有高度集聚性的产业。

第二，中度集聚性，且集聚程度持续下降。在四次经济普查中，制造业的这种特征表现明显，整体来看有一定程度的集聚但集聚性不高。由于制造业规模庞大、构成复杂，内部各个分支产业类型多样，其整体所表现出的这种集聚性特征是其内部各个分支产业各自特征的综合性结果。若需要准确了解制造业的集聚特点，还需要对其内部各个分支产业分别进行考察。

第三，低度集聚性变化。电力、热力、燃气及水的生产供应业和建筑业属于典型的具有这种特征的产业。在四次经济普查中，EG 指数无论是增长还是下降，始终是在低度集聚范围内变化。这类产业一般与人们的日常生活密切相关，其生产和经营分布广泛，不会出现比较明显的集聚现象。从四次经济普查可以看出，即

使这类产业的 EG 指数有上升的迹象,通常也是在低度集聚范围内的 EG 指数上升,在观察期内没有突破集聚程度的质变。

2. 产业大类

电力、热力、燃气及水的生产供应业和建筑业内部的产业大类的集聚性特征与其所属门类的集聚性特征基本一致。因此,这里主要考察采矿业和制造业内部各个产业大类的集聚性特征。

(1) 采矿业内部各个大类

采矿业内部各个大类所表现出的集聚性特征与采矿业整体的集聚性特征有所差异。其内部各个大类的集聚性特征主要表现为：

第一,与整个门类的集聚性特征一致,即表现为高度集聚性,且集聚程度持续增长。这种特征主要体现在煤炭开采和洗选业身上。

第二,高度集聚性,但集聚程度波动性增长。黑色金属矿采选业、有色金属矿采选业、其他采矿业则表现出此种特征。其波动性表现为在高度集聚范围内集聚程度的进一步提升后又有所回落。这与曾经出现的矿产资源无序开采,大量中小采矿企业围绕大矿截留性开采以及 2012 年开始的矿产开采的整顿性政策的推行有一定的关系。

第三,中、高度集聚性增长。采矿业中并不是所有的产业大类都属于高度集聚,石油和天然气开采业在前三次经济普查中属于中低度集聚,第四次经济普查才呈现高度集聚特征。非金属矿采选业则只是在中度集聚范围内集聚程度持续增长。因此,从四次经济普查的这段时期来看,这两个产业大类表现出一定的集聚性,但集聚程度有限。

(2) 制造业内部各个大类

将制造业内部各大板块综合在一起进行考察。可以看出,在制造业 25 个产业大类中,集聚程度主要以中、低度集聚为主,高度集聚性产业较少。其集聚特征表现为:

第一,高度集聚性,但集聚程度持续下降或波动性下降。计算机、通信和其他电子设备制造业、石油、煤炭及其他燃料加工业具有这种特征。计算机、通信和其他电子设备制造业属于技术密集型产业,在产业分布上对科研基础、高校集中区域有一定的要求,必然会形成高度集聚性。随着中西部地区的崛起,特别是中西部地区一些重点城市高技术产业的发展,此类产业的集聚程度开始下降。石油、煤炭及其他燃料加工业属于采矿业的下游产业,通常靠近原燃料产地,也会形成高度集聚,但此类产业也严重依赖市场,随着各地对能源需求的旺盛,其分布区域也会进一步扩展,进而使得其集聚程度开始下降。

第二,中、高度集聚性,且集聚程度不断提升。化学纤维制造业、橡胶和塑料制品业、黑色金属冶炼和压延加工业具有这种集聚特征,从中度集聚转化为高度集聚。化学纤维制造业、黑色金属冶炼和压延加工业都属于资本密集型产业,这类产业往往集聚在资金充足,有一定生产基础的地区,同时也靠近原料产地。产业技术创新的要求需要进一步加大资本投入,另外,供给侧结构性改革要求进一步淘汰过剩产能,这些都使得研发力量强、效益佳、规模实力雄厚的企业在优胜劣汰中得以保留,进而提升了产业集聚程度。橡胶和塑料制品业则属于劳动密集型产业,通常分布在劳动力充足同时原料供给便利的区域,随着环保要求的加强,一些中小企业不断被淘汰,进而造成产业集聚程度有所增长。

第三,中、高度集聚性,但集聚程度持续下降或波动性下降。一些原料导向和市场导向相结合的劳动密集型产业,如农副食品加工业、烟草制品业、纺织服装鞋帽及皮革毛皮羽毛其制品业、家具制造业、文教工美体育娱乐用品制造和其他制造业,以及一部分对生产基础和市场需求有一定要求的技术密集和劳动密集兼具的产业如通用设备和仪器仪表制造业、电气机械和器材制造业具有这种集聚特征。这些产业在发展过程越来越趋向于市场布局和趋向于向掌握一定技能的劳动力丰富的区域布局,因此,布局的范围进一步广泛,表现为在四次经济普查中集聚程度不断下降,或者从高度集聚转化为中度集聚,或者在中度集聚范围内集聚程度下降。

第四,中度集聚平稳、或低度集聚向中度集聚转换。金属制品业属于前者,大都由中、小企业构成,其产品既满足生产需要也满足生活需要,在生产中对个人的技能有一定要求,企业通常分布于工业大企业周边或人口较为稠密的市、县镇,产业分布表现为一定程度的集聚,因此,在四次经济普查中其集聚程度一直在中度集聚范围内并大体保持稳定。酒、饮料和精制茶制造业则属于后者,其产品属于大众生活消费品,生产企业分布广泛。但这类企业的分布又与各地的生活方式和生活习惯密切相关,且市场竞争性强,小企业在市场整合中容易被淘汰,因此,在四次经济普查中,产业集聚程度表现为由低度集聚向中度集聚转换。

第五,波动性低度集聚。制造业各大类中除上述产业外的其他产业表现出这种集聚特点,尽管在四次经济普查中集聚程度表现出一定的波动性,但始终都处于低度集聚范围内。分为以下几类:一是部分面向大众生活的劳动密集型产业,如食品制造业、木材加工和木、竹、藤、棕、草制品业、造纸和纸制品业、印刷和记录媒介复制业;二是面向大众生活的知识密集型产业,如医药制造业;三是既面向生产又面向生活的劳动密集型产业,如非金属矿物制品业、废弃资源综合利用业、有色金属冶炼和压延加工业;四是既面向生产又面向生活的技术密集型和资本密集型产业,如化学原料和化学制品制造业、专用设备制造业、交通运输设备制造业。

4.2 第三产业集聚分析

产业集聚研究源于对制造业集聚现象的探讨,对集聚状况的测度也主要是针对制造业。20世纪90年代以来,服务业的集聚现象开始引起人们的关注,服务业集聚的测度问题也进入人们的视野。就目前的研究看,作为"集聚经济"的一部分,服务业集聚与制造业集聚有一定的相似性,因此,服务业集聚的测度同样可以采用制造业集聚的测度方法,而EG指数法是服务业集聚的测度方法之一。中国学者吉亚辉等人(2012年)、李惠娟(2013年)、邱灵、方创琳(2013年)、蔡宏波等人(2017年)都在各自的研究中采用EG指数对服务业集聚进行测度,并采用与制造业集聚同样的判定标准对服务业集聚程度进行判定。本书也采用EG指数分析第三产业的集聚状况。

4.2.1 第三产业集聚趋势变化

本书中的第三产业涉及13个门类36个产业大类。

1. 产业门类

参考一些学者的研究(陈建军等人,2009年;盛龙,陆根尧,2013年;吴福象,曹璐,2014年)以及国家统计局《生产性服务业统计分类(2019年)》和《生活性服务业统计分类(2019年)》,将第三产业13个门类大体分为三类,即生产性服务业、生活消费性服务业和公共性服务业。

(1) 生产性服务

生产性服务业主要是指交通运输仓储和邮政业、信息传输软件和信息技术服务业、金融业、租赁和商务服务业、科学研究和技术服务业,其产业集聚状况变动如下。

图4-10所示,生产性服务业的5个门类EG指数变化表现为:①持续下降型。信息传输软件和信息技术服务业、租赁和商务服务业属于该类型,从一经普到四经普,EG指数呈现下降态势。②波动下降型。科学研究和技术服务业属于该类型,EG指数先呈现上升态势,二经普后急剧下降。③波动性上升。金融业、交通运输仓储和邮政业属于该类型,EG指数先缓慢下降,分别在二经普和三经普后呈现上升趋势。

(2) 生活消费性服务业

生产性服务业主要是指批发零售业、住宿和餐饮业、房地产业、居民服务修理和其他服务业、文化体育和娱乐业。其产业集聚状况变动如下:

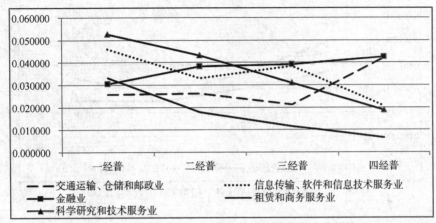

图 4-10 生产性服务业中各个门类 EG 指数变化趋势

图 4-11 所示,生活性服务业的 5 个门类 EG 指数变化表现为两种类型:①持续下降型。批发零售业、房地产业、居民服务修理和其他服务业、文化体育和娱乐业都属于这种类型,从一经普到四经普,EG 指数始终呈下降趋势。相对而言,文化体育和娱乐业的集聚程度较高。②水平型。住宿和餐饮业属于该类型,四次经济普查过程中,EG 指数大体不变。

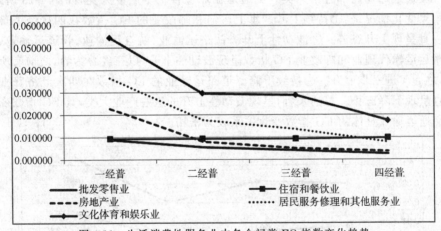

图 4-11 生活消费性服务业中各个门类 EG 指数变化趋势

(3) 公共性服务业

公共性服务业是为生产和生活提供公共服务的行业,主要是指水利环境和公共设施管理业、教育、卫生社会福利和社会工作。其产业集聚状况变动如图 4-12 所示。

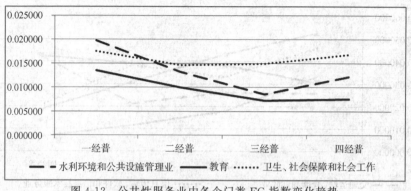

图 4-12 公共性服务业中各个门类 EG 指数变化趋势

如图 4-12 所示,公共性服务业 3 个门类的 EG 指数变换都呈现波动性下降趋势。相对而言,卫生、社会保障和社会工作的 EG 指数一经普之后微弱下降,三经普后又微弱上升;教育的 EG 指数下降较明显,三经普后呈现水平状态;水利环境和公共设施管理业 EG 指数下降剧烈,三经普后又明显上升。

2. 产业大类

(1) 生产性服务业各个大类

交通运输业内部各个大类。交通运输业包含 7 个产业大类,如图 4-13 所示,其集聚变化情况是:①持续上升。水上运输和邮政业的 EG 指数在四次经济普查中一直呈现上升态势。②波动性上升。铁路运输业、航空运输业、管道运输业、装卸搬运运输代理业和邮政业 EG 指数呈现波动性上升,以三经普为界,之前有所下降,之后又进一步上升。③持续下降。道路运输业的 EG 指数在四次经济普查中一直呈现下降态势。总的来看,呈现波动性上升的这些产业大类,其 EG 指数变化与交通运输业整体的 EG 指数变化关系较为密切。

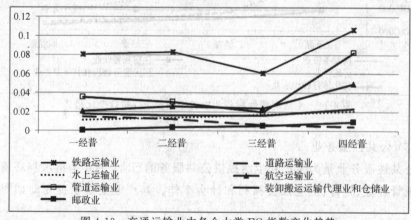

图 4-13 交通运输业中各个大类 EG 指数变化趋势

信息传输软件和信息技术服务业、金融业各个大类。信息传输软件和信息技术服务业中有 2 个大类，金融业中有 4 个大类，如图 4-14 所示，其集聚变化情况是：①持续上升。货币金融业、保险业属于该类型，在四次经济普查中 EG 指数一直上升。②波动性上升。信息传输和互联网相关服务、资本市场服务属于该类型，EG 指数在上升过程中有一定的震荡性。③持续下降。软件和信息技术服务、其他金融服务属于该类型。总的来看，信息传输软件和信息技术服务业这一门类 EG 指数的变化受软件和信息技术服务这一大类 EG 指数变化的影响较大；金融业 EG 指数变化受货币金融服务、保险业和资本市场服务这 3 个大类 EG 指数变化的影响较大。

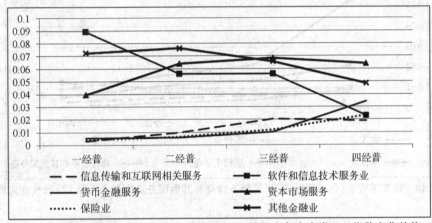

图 4-14 信息传输软件和信息技术服务业、金融业中各个大类 EG 指数变化趋势

租赁和商务服务业、科学研究和技术服务业中各个大类。租赁和商务服务业中含有 2 个大类、科学研究和技术服务业中含有 3 个大类，如图 4-15 所示，这 5 个大类的 EG 指数都呈现持续下降态势。相对而言，科学研究和技术服务业中各个大类 EG 指数下降较为显著。

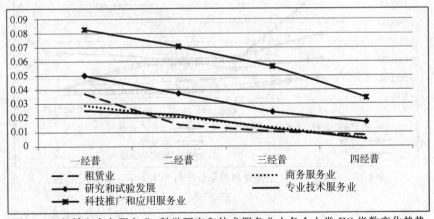

图 4-15 租赁和商务服务业、科学研究和技术服务业中各个大类 EG 指数变化趋势

(2) 生活消费性服务业各个大类

批发零售业、住宿餐饮业、居民服务修理和其他服务业中各个大类。如图 4-16 所示,各个大类的集聚变化表现为:①持续下降。除餐饮业外的各个大类都表现出这种集聚变化,其中,居民服务业、修理服务和其他服务业 EG 指数下降明显,批发业、零售业、住宿业 EG 指数下降平缓。②持续上升。餐饮业的 EG 指数呈现出一直上升的态势。

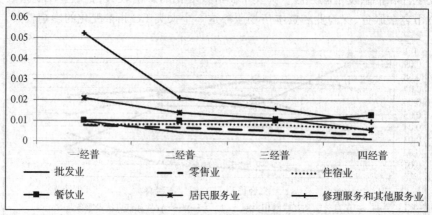

图 4-16 批发零售业、住宿餐饮业、居民服务修理和其他服务业中各个大类 EG 指数变化趋势

房地产业、文化体育和娱乐业中各个大类。如图 4-17 所示,①波动上升。新闻出版业 EG 指数显示出明显的波动性上升态势。②其他各个大类的集聚变化则都表现为持续下降,其中,文化艺术业、体育业 EG 指数下降较为明显。

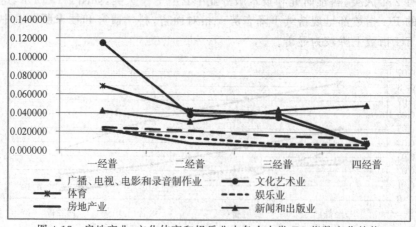

图 4-17 房地产业、文化体育和娱乐业中各个大类 EG 指数变化趋势

(3) 公共服务业各个大类

公共服务业中包含 3 个门类，6 个大类。如图 4-18 所示，这 6 个大类的集聚变化情况是：①波动下降。水利管理业、生态环境治理和公共设施管理业、卫生、教育都属于这一类型，EG 指数在下降过程中有一定的震荡。②波动上升。社会保障、社会工作的 EG 指数出现一定程度的上升趋势，上升幅度非常平缓。

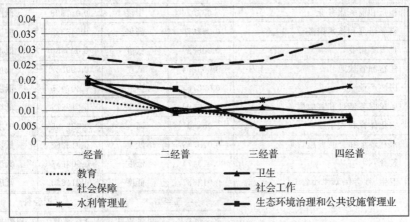

图 4-18 教育、水利环境和公共设施管理业、卫生社会保障和社会工作
中各个大类 EG 指数变化趋势

4.2.2 第三产业集聚程度变化

仍然从产业门类和产业大类两个层面进行考察。

1. 产业门类

为便于比较，将 13 个产业门类四次经济普查时期的集聚程度一并列出。

从表 4-9 中可以看出，生产性服务业的集聚程度高于生活消费性服务业和公共服务业。生产性服务业中除了租赁和商务服务业以及科学研究和技术服务业外，其他各个门类都处于中度集聚范围内，其中，租赁和商务服务业除了一经普时期属于中度集聚外，其他时期都属于低度集聚；科学研究和技术服务业集聚程度明显下降，一经普时期属于高度集聚，二经普和三经普时期属于中度集聚，四经普时期属于低度集聚。而生活消费性服务业除了文化体育和娱乐业外，都属于低度集聚，其中，房地产业、居民服务修理和其他服务业在一经普时期曾一度出现中度集聚；文化体育和娱乐业从一经普时期的高度集聚走向二经普、三经普时期的中度集聚，到四经普时期的低度集聚。公共服务业则始终都属于低度集聚。

表 4-9　第三产业各个门类集聚程度

产业		一经普		二经普	
		EG 指数	集聚程度	EG 指数	集聚程度
生产性服务业	交通运输、仓储和邮政业	0.025720	中度	0.026278	中度
	信息传输、软件和信息技术服务业	0.046023	中度	0.032929	中度
	金融业	0.030458	中度	0.038198	中度
	租赁和商务服务业	0.033076	中度	0.017928	低度
	科学研究和技术服务业	0.052670	高度	0.043334	中度
生活消费性服务业	批发零售业	0.008834	低度	0.005550	低度
	住宿和餐饮业	0.009204	低度	0.009339	低度
	房地产业	0.022761	中度	0.007955	低度
	居民服务修理和其他服务业	0.036596	中度	0.017579	低度
	文化体育和娱乐业	0.054601	高度	0.029609	中度
公共服务业	水利环境和公共设施管理业	0.019749	低度	0.013262	低度
	教育	0.013474	低度	0.009963	低度
	卫生、社会保障和社会工作	0.017537	低度	0.014660	低度
产业		三经普		四经普	
		EG 指数	集聚程度	EG 指数	集聚程度
生产性服务业	交通运输、仓储和邮政业	0.021180	中度	0.042149	中度
	信息传输、软件和信息技术服务业	0.038351	中度	0.020825	中度
	金融业	0.039154	中度	0.042633	中度
	租赁和商务服务业	0.011669	低度	0.006530	低度
	科学研究和技术服务业	0.030847	中度	0.018756	低度
生活消费性服务业	批发零售业	0.004263	低度	0.002547	低度
	住宿和餐饮业	0.009233	低度	0.009605	低度
	房地产业	0.005114	低度	0.003770	低度
	居民服务修理和其他服务业	0.013660	低度	0.007850	低度
	文化体育和娱乐业	0.028836	中度	0.017406	低度
公共服务业	水利环境和公共设施管理业	0.008524	低度	0.012204	低度
	教育	0.007286	低度	0.007597	低度
	卫生、社会保障和社会工作	0.014906	低度	0.016868	低度

2. 产业大类

表 4-10 所示的是在四次经济普查中第三产业各个大类的集聚程度。可以看出：①生产性服务业中的铁路运输业、其他金融业、软件和信息技术服务、资本市场服务、科技推广和应用服务业一直以来都属于高度集聚产业或大部分时间属于高度集聚产业。②生产性服务业中的航空运输业、管道运输业、研究和试验发展业，生活消费性服务业中的新闻和出版业、文化艺术业、体育，公共服务业中的社

会保障服务等这些大类在四次经济普查中一直以来或大部分时间都属于中度集聚产业。③有些产业在四次经济普查中曾出现过两次集聚现象(高度集聚或中度集聚),具有集聚性产业的痕迹,如生产性服务业中的商务服务业、专业技术服务业,生活消费性服务业中的修理服务和其他服务业、广播、电视、电影和录音制作业。④其余的各个产业都属于低度集聚产业,没有出现过集聚现象。

表4-10 第三产业各个大类集聚程度

产业		一经普		二经普	
		EG指数	集聚程度	EG指数	集聚程度
生产性服务业	铁路运输业	0.080286	高度	0.082666	高度
	道路运输业	0.014420	低度	0.012076	低度
	水上运输业	0.011317	低度	0.013537	低度
	航空运输业	0.020575	中度	0.025679	中度
	管道运输业	0.035415	中度	0.030399	中度
	装卸搬运运输代理业和仓储业	0.017684	低度	0.016016	低度
	邮政业	0.000343	低度	0.003569	低度
	信息传输和互联网相关服务	0.003168	低度	0.009923	低度
	软件和信息技术服务业	0.088879	高度	0.055935	高度
	货币金融服务	0.005758	低度	0.006164	低度
	资本市场服务	0.039529	中度	0.064052	高度
	保险业	0.004043	低度	0.006498	低度
	其他金融业	0.072501	高度	0.076080	高度
	租赁业	0.037194	中度	0.015257	低度
	商务服务业	0.028957	中度	0.020598	中度
	研究和试验发展	0.050102	高度	0.037296	中度
	专业技术服务业	0.025092	中度	0.022132	中度
	科技推广和应用服务业	0.082815	高度	0.070573	高度
生活消费性服务业	批发业	0.009854	低度	0.004456	低度
	零售业	0.007814	低度	0.006644	低度
	住宿业	0.008170	低度	0.008528	低度
	餐饮业	0.010238	低度	0.010150	低度
	房地产业	0.022761	中度	0.007955	低度
	居民服务业	0.020910	中度	0.013929	低度
	修理服务和其他服务业	0.052281	高度	0.021229	中度
	新闻和出版业	0.042333	中度	0.031164	中度
	广播、电视、电影和录音制作业	0.024689	中度	0.021271	中度
	文化艺术业	0.115136	高度	0.038350	中度
	体育	0.068766	高度	0.043086	中度
	娱乐业	0.022080	中度	0.014176	低度

续 表

产业		一经普		二经普	
		EG指数	集聚程度	EG指数	集聚程度
公共服务业	水利管理业	0.020567	中度	0.009615	低度
	生态环境治理和公共设施管理业	0.018930	低度	0.016910	低度
	教育	0.013474	低度	0.009963	低度
	卫生	0.018854	低度	0.009106	低度
	社会保障	0.027207	中度	0.024062	中度
	社会工作	0.006551	低度	0.010811	低度

产业		三经普		四经普	
		EG指数	集聚程度	EG指数	集聚程度
生产性服务业	铁路运输业	0.060483	高度	0.106372	高度
	道路运输业	0.006039	低度	0.003915	低度
	水上运输业	0.016943	低度	0.020893	中度
	航空运输业	0.023571	中度	0.049247	中度
	管道运输业	0.029695	中度	0.082080	高度
	装卸搬运运输代理业和仓储业	0.016235	低度	0.023303	中度
	邮政业	0.005297	低度	0.009230	低度
	信息传输和互联网相关服务	0.020640	中度	0.018865	低度
	软件和信息技术服务业	0.056062	高度	0.022784	中度
	货币金融服务	0.010335	低度	0.034505	中度
	资本市场服务	0.068358	高度	0.064033	高度
	保险业	0.012104	低度	0.023558	中度
	其他金融业	0.065819	高度	0.048437	高度
	租赁业	0.010062	低度	0.007586	低度
	商务服务业	0.013277	低度	0.005474	低度
	研究和试验发展	0.023958	中度	0.020074	中度
	专业技术服务业	0.012286	低度	0.004845	低度
	科技推广和应用服务业	0.056298	高度	0.034347	中度
生活消费性服务业	批发业	0.003193	低度	0.001408	低度
	零售业	0.005333	低度	0.003686	低度
	住宿业	0.008283	低度	0.006207	低度
	餐饮业	0.010184	低度	0.013002	低度
	房地产业	0.005114	低度	0.003770	低度
	居民服务业	0.011257	低度	0.005878	低度

续表

产业		三经普		四经普	
		EG 指数	集聚程度	EG 指数	集聚程度
生活消费性服务业	修理服务和其他服务业	0.016063	低度	0.009823	低度
	新闻和出版业	0.044145	中度	0.048920	中度
	广播、电视、电影和录音制作业	0.016153	低度	0.013836	低度
	文化艺术业	0.035618	中度	0.008297	低度
	体育	0.040524	中度	0.008772	低度
	娱乐业	0.007739	低度	0.007205	低度
公共服务业	水利管理业	0.013092	低度	0.017686	低度
	生态环境治理和公共设施管理业	0.003956	低度	0.006721	低度
	教育	0.007286	低度	0.007597	低度
	卫生	0.010883	低度	0.008121	低度
	社会保障	0.026069	中度	0.033917	中度
	社会工作	0.007765	低度	0.008567	低度

4.2.3 第三产业集聚特征

1. 产业门类

第三产业中的 13 个产业门类,其集聚性特征表现为

第一,中度集聚,且集聚程度波动性上升。金融业、交通运输仓储和邮政业具有这种特征。作为生产性服务业,金融业、交通运输仓储和邮政业的分布往往与主要生产企业的分布或生产集中区域的布局密切相关,其产业分布具有一定的集聚性。随着市场竞争的加剧以及对外开放深度和广度的加强,资金和各种资源的流向越来越趋向于竞争优势区域,无论是各种金融机构和交通设施的建设还是人员的流动,都使得优势区域的地位进一步强化,出现了金融业、交通运输仓储和邮政业集聚程度提高的迹象。

第二,中度集聚,且集聚程度持续性或波动性下降。生产性服务业中的信息传输、软件和信息技术服务业、科学研究和技术服务业,生活消费性服务业中的文化体育和娱乐业都具有这种特征。信息传输、软件和信息技术服务业、科学研究和技术服务业的分布往往与地区教育水平、科研能力密切相关,文化体育和娱乐业的分布往往与各地区人们的生活消费水平、文化素质密切相关,因此,这些产业的分布会产生一定的集聚现象。然而随着数字经济的发展,各地普遍加强信息技

术的推广和科研能力的提升,相关建设和人员投入都有进一步的倾斜,使得信息传输软件和信息技术服务业、科学研究和技术服务业的集聚程度有所下降。而文化体育和娱乐业集聚程度的下降也与各地普遍重视民生,加强文化、体育、娱乐等民生项目建设有密切关系。

第三,在低度集聚范围内波动。其余的生活消费性服务业和公共服务业都具有这种特征。生活消费性服务业在分布上需要贴近大众,公共服务业的分布既需要贴近生活又需要贴近生产,因此,这类产业分布广泛,不具有集聚性。

2. 产业大类

产业门类的集聚特性是各个门类内部产业大类集聚特性的综合反映,在分析第三产业各个门类集聚特性的基础上还需要进一步细化分析,了解各个门类内部不同产业大类的集聚特性是如何影响所属门类的。

第三产业各个大类集聚特性表现为:

第一,高度集聚性,且集聚程度持续或波动性上升。铁路运输业、资本市场服务业具有这种特性。铁路运输业的高度集聚性显然的,无论是路网的分布还是运量和运力的分布,铁路运输主要集中于经济发达、人口稠密地区。近些年,随着经济发达区域物流市场的发展以及多项铁路建设项目的实施,铁路运输的集聚程度有所提升。资本市场主要是指证券市场和期货市场,主要分布于一些一线城市,因此,显示出高度集聚性。近些年,一些经济规模庞大、外资比例高、地理位置优越的一线城市资本市场非常活跃,包括公募基金、私募基金、资本投资服务等,使得资本市场服务业的集聚程度有进一步提升。

第二,大部分时期高度集聚性,但集聚程度波动下降,甚至降为中度集聚性产业。软件和信息技术服务业、其他金融服务业、科技推广和应用服务业具有这种特征。一般,这类产业多分布于高校科研单位众多、交通便利、对外开放程度高的地区,产业分布具有较高的集聚性。但"十二五""十三五"时期以来,多个地区都将物联网、云计算、大数据、信息存储、数字内容产业作为发展目标;同时推进小微企业建设,加强金融信息服务;积极推进众创空间建设,加强环保技术、节能技术、新材料技术、生物技术等推广和应用,因此,这类产业的分布进一步广泛,集聚程度有所降低。

第三,大部分时期属于中度集聚性,且集聚程度波动性上升,个别产业出现高度集聚性。航空运输业、管道运输业、新闻出版业、社会保障服务具有这种集聚特征。航空运输业主要分布于经济发达地区或区域中心城市,管道运输业主要分布于油气产区和消费市场之间,新闻出版业主要分布于交通便利、信息发达地区,因此,这类产业都具有一定的集聚性。近些年,一些发达区域不断进行航空基础设施的改建、扩建、新建,进一步提升运力,使得航空运输的集聚性有所加强。就管道运输业而言,随着中国经济的持续发展和能源结构的改变,油气管道的建设和运营都不断加强,这也在一定程度上强化了管道运输业的集聚性。而新闻出版业集聚程度的提升在一定程度上与新兴的数字出版服务的快速发展有密切的关系。社会保障服务的集聚程度增长更多的与商业性保险服务集聚于经济较发达、人们的保险意识较为强烈的区域有关。

第四,大部分时期属于中度集聚性,但集聚程度波动下降,个别产业最终呈现低度集聚性。研究和试验发展业、文化艺术、体育则具有这种集聚特征。研究和试验发展业主要与高校和科研单位相联系,这些机构大都分布在城市,并且较多集中于发达地区;文化艺术、体育、社会保障服务的分布也具有类似的特点,因此,这些产业的分布具有一定的集聚性。然而近些年,各地区在经济发展中强调科技投入和科技创新,加强工程和技术试验,积极推进科技成果转化,研究和试验发展业在各地普遍得到重视,在一定程度上降低了产业的集聚性。经济发展与社会发展、文化建设是有机的整体,各地在发展经济的同时,也积极推进文体建设和社会保障事业,例如挖掘文化遗产,加强非物质文化遗产保护;加强体育设施建设和维护,开展各种休闲健身活动;建设覆盖更加完善的社会保障体系等,这些都使得研究和试验发展业、文化艺术、体育、社会保障服务等行业在区域分布上更加广泛,集聚程度进一步下降。

第五,从中度集聚转换为低度集聚。商务服务业、专业技术服务业,修理服务和其他服务业、广播、电视、电影和录音制作业具有这种特征。这些行业结构多样,涉及领域广泛,与人们的日常生活联系密切,随着人们生活水平的提高,各地区对这类服务的需求不断增长,促使相关服务机构广布,使其集聚程度迅速下降。

第六,在低度集聚范围内变化。绝大部分生活消费性服务业、公共服务业要满足各地多种服务需求,其分布遍及各地,没有明显的集聚现象。

本章参考文献

[1] 蔡宏波,杨康,江小敏.行业垄断、行业集聚与服务业工资[J].统计研究,2017(2):67-78.

[2] 陈建军,陈国亮,黄洁.新经济地理学视角下的生产性服务业集聚及其影响因素研究——来自中国222个城市的经验证据[J].管理世界,2009(4):83-95.

- [3] 吉亚辉,李岩,苏晓晨.我国生产性服务业与制造业的相关性研究——基于产业集聚的分析[J].软科学,2012(3):15-19.
- [4] 李惠娟.中国城市服务业集聚测度——兼论服务业集聚与制造业集聚的关系——兼论服务业集聚与制造业集聚的关系[J].经济问题探索,2013(4):13-19.
- [5] 邱灵,方创琳.北京市生产性服务业空间集聚综合测度[J].地理研究,2013(1):99-110.
- [6] 盛龙,陆根尧.中国生产性服务业集聚及其影响因素研究——基于行业和地区层面的分析[J].南开经济研究,2013(5):115-129.
- [7] 吴福象,曹璐.生产性服务业集聚机制与耦合悖论分析——来自长三角16个核心城市的经验证据[J].产业经济研究,2014(4):13-21.

第5章 中国第二、第三产业的集聚区域

第4章有关中国第二、第三产业集聚状况分析,使人们能够从总体上把握各个产业的集聚变化态势和集聚的程度。本章是第4章研究的延续,其目的是探究产业集聚的具体区域,使产业集聚研究能够"脚踏实地"。

5.1 产业集聚区域评估方法

对产业集聚性的考察,一是测度产业的集聚程度,判定哪些产业具有集聚性,二是确定这些集聚性产业具体分布在哪些区域。很多学者常用区位熵来衡量产业在一定区域的集聚状况(刘军等人,2008年和2010年;王秀明等人,2013年;池建宇等人,2013年;孙浦阳等人,2012年;张益丰,2013年)。区位熵是某产业经济指标(产值、增加值等)或就业人数在当地经济中的占比与该产业相应指标在全国经济中的占比相比较的结果。若区位熵≥1,则认为某地区中该产业具有优势。

5.1.1 EG指数和区位熵的比较

EG指数可以用来考察产业的总体集聚状况,但若分析一个产业在某个区域的集聚情况,EG指数则显得力不从心。区位熵指标既可以用来衡量产业的总体集聚状况,也可以用来分析产业在某区域空间的集聚性,尤其是后一项作用,可以弥补EG指数在分析产业在区域集聚性方面的不足。但相比较而言,区位熵指标是一种传统的衡量产业集聚性的指标,EG指数则是一种较新的衡量产业集聚性的指标。EG指数之所以比区位熵指标"新颖",主要在于其设计思路。

EG指数公式如下:

$$EG_i = \frac{G_i - \left(1 - \sum_{j=1}^{M} X_j^2\right) H_i}{\left(1 - \sum_{j=1}^{M} X_j^2\right)(1 - H_i)} = \frac{\frac{G_i}{\left(1 - \sum_{j=1}^{M} X_j^2\right)} - H_i}{(1 - H_i)}$$

式中:$G_i = \sum_{j}^{M}(S_{ij}-X_j)^2$,为 i 产业区位基尼系数;

X_j 表示 j 地区就业人数占全国就业人数的比重;

S_{ij} 表示 i 产业在 j 地区就业人数占全国该产业就业人数的比重;

M 表示地区数量;

$H_i = \sum_{k=1}^{N}\left(\dfrac{L_i^k}{L_i}\right)^2$ 为 i 产业赫芬达尔指数(H 指数);

L_i^k 为 i 产业第 k 个企业的就业人数,L_i 为 i 产业的就业总人数,N 为企业数量。

区位熵公式如下:

$$LQ_{ij} = \dfrac{\dfrac{E_{ij}}{\sum_i E_{ij}}}{\dfrac{\sum_j E_{ij}}{\sum_i \sum_j E_{ij}}} = \dfrac{S_{ij}}{X_j}$$

式中,E_{ij} 为区域 j 中 i 产业的产值或从业人数。

对 EG 指数和区位熵的构建思路进行比较可以看出以下几点。

(1)都是相对指标,但构建方法不同

EG 指数中的核心部分是区域基尼系数,它和区位熵都以 X_j(以就业人数表示的 j 区域在全国的份额)作为参照的对象。但 EG 指数对参照对象做减法处理($S_{ij}-X_j$),区位熵对参照对象做除法处理(S_{ij}/X_j)。($S_{ij}-X_j$)可以理解为 j 区域 i 产业的份额与 j 区域现有份额的偏离程度,(S_{ij}/X_j)则可以理解为 j 区域 i 产业的份额与 j 区域现有份额相比所显示的优劣程度。两种指标尽管构建方法不同,但含义上有共性:$S_{ij}-X_j>0$ 与 $S_{ij}/X_j>1$ 含义相同,$S_{ij}-X_j<0$ 与 $S_{ij}/X_j<1$ 含义相同。

(2)分析的角度不同

EG 指数中的核心部分——区域基尼系数 $G_i = \sum_{j}^{M}(S_{ij}-X_j)^2$ 是对 i 产业在各个区域的份额与各个区域现有份额之间的偏离程度的一种综合度量,可称之为总偏离程度,用来反映 i 产业在全国范围内的集聚程度。S_{ij}/X_j 则是针对 j 区域而言的,反映的是在 j 区域范围内 i 产业的份额(就业份额或经济份额)与 j 区域现有份额(就业份额或经济份额)相比,产业份额上是否占有优势,用以反映 i 产业在 j 区域的集聚状况。

(3)考虑的影响因素存在差异

在 EG 指数公式中,$\dfrac{G_i}{\left(1-\sum_{j=1}^{M}X_j^2\right)}$ 相当于区域基尼系数中消除了区域规模

(区域份额不均衡)的影响,被称为区域原始价值指数(张明倩,2007年)。

$\dfrac{G_i}{(1-\sum\limits_{j=1}^{M} X_j^2)} - H_i$ 则意味着消除 i 产业的产业集中的影响,$\dfrac{\dfrac{G_i}{(1-\sum\limits_{j=1}^{M} X_j^2)} - H_i}{(1-H_i)}$ 则是为了便于不同产业间的比较,消除了不同产业集中度的差异。因此,EG 指数实际上是对 i 产业的区域基尼系数所反映的 i 产业集聚程度进行了调整,消除了区域规模和产业集中(企业规模)对产业集聚性的影响。

区位熵公式则没有考虑区域规模和产业集中的影响。按照现有的区位熵公式,i 产业在 j 地区的区位熵大于 1,表示 i 产业在 j 地区具有优势,这种优势既可能是 j 区域的份额优势所致,也可能是 i 产业在 j 区域中分布有较大的企业所致。因此,现有的区位熵公式并不能准确测度 i 产业在 j 区域的集聚状况。

5.1.2 产业的集聚区域衡量

1. 区位熵的调整

鉴于上述讨论,需要对现有的区位熵公式进行调整。产业集聚强调企业在一定区域范围内的集中分布现象,是某产业中企业数量的"集聚"而非产业经济指标数据的"集聚";并且企业数量在某区域的"集聚"与该区域的份额有密切的关系,考察企业数量的区域集聚现象不可能脱离区域份额而孤立地去进行。事实上,目前对产业集聚现象的研究恰恰需要考虑集聚现象背后各区域的份额,以明确产业集聚与所在区域所承担的份额的关系。因此,在对区位熵公式进行调整时不涉及消除区域规模(区域份额)的影响问题。

对区位熵公式的调整主要考虑企业规模对区位熵计算结果的影响。以就业人数或产值为基础计算区位熵,会难以辨别两种情况:一是由于众多企业集聚而导致的区位熵大于 1,二是由于大型企业的存在而导致的区位熵大于 1。显然,前一种计算结果是利用区位熵公式进行分析时所希望得到的结果。而为了避免后一种计算结果所造成的干扰,一个直观的思路就是在计算区位熵时只涉及企业数量,不涉及企业大小。

为此,调整目前的区位熵公式基于如下假设:①假设某产业分布于各个区域的企业规模相同,即只关注目前某产业在各个区域的企业数量而忽略企业规模。②假设某产业的企业数量与当地的经济规模(以就业总人数表示)之间存在一定的匹配关系。区位熵可调整为

$$\mathrm{RLQ}_{ij} = \frac{\dfrac{K_{ij}}{\sum_i E_{ij}}}{\dfrac{\sum_j K_{ij}}{\sum_i \sum_j E_{ij}}} = \frac{\dfrac{K_{ij}}{\sum_j K_{ij}}}{\dfrac{\sum_i E_{ij}}{\sum_i \sum_j E_{ij}}} = \frac{U_{ij}}{X_j}$$

式中:E_{ij} 为区域 j 中 i 产业的产值或从业人数;

K_{ij} 为区域 j 中 i 产业的企业数量;

U_{ij} 为区域 j 中 i 产业的企业数量占全国 i 产业企业数量的比例;

X_j 的含义与前述相同。

调整后的区位熵公式的含义为,i 产业的企业数量与总就业人数之间存在一定的匹配关系,以这种关系为参照,若 j 区域 i 产业的企业数量与当地就业人数之间的比例超过了参照比例,则区位熵大于 1,说明 j 区域的企业数量相对较多;反之,区位熵小于 1,说明 j 区域的企业数量相对较少。

2. 产业集聚程度的判别

根据调整后的区位熵公式(以下仍称"区位熵"),可以认为,区位熵大于 1,则该区域存在的企业相对集聚。对此,需要结合 EG 指数进一步说明。

(1) 关于 EG 指数分析

EG 指数中的核心部分是区域基尼系数 $G_i = \sum_{j=1}^{M}(S_{ij} - X_j)^2$,其中,$(S_{ij} - X_j)$ 为 S_{ij} 与 X_j 的偏差;$(S_{ij} - X_j)^2$ 则表示 S_{ij} 与 X_j 的绝对偏差,其作用类似于绝对值 $|S_{ij} - X_j|$,同时,还具有放大偏差的作用。因此,区域基尼系数的计算中包含:①计算 S_{ij} 与 X_j 的偏差,这其中既包括正向偏差,也包括负向偏差;②无论是正向偏差还是负向偏差都平方化处理,不考虑偏差的方向,只考虑偏差的绝对存在性;③将所有的偏差的平方加总,得到总偏差。EG 指数则是在总偏差的基础上再进行消除区域规模影响和企业规模影响的处理。

可以看出,EG 指数实际上是将 S_{ij} 与 X_j 的正向偏差和负向偏差在不考虑偏差方向性的基础上一并加总。新调整的区位熵则是以 U_{ij} 替代 S_{ij},并用 U_{ij} 与 X_j 做对比分析,其作用与做减法分析 $(U_{ij} - X_j)$ 类似。区位熵大于 1 相当于只考虑 U_{ij} 与 X_j 的正向偏差。

由于 $\sum_{j=1}^{M}(S_{ij} - X_j) = 0$,因此 S_{ij} 与 X_j 之间的正向偏差和负向偏差在总量上是相等的,这意味着对于任何产业 i,在一些区域上一定会出现正向偏差,而在另一些区域上一定会出现负向偏差。而无论正向偏差、负向偏差出现数量多少,$G_i = \sum_{j=1}^{M}(S_{ij} - X_j)^2$ 始终大于零。而 EG 指数大于零,说明不仅 G_i 大于零,

$\dfrac{G_i}{\left(1-\sum_{j=1}^{M} X_j^2\right)}$ 也必须大于 H_i。在计算 $G_i = \sum_{j=1}^{M}(S_{ij}-X_j)^2$ 时,对于不同的产业,S_{ij} 与 X_j 之间的正向偏差或者负向偏差都存在数量上的差异和偏差程度上的差异,这些差异影响着 $G_i = \sum_{j=1}^{M}(S_{ij}-X_j)^2$ 的数值,也最终影响着 EG 指数的结果。

如前所述,计算 $G_i = \sum_{j=1}^{M}(S_{ij}-X_j)^2$ 时,是将正向偏差平方和、负向偏差平方和进行加总。根据计算结果可以推测正向偏差的分布情况。

第一,如果计算的 G_i 较高,可能由三种情况导致:一是正向偏差平方和、负向偏差平方和都较高;二是正向偏差平方和较高,负向偏差平方和较低;三是正向偏差平方和较低,负向偏差平方和较高。对于第一、二种情况,正向偏差的分布可能出现三种类型,即①出现正向偏差的区域较多,但每个区域正向偏差的程度较低;②出现正向偏差的区域不多,但每个区域正向偏差的程度都较高;③出现正向偏差的区域不多,但个别区域正向偏差的程度较高。对于第三种情况,正向偏差出现的区域一般较少且正向偏差的程度较低。

第二,如果计算的 G_i 较低,则正向偏差平方和、负向偏差平方和都较低。对于正向偏差而言可能出现两种类型:①出现正向偏差的区域较少,且正向偏差的程度较低;②出现正向偏差的区域较多,但正向偏差的程度更低。

(2) 关于区位熵分析

参考上述关于正向偏差分析,考虑区位熵的情况,可以有如下结论。

第一,既然 S_{ij} 与 X_j 之间的正向偏差与区位熵 $\dfrac{U_{ij}}{X_j}>1$ 相似,那么对于任何产业,无论其 EG 指数如何,区位熵 $\dfrac{U_{ij}}{X_j}>1$ 的区域总是存在的。对于 EG<0.2 的低度集聚产业,仍然存在一些区位熵 $\dfrac{U_{ij}}{X_j}>1$ 的区域;即使是 EG>0.5 的高度集聚的产业,其区位熵 $\dfrac{U_{ij}}{X_j}>1$ 的区域也并非仅仅局限在单个区域,而可能是部分区域。

第二,对于高度集聚产业,其区位熵 $\dfrac{U_{ij}}{X_j}>1$ 的区域可能的分布情况是:区位熵 $\dfrac{U_{ij}}{X_j}>1$ 的区域无论多少,区位熵的平均水平较高(一般认为区位熵 $\dfrac{U_{ij}}{X_j}>2$),且其中必然存在区位熵极高(可以认为区位熵 $\dfrac{U_{ij}}{X_j}>3$)的区域。

第三,对于中度集聚性产业,区位熵 $\dfrac{U_{ij}}{X_j}>1$ 的区域可能的分布情况是:区位

熵 $\frac{U_{ij}}{X_j}>1$ 的区域无论多少,区位熵的平均水平有限(一般认为区位熵 $\frac{U_{ij}}{X_j}<2$),且其中一般不存在区位熵极高(可以认为区位熵 $\frac{U_{ij}}{X_j}<3$)的区域。

第四,对于分散性产业(低度集聚产业),其区位熵 $\frac{U_{ij}}{X_j}>1$ 的区域可能的分布情况是:①区位熵 $\frac{U_{ij}}{X_j}>1$ 的区域较少,且区位熵的值很低;②区位熵 $\frac{U_{ij}}{X_j}>1$ 的区域较多,但区位熵的值更低。

5.2 第二产业集聚区域分析

5.2.1 第二产业集聚区域变化

根据调整后的区位熵(以下仍称"区位熵")分析四次经济普查中,集聚性产业(高度集聚性产业、中度集聚性产业)所在区域的变化。

1. 产业门类

在第二产业四大门类中,采矿业具有高度集聚性,且集聚程度持续增长;制造业具有中度集聚性,且集聚程度持续下降。其区位熵大于1的区域及其变化,如表 5-1 所示。

表 5-1 第二产业集聚性产业门类区位熵>1 的区域

产业	一经普	二经普	三经普	四经普
采矿业	冀、晋、内蒙、辽、皖、赣、豫、鄂、湘、桂、渝、川、黔、滇、陕、甘、青、宁、新	冀、晋、内蒙、辽、吉、黑、皖、赣、豫、鄂、湘、桂、渝、川、黔、滇、藏、陕、甘、青、宁、新	冀、晋、内蒙、辽、吉、黑、赣、鄂、湘、桂、川、黔、滇、藏、陕、甘、青、宁、新	冀、晋、内蒙、辽、吉、黑、赣、湘、桂、川、黔、滇、藏、陕、甘、青、宁、新
制造业	津、冀、辽、苏、浙、闽、鲁、豫	津、冀、辽、沪、苏、浙、鲁、豫	津、冀、辽、浙、粤	冀、辽、苏、浙、鲁、粤、黔

表 5-1 所示,四次经济普查中,采矿业区位熵大于1的区域有一些细微的变化,集聚区域有河北、陕西、内蒙古、辽宁、吉林、黑龙江、江西、河南、湖北、湖南、广西、四川、贵州、云南、陕西、甘肃、青海、宁夏、新疆。这些区域大部分在中西部地区,只有河北、辽宁属于东部地区和东北地区。这些区域煤炭、石油、铁矿石、有色金属等矿产资源丰富,是采矿业集聚的天然区域。

制造业区位熵大于1的区域有天津、河北、辽宁、江苏、浙江、山东等省市。河南省在第一次和第二次经济普查中曾经也是区位熵大于1的区域,从第三次经济普查开始,其区位熵呈现小于1的状态,制造业相对集聚的优势消失。广东省和贵州省分别从第三次经济普查和第四次经济普查开始,其制造业区位熵进入大于1的行列,制造业相对集聚现象开始显现。很明显,这些区域都属于东(北)部地区,只有个别省份(河南、贵州)属于中西部地区。

2. 产业大类

(1) 采矿业内部各个大类

在采矿业内部,煤炭开采和洗选业、黑色金属矿采选业、有色金属矿采选业、其他采矿业具有高度集聚性;石油和天然气开采业从中度集聚向高度集聚发展;非金属矿采选业则具有中度集聚性。其区位熵大于1的区域及其变化,如表5-2所示。

表5-2 采矿业中集聚性产业大类区位熵>1的区域

产业	一经普	二经普	三经普	四经普
煤炭开采和洗选业	晋、内蒙、黑、赣、豫、湘、渝、川、黔、滇、陕宁、新	晋、内蒙、黑、赣、豫、湘、渝、川、黔、滇、陕、甘、宁、新	晋、内蒙、吉、黑、赣、豫、湘、渝、川、黔、滇、陕、甘、青、宁、新	晋、内蒙、吉、黑、川、黔、滇、陕、青、宁、新
黑色金属矿采选业	冀、晋、内蒙、辽、皖、赣、豫、鄂、湘、桂、黔、滇	冀、晋、内蒙、辽、豫、鄂、湘、桂、黔、滇、藏、甘、青、新	冀、晋、内蒙、辽、湘、桂、黔、滇、陕、甘、青、新	冀、晋、内蒙、辽、吉、桂、黔、滇、陕、甘、青、新
有色金属矿采选业	冀、内蒙、辽、赣、豫、湘、桂、琼、川、黔、滇、藏、陕、甘、青、新	内蒙、辽、吉、赣、豫、鄂、湘、桂、琼、川、黔、滇、藏、陕、甘、青、新	内蒙、辽、赣、豫、湘、桂、琼、川、黔、滇、藏、陕、甘、青、新	冀、晋、内蒙、辽、吉、赣、豫、湘、桂、黔、滇、陕、甘、青、新
其他采矿业	冀、内蒙、吉、黑、皖、闽、鲁、豫、鄂、湘、桂、琼、渝、川、黔、陕、青、新	内蒙、吉、黑、赣、豫、鄂、湘、桂、琼、渝、川、黔、陕、甘、青、新	晋、内蒙、吉、黑、鄂、湘、桂、琼、黔、滇、藏、甘、青、新	内蒙、辽、吉、黑、赣、鄂、湘、桂、琼、黔、滇、
石油和天然气开采业	津、内蒙、辽、吉、黑、川、陕、甘、青、宁、新	内蒙、辽、吉、黑、川、陕、甘、宁、新	津、晋、内蒙、吉、黑、鲁、琼、渝、川、陕、甘、青、新	津、晋、内蒙、吉、黑、鲁、琼、渝、黔、陕、甘、青、新
非金属矿采选业	冀、晋、内蒙、辽、吉、皖、赣、鲁、豫、鄂、湘、桂、渝、川、黔、滇、陕、青、宁	冀、晋、内蒙、辽、吉、皖、赣、鲁、豫、鄂、湘、桂、渝、川、黔、滇、藏、陕、甘、宁	冀、晋、内蒙、辽、皖、赣、豫、鄂、湘、桂、渝、川、黔、滇、藏、陕、甘、青、新	冀、晋、内蒙、辽、吉、黑、赣、鄂、湘、桂、渝、川、黔、滇、藏、陕、甘、青、宁、新

表 5-2 所示，采矿业中的 6 个大类其区位熵大于 1 的区域在四次经济普查中总体变化不大，基本分布在东北、中部、西南、西北四大片区，东部地区只有河北省在有色金属矿采选业、其他采矿业、非金属矿采选业上显示出一定的集聚态势，天津在石油和天然气开采业上具有一定的集聚性，海南省在其他采矿业上也显示出一定的集聚性。总体来看，采矿业 6 个大类在产业集聚上显示出明显的、稳定的资源型分布状况。

(2) 制造业内部各个大类

在制造业中，计算机、通信和其他电子设备制造业和石油、煤炭及其他燃料加工业这 2 个大类具有高度集聚性；农副食品加工业、烟草制品业、纺织服装鞋帽及皮革毛皮羽毛其制品业、家具制造业、文教工美体育娱乐用品制造和其他制造业、化学纤维制造业、橡胶和塑料制品业、黑色金属冶炼和压延加工业、通用设备和仪器仪表制造业、电气机械和器材制造业这 10 个大类具有从中度集聚向高度集聚转化的特点；金属制品业、酒、饮料和精制茶制造业这 2 个大类具有中度集聚性。其区位熵大于 1 的区域及其变化，如表 5-3 所示。

表 5-3 制造业中高度集聚性产业大类区位熵>1 的区域

产业	一经普	二经普	三经普	四经普
石油、煤炭及其他燃料加工业	津、冀、晋、内蒙、辽、黑、鲁、黔、滇、陕、宁、新	津、冀、晋、内蒙、辽、吉、黑、鲁、黔、滇、陕、宁、新	津、冀、晋、内蒙、辽、吉、黑、鲁、黔、陕、甘、宁、新	津、冀、晋、内蒙、辽、吉、黑、皖、赣、鲁、黔、滇、陕、宁、新
计算机、通信和其他电子设备制造业	京、津、沪、苏、浙、粤	京、津、辽、沪、苏、浙	津、苏、浙、粤	苏、浙、粤

表 5-3 所示，①石油、煤炭及其他燃料加工业从一经普到三经普其产业集聚区域在四大片区，即东北、东部地区环渤海湾的天津、河北、山东三省、西南部贵州、云南两省，以及西北地区；四经普时期，中部地区的安徽、江西产业集聚程度也很明显。该产业属于资源加工型产业，其产业分布与资源分布有密切关系。②计算机、通信和其他电子设备制造业集聚于江苏、浙江、天津、广东等省市，北京和上海也曾经是该产业的集聚区域。该产业属于高新技术产业，其分布主要趋向于经济发达、科技实力雄厚的地区。

从表 5-4 可以看出：①农副食品加工业、烟草制品业都属于食品类加工业，其分布既依赖于原料产地也依赖于市场。其中，农副食品加工业的集聚区域都是农产品、畜产品、果蔬产品的生产大省。从一经普到四经普，其集聚区域范围不断扩大。一经普时期，集聚于中部省份以及一部分西北省份，其他区域的个别省份(例如河北、黑龙江、四川)也零星涉及；到四经普时期，其集聚区域已经扩展到全部中部 6 省、东北 3 省、西北 6 省区和大部分西南省份。此外,东部地区的河北省作为农业大省,一直以来也是农副食品加工业的集聚区域。烟草制品业的集聚区域则明显压缩,一经普时期,集聚区域在中部地区以及东部和西部的大部分省份;四经普时期,其集聚区域仍然在这些片区,但集聚省份明显减少。②纺织服装鞋帽及皮革毛皮羽毛其制品业分布于纺织原料和皮毛产地,同时也与生产基础密切相关。改革开放以来,其产品是主要的出口品,因此,产业分布也与开放程度密切相关。从一经普到四经普,集聚区域大体一致,集聚于东部发达区域的部分省份。③家具制造业、文教工美体育娱乐用品制造和其他制造业都属于劳动密集型产业,同时也依赖于市场和原料地,因此其分布比较分散,集聚区除东北外,东部、中部、西部的个别省份都有所涉及,但集聚于东部省份更显著。④化学纤维制造业、橡胶和塑料制品业属于石油化工产品的进一步延伸。其中,化学纤维制造业具有较高的科技含量,其分布既与大型化工企业分布有关,也要求较强的科技支撑能力。从一经普到四经普一直集聚于江苏、浙江两省,从三经普开始,河北省在化学纤维制造业的集聚上也很突出。橡胶和塑料制品业的分布除了与上游化工企业的分布有关外,还与消费市场紧密联系,其集聚区除了江苏、浙江、河北外,还集聚于其他东部发达地区如辽宁、天津、上海、山东、福建、广东等省市。⑤黑色金属冶炼和压延加工业主要包括炼铁、炼钢、铁合金加工和钢压延加工。其中炼铁、炼钢、和钢压延加工企业的分布有些与煤炭、铁矿石、锰矿石等原料的分布有关,有些与市场需求有关,而铁合金加工加工企业的分布还要考虑相关有色金属原料的分布。总的来看,黑色金属冶炼和压延加工业的集聚区域较为零散,在东部地区集聚于辽宁、天津、河北、山东、江苏、浙江等省市,在中部地区集聚于山西、湖南,在西部地区集聚于四川、贵州、云南、青海、宁夏等省。⑥通用设备和仪器仪表制造业、电气机械和器材制造业的生产需要一定的技术含量,也对市场的依赖性较大,目前集聚于东部发达省份。

表 5-4 制造业中同时具有中度、高度集聚性产业大类区位熵＞1 的区域

产业	一经普	二经普	三经普	四经普
农副食品加工业	冀、内蒙、黑、皖、赣、鲁、豫、鄂、湘、川、甘、宁	冀、内蒙、辽、吉、黑、皖、赣、鲁、豫、鄂、湘、渝、川、甘、宁、新	冀、内蒙、辽、吉、黑、皖、赣、鲁、豫、鄂、湘、桂、琼、渝、黔、滇、藏、陕、甘、青、宁、新	冀、晋、内蒙、辽、吉、黑、皖、赣、鲁、豫、鄂、湘、桂、渝、黔、滇、藏、陕、甘、青、宁、新
烟草制品业	吉、黑、皖、赣、豫、鄂、湘、琼、渝、川、黔、滇、陕、甘、宁、新	吉、黑、皖、豫、鄂、湘、桂、琼、川、黔、滇、陕、甘、宁	吉、黑、豫、鄂、湘、黔、滇、甘、宁	吉、黑、赣、鄂、湘、黔、滇、陕、甘、宁

续表

产业	一经普	二经普	三经普	四经普
纺织服装鞋帽及皮革毛皮羽毛其制品业	津、沪、苏、浙、闽、赣、粤	沪、苏、浙、闽、粤	冀、苏、浙、闽、粤	冀、苏、浙、闽、鲁、粤
家具制造业	京、津、冀、沪、浙、赣、鲁、豫、粤、陕	京、津、冀、沪、鲁、豫、湘、粤、渝	津、沪、浙、皖、豫、粤、渝、黔	冀、苏、浙、皖、赣、鲁、粤、黔、藏
文教工美体育娱乐用品制造和其他制造业	津、苏、浙、闽、鲁、粤、陕	津、沪、苏、浙、闽、鲁、粤	津、苏、浙、闽、鲁、粤、黔	冀、苏、浙、闽、鲁、粤、黔、藏、青
化学纤维制造业	苏、浙、闽	苏、浙	冀、苏、浙	冀、苏、浙
橡胶和塑料制品业	津、冀、沪、苏、浙、闽、鲁、粤	津、冀、辽、沪、苏、浙、闽、鲁、粤	津、冀、沪、苏、浙、粤	冀、辽、苏、浙、鲁、粤
黑色金属冶炼和压延加工业	津、冀、晋、内蒙、辽、苏、湘、桂、川、黔、滇、青、宁	津、冀、晋、内蒙、辽、苏、浙、湘、桂、川、黔、滇、甘、青、宁	津、冀、晋、内蒙、辽、苏、浙、皖、鲁、豫、湘、黔、青、宁	津、冀、晋、内蒙、辽、苏、浙、鲁、黔、青、宁
通用设备和仪器仪表制造业	津、冀、辽、沪、苏、浙、鲁	京、津、辽、沪、苏、浙	津、冀、辽、沪、苏、浙、鲁	津、冀、辽、沪、苏、浙、鲁
电气机械和器材制造业	津、辽、沪、苏、浙、粤	津、辽、沪、苏、浙、粤	津、苏、浙、粤	冀、苏、浙、粤

表5-5所示,在制造业中度集聚性产业中,酒、饮料和精制茶制造业的生产需要多种粮食作物、果品、茶叶等原料,其分布与原料产地密切相关;同时,其生产也与人民生活密切相关,要考虑不同地区、不同民族的饮食习惯,集聚区域较多,分布在东北、中西部各省。金属制品业的产品种类多样,包括金属构件、金属工具、金属包装容器、各种专用金属制品、搪瓷制品、金属热处理产品、日用金属制品等,需要一定的工艺和生产基础,集聚于东部发达省份。

表5-5 制造业中度集聚性产业大类区位熵>1的区域

产业	一经普	二经普	三经普	四经普
酒、饮料和精制茶制造业	内蒙、辽、吉、黑、浙、皖、闽、赣、豫、鄂、桂、渝、川、黔、滇、藏、陕、新	内蒙、吉、黑、皖、闽、赣、豫、鄂、湘、桂、渝、川、黔、滇、藏、陕、甘、宁、新	内蒙、吉、黑、皖、闽、赣、豫、鄂、湘、桂、川、黔、滇、藏、陕、甘、宁、新	内蒙、辽、吉、黑、皖、闽、鄂、湘、桂、川、黔、滇、陕、甘、青、宁、新
金属制品业	京、津、冀、沪、苏、浙、粤	津、冀、辽、沪、苏、浙、粤	津、冀、沪、苏、浙、粤	津、冀、辽、苏、浙、鲁、粤

5.2.2 第二产业集聚区域统计特征

区位熵大于1的区域被认为是产业的集聚区域。但由于不同产业集聚区域的数量不同，区位熵的大小不同，造成不同产业总体集聚程度不同。这里仅就集聚性产业（中度集聚、高度集聚）区位熵的变化做统计分析。

1. 产业门类

对采矿业和制造业两个门类区位熵大于1的区域进行统计，结果如表5-6所示。

表5-6 第二产业集聚性产业门类区位熵>1的区域统计结果

产业	一经普				二经普			
	区域数量	平均区位熵	最大区位熵		区域数量	平均区位熵	最大区位熵	
			数值	区域			数值	区域
采矿业	19	1.90	4.18	贵州	22	2.09	5.0	贵州
制造业	8	1.23	1.67	浙江	8	1.22	1.57	浙江

产业	三经普				四经普			
	区域数量	平均区位熵	最大区位熵		区域数量	平均区位熵	最大区位熵	
			数值	区域			数值	区域
采矿业	20	2.37	6.10	贵州	18	2.69	5.10	内蒙古
制造业	6	1.29	1.86	浙江	7	1.41	1.84	河北

表5-6中，①采矿业属于高度集聚性产业，但并没有集聚于个别区域。从一经普到四经普，其集聚区域都在20个左右，占全部省级区域的2/3，集聚区域较多。其高度集聚性主要源于：一是平均区位熵较高，接近或超过2；二是个别区域区位熵极高，从一经普到三经普，贵州的区位熵曾经从4以上爬升到6以上，四经普时期，内蒙古成为区位熵最高的区域，区位熵为5.10。②制造业属于中度集聚性产业。从一经普到四经普，主要集聚区域不超过8个，占全部省级区域的比例不超过1/3，集聚区域较少。中度集聚性主要源于：一是平均区位熵不高，四次经济普查的平均区位熵都小于2；二是没有出现区位熵极端突出的区域，一经普到三经普，浙江始终是区位熵最高的省份，四经普时期河北省替代了浙江，但这两省的区位熵始终都小于2。

2. 产业大类

（1）采矿业内部各个大类

采矿业各个大类区位熵>1的区域统计结果如表5-7所示。

表 5-7 采矿业各大类区位熵＞1 的区域统计结果

产业	一经普				二经普			
	区域数量	平均区位熵	最大区位熵		区域数量	平均区位熵	最大区位熵	
			数值	区域			数值	区域
煤炭开采和洗选业	13	3.14	8.24	贵州	14	3.45	9.74	山西
黑色金属矿采选业	12	2.31	6.68	河北	14	2.61	6.71	河北
有色金属矿采选业	16	2.75	6.30	云南	17	3.37	9.29	云南
其他采矿业	18	1.69	3.49	贵州	17	2.77	5.71	内蒙古
石油和天然气开采业	11	5.49	20.68	宁夏	8	7.06	11.99	宁夏
非金属矿采选业	20	1.60	2.85	江西	20	1.97	4.95	贵州
产业	三经普				四经普			
	区域数量	平均区位熵	最大区位熵		区域数量	平均区位熵	最大区位熵	
			数值	区域			数值	区域
煤炭开采和洗选业	16	3.38	9.42	贵州	11	4.84	13.29	山西
黑色金属矿采选业	12	3.02	7.41	河北	12	3.20	7.32	山西
有色金属矿采选业	15	3.54	9.92	云南	16	3.00	5.49	内蒙古
其他采矿业	16	3.38	7.81	新疆	16	3.49	8.49	新疆
石油和天然气开采业	14	3.89	11.39	吉林	14	4.61	13.66	内蒙古
非金属矿采选业	21	2.15	7.02	贵州	20	2.44	5.35	贵州

从表 5-7 可以看出：①采矿业中只有非金属矿采选业区位熵＞1 的区域数量占全部省级区域数量的比例达到 2/3 左右，其他大类区位熵＞1 的区域数量占比都在 1/2 左右或 1/2 以下。总体来看，非金属矿采选业的集聚区域分布较多，其他大类的集聚区域分布有限，因此，从"集聚"的角度看，非金属矿采选业弱一些。②各个大类平均区位熵普遍较高，其中，除非金属矿采选业以外的其他大类平均区位熵更高。一经普、二经普时期，非金属矿采选业的平均区位熵在 2 以下，其他大类平均区位熵都在 2 以上；三经普、四经普时期，非金属矿采选业的平均区位熵在 3 以下，其他大类平均区位熵都在 3 以上，可见，非金属矿采选业总的集聚程度偏低一些。③区位熵的极端值都很突出。四次经济普查中，采矿业各产业大类区位熵极端值最高达 20.68，最低的极端值为 2.85，其中，非金属矿采选业区位熵的极端值也相对偏低。④由最大区位熵能够看到一些省份在采矿业集聚中的重要地位：

贵州，煤炭开采和洗选业、非金属矿采选业的主要集聚省份；

河北，黑色金属矿采选业的主要集聚省份；

云南，有色金属矿采选业的主要集聚省份；

新疆,黑色金属矿采选业的主要集聚省份;

山西,煤炭开采和洗选业、黑色金属矿采选业的主要集聚省份;

内蒙古,其他采矿业、有色金属矿采选业、石油和天然气开采业的主要集聚省份。

宁夏,石油和天然气开采业的主要集聚省份。

(2) 制造业内部各个大类

制造业中集聚性产业(中度集聚产业、高度集聚产业)各个大类区位熵＞1 的区域统计结果如表 5-8 所示。

表 5-8 制造业中集聚性产业大类区位熵＞1 的区域统计结果

产业	一经普			二经普		
	区域数量	平均区位熵	最大区位熵 数值	最大区位熵 区域	区域数量	平均区位熵	最大区位熵 数值	最大区位熵 区域

产业	区域数量	平均区位熵	最大区位熵数值	最大区位熵区域	区域数量	平均区位熵	最大区位熵数值	最大区位熵区域
石油、煤炭及其他燃料加工业	12	2.22	5.17	山西	13	2.16	3.78	新疆
计算机、通信和其他电子设备制造业	6	1.80	2.53	广东	5	1.79	2.54	广东
农副食品加工业	12	1.53	2.44	河南	16	1.52	2.23	河南
烟草制品业	16	2.35	6.10	云南	14	2.55	7.82	云南
纺织服装鞋帽及皮革毛皮羽毛其制品业	7	1.52	2.56	福建	5	1.61	2.44	浙江
家具制造业	10	1.26	1.70	上海	9	1.31	1.76	上海
文教工美体育娱乐用品制造和其他制造业	7	1.58	2.65	浙江	7	1.55	2.56	浙江
化学纤维制造业	3	2.37	3.46	江苏	2	3.05	3.59	江苏
橡胶和塑料制品业	8	1.37	2.24	浙江	9	1.30	2.09	浙江
黑色金属冶炼和压延加工业	13	1.70	2.37	天津	15	1.74	2.65	天津
通用设备和仪器仪表制造业	7	1.60	2.38	浙江	6	1.85	2.28	浙江
电气机械和器材制造业	6	1.66	2.66	浙江	6	1.58	2.61	浙江
酒、饮料和精制茶制造业	18	1.46	2.74	四川	19	1.57	2.63	云南
金属制品业	7	1.57	2.34	天津	7	1.56	2.40	天津

续表

产业	三经普				四经普			
	区域数量	平均区位熵	最大区位熵 数值	最大区位熵 区域	区域数量	平均区位熵	最大区位熵 数值	最大区位熵 区域
石油、煤炭及其他燃料加工业	13	1.96	3.89	辽宁	15	2.20	4.33	黑龙江
计算机、通信和其他电子设备制造业	4	1.95	3.32	广东	3	2.10	3.86	广东
农副食品加工业	22	1.51	2.87	黑龙江	22	1.71	3.35	黑龙江
烟草制品业	9	3.17	9.05	湖南	10	2.61	5.52	湖北
纺织服装鞋帽及皮革毛皮羽毛其制品业	5	1.67	2.91	浙江	6	1.63	2.53	浙江
家具制造业	8	1.36	1.86	广东	9	1.65	3.28	广东
文教工美体育娱乐用品制造和其他制造业	7	1.53	2.78	浙江	9	1.62	2.25	浙江
化学纤维制造业	3	2.49	3.50	江苏	3	2.66	3.34	江苏
橡胶和塑料制品业	6	1.50	2.42	浙江	6	1.62	2.15	浙江
黑色金属冶炼和压延加工业	14	1.40	2.28	河北	11	1.61	3.06	天津
通用设备和仪器仪表制造业	7	1.60	2.40	浙江	6	1.83	2.17	江苏
电气机械和器材制造业	4	1.78	2.68	浙江	4	1.92	2.41	浙江
酒、饮料和精制茶制造业	18	1.78	2.89	云南	17	1.89	6.37	贵州
金属制品业	6	1.68	2.01	天津	7	1.59	2.86	河北

制造业大类中有 14 个产业具有明显的集聚性。表 5-8 所示，①就集聚区域分布的范围来看，集聚区域数量占比在 1/3~2/3 的产业有 5 个，分别为农副食品加工业、酒、饮料和精制茶制造业、烟草制品业、石油、煤炭及其他燃料加工业、黑色金属冶炼和压延加工业，这些产业的集聚区较多，"集聚"的色彩不浓厚；集聚区域数量占比在 1/3 以下的产业有 9 个，其中，化学纤维制造业的集聚区域只有 3 个，计算机、通信和其他电子设备制造业的集聚区域从 6 个下降到 3 个，"集聚"的性质较显著。②就集聚程度看，四次经济普查中大部分时期平均区位熵>2 的产业有 3 个，分别是烟草制品业、石油、煤炭及其他燃料加工业、化学纤维制造业，这三个产业"集聚"程度较突出。其他产业在各个时期的平均区位熵<2。③就区位熵极

端值来看,四次经济普查中最大区位熵>3 的产业有 3 个,分别是烟草制品业、石油、煤炭及其他燃料加工业、化学纤维制造业。烟草制品业的最大区位熵甚至超过 5。④就最大区位熵所在区域看,一些省份在行业集聚中扮演着主要角色:

山西、辽宁、新疆,石油、煤炭及其他燃料加工业主要集聚区;

广东,计算机、通信和其他电子设备制造业、家具制造业的主要集聚区域;

河南,农副食品加工业主要集聚区;

黑龙江,农副食品加工业、石油、煤炭及其他燃料加工业主要集聚区;

湖北、湖南,烟草制品业主要集聚区;

云南,烟草制品业、酒、饮料和精制茶制造业主要集聚区;

四川、贵州,酒、饮料和精制茶制造业主要集聚区;

浙江,纺织服装鞋帽及皮革毛皮羽毛其制品业、文教工美体育娱乐用品制造和其他制造业、橡胶和塑料制品业、通用设备和仪器仪表制造、电气机械和器材制造业主要集聚区;

上海,家具制造业的主要集聚区域;

江苏,化学纤维制造业主要集聚区域;

河北、天津,黑色金属冶炼和压延加工业、金属制品业主要集聚区。

5.3 第三产业集聚区域分析

5.3.1 第三产业集聚区域变化

四次经济普查中,第三产业的集聚性主要表现为中度集聚性,根据调整后的区位熵(以下仍称"区位熵")分析这些产业所在区域的变化情况。

1. 产业门类

第三产业有 13 个门类,具有中度集聚性特征的产业有金融业、交通运输仓储和邮政业、信息传输软件和信息技术服务业、科学研究和技术服务业、文化体育和娱乐业,其区位熵>1 的区域及其变化如表 5-9 所示。

表 5-9 第三产业集聚性产业门类区位熵>1 的区域

产业	一经普	二经普	三经普	四经普
金融业	冀、内蒙、辽、吉、皖、豫、鄂、桂、琼、渝、川、黔、滇、藏、甘、青、宁、新	京、津、晋、内蒙、辽、吉、黑、皖、闽、鄂、桂、琼、渝、川、黔、滇、甘、青、宁、新	京、津、冀、晋、内蒙、辽、吉、黑、皖、鄂、湘、桂、琼、川、黔、滇、藏、陕、甘、青、宁、新	京、津、内蒙、辽、沪、浙、粤、琼、滇、藏、甘、宁、新

续 表

产业	一经普	二经普	三经普	四经普
交通运输仓储和邮政业	京、津、辽、沪、浙、皖、闽、赣、桂、琼、渝、藏、青、宁、新	京、津、内蒙、辽、吉、沪、皖、鄂、桂、渝、藏、新	京、津、晋、内蒙、辽、沪、皖、赣、鲁、鄂、桂、琼、甘、宁、新	津、冀、晋、内蒙、辽、黑、皖、赣、鲁、粤、桂、滇、陕、青、宁、新
信息传输软件和信息技术服务业	京、津、沪、浙、桂、琼、川、滇、青、宁、新	京、辽、沪、皖、湘、鄂、桂、琼、渝、川、黔、滇、藏、宁、新	京、津、辽、沪、粤、琼	京、津、冀、晋、辽、黑、鄂、粤、桂、琼
科学研究和技术服务业	京、津、沪、粤、琼、新	京、津、辽、沪、粤、桂、琼、渝、滇、宁、新	京、津、辽、沪、琼	京、津、冀、内蒙、辽、粤、桂、琼、滇、藏、青
文化体育和娱乐业	京、津、沪、琼、滇、宁、新	京、辽、沪、鄂、湘、桂、琼、渝、滇、青、宁	京、晋、皖、鄂、湘、桂、琼、川、黔、滇、藏、陕、赣、青、宁、新	京、冀、晋、内蒙、辽、黑、皖、鄂、湘、桂、琼、渝、川、黔、滇、藏、陕、甘、青

表 5-9 所示,与第二产业相比,第三产业集聚性产业门类的集聚区域不稳定,变动性较大。一是集聚区域数量上的不稳定,例如金融业,一经普时期的集聚区域是 17 个,二经普、三经普时期的集聚区域是 22 个,四经普时期的集聚区域是 13 个;二是集聚区域的替换和增减较大。

金融业。四次经济普查始终稳定的集聚区域有内蒙古、辽宁、海南、云南、西藏、甘肃、宁夏、青海。四次经济普查中有三次普查都出现的集聚区域有北京、天津、吉林、安徽、湖北、广西、四川、贵州、青海。此外,河北、河南、重庆、山西、黑龙江、福建、陕西、湖南、上海、浙江、广东等省也曾经一次或两次成为集聚区域。可见,金融业的集聚区域分布比较广泛。

交通运输仓储和邮政业。在四次经济普查中,天津、辽宁、安徽、广西、新疆始终是交通运输仓储和邮政业的集聚区域。北京、内蒙古、上海、江西、宁夏则三次成为集聚区域。此外,吉林、黑龙江、河北、山西、山东、浙江、福建、广东、海南、湖北、重庆、云南、陕西、甘肃、青海也曾经一次或两次成为集聚区域。可以大体看出,交通运输仓储和邮政业分布在几个片区,即东北地区、包括内蒙古、山西以及华北和环渤海地区、上海及其周边省份、东南部沿海省份、西北各省区、长江上游和中游核心区域。

信息传输软件和信息技术服务业。在四次经济普查中,北京和海南始终是该产业的集聚区域,辽宁、天津、上海、广西三次成为集聚区域。此外,浙江、广东、河北、山西、安徽、湖北、湖南也一次或两次成为集聚区域。可见,中西部发达、较发达区域是该产业主要集聚区域。西部地区部分省份曾经成为集聚区域可能是由于这些省份的中心城市中小企业快速成长所致,以及由于劳动力成本、气候等优势使得内地企业大量布局分支机构所致。

科学研究和技术服务业。北京、天津、辽宁、上海、广东、海南在四次经济普查中有三次或四次成为集聚区域,可见,该产业的集聚区域分布在发达区域。此外,河北、内蒙古、广西、重庆、云南、青海、宁夏、新疆也曾一次或两次成为集聚区域,其中,西北部地区一些省份成为集聚区域更多是由于专业技术服务机构分布所致。

文化体育和娱乐业。该产业的集聚区域扩展显著,一经普时期,该产业集聚区域有7个,四经普时期,集聚区域扩展到20个,且扩展的区域主要是中西部省份。可见,无论是发达地区还是欠发达地区,人们文化休闲需求的增长会使得一些地区可能成为该产业集聚区域。

特别需要说明的是,一些服务业如金融业、信息传输软件和信息技术服务业、科学研究和技术服务业等在人们的印象中应该主要集聚在经济发达地区。区位熵显示,西部的欠发达地区也成为产业集聚区,一方面表明在这些欠发达地区也有一定数量的企业分布,另一方面也与测算方法有关。区位熵是一种相对指标,西部欠发达地区即使企业数量占比很低,但如果与以就业人数表示的经济规模占比相比,前者比例只要超过后者比例,就会显示出一定的区域集聚性。

2. 产业大类

门类中包含着不同的大类。第三产业各个门类的集聚性是门类内部某些大类集聚性的反映。根据前述研究,第三产业36个大类中,在四次经济普查期间始终显示具有集聚性的大类(高度集聚性和中度集聚性)有12个,从中度集聚转为低度集聚的产业有4个。这里针对12个具有集聚性的产业进行分析。

第三产业集聚性产业区位熵大于1的区域及其变化如表5-10所示。

表5-10 第三产业中高度集聚性产业大类区位熵>1的区域

产业	一经普	二经普	三经普	四经普
铁路运输业	津、晋、内蒙、辽、吉、黑、桂、琼、川、陕、甘、青、宁、新	京、津、冀、晋、内蒙、辽、黑、皖、闽、鄂、渝、川、黔、陕、甘、青、宁、新	京、津、晋、内蒙、辽、吉、黑、桂、琼、川、黔、滇、甘、青、宁、新	京、津、晋、内蒙、辽、吉、黑、川、黔、滇、甘、青、宁、新
资本市场服务业	京、津、内蒙、辽、沪、皖、闽、鄂、粤、琼、黔、藏、青、新	京、津、内蒙、辽、吉、黑、皖、鄂、湘、粤、琼、川、黔、藏、陕	京、津、沪、粤、琼、藏、青	京、津、沪、浙、粤、藏、青

续表

产业	一经普	二经普	三经普	四经普
软件和信息技术服务业	京、津、沪、浙、桂、琼、川、滇、青、宁、新	京、辽、沪、皖、鄂、湘、桂、琼、川、黔、滇、宁、新	京、津、辽、沪、粤、琼	京、津、冀、辽、鄂、粤、桂、琼
其他金融服务业	京、晋、内蒙、辽、黑、浙、闽、鄂、湘、桂、琼、黔、滇、藏、青、宁、新	京、内蒙、辽、吉、黑、苏、浙、皖、闽、鄂、桂、琼、渝、川、黔、滇、青、宁、新	京、津、冀、内蒙、吉、黑、沪、皖、赣、湘、琼、川、黔、滇、陕、甘、青、宁、新	京、晋、辽、沪、粤、桂、青
科技推广和应用服务业	京、津、辽、沪、浙	京、津、辽、吉、黑、沪、鄂	京、津、鲁、豫	京、津、冀、黑、鲁、豫、鄂、湘、桂

表 5-10 显示出高度集聚性产业集聚区域分布情况，可以看出，①在四次经济普查中，铁路运输业比较稳定的集聚区域有北京、天津、山西、内蒙古、东北三省、西南四川和贵州、西北省份，这些省份或者是经济较发达区域，或者是资源丰富地区。②资本市场服务的集聚区域数量不断减少，"聚"的性质越来越显现。稳定的集聚区域是北京、天津、上海、广东、海南等东部地区，以及青海、西藏。"集聚"于青海、西藏并非是由于企业数量较多，而是由于地区经济规模在全国的占比极低，企业占比相对优势所致。③软件和信息技术服务业集聚区域数量也不断减少。一经普和二经普时期，集聚区域既包括东部地区，也包括中西部地区；三经普和四经普时期，集聚区域主要是东部地区。④其他金融服务业包括金融信托服务、控股公司服务、非金融机构支付服务、金融信息服务、货币经纪公司服务等，这些服务中有的倾向于分布在发达区域，有的则不限于分布在发达地区(如金融信息服务)，因此，该产业在四经普以前其集聚区域分布较广，东、中、西三大地带的省份都有涉及，四经普时期，该产业的集聚区域数量减少，突出了"聚"的性质。⑤科技推广和应用服务业在一经普时期的集聚区域主要在东部地区，四经普时期其集聚区域扩展到部分中部省份，但其稳定的集聚区域始终是北京、天津。

中度集聚性产业集聚区域分布状况如表 5-11 所示，①航空运输业的集聚区域比较稳定，主要分布于东部一些省份、东北和内蒙古、山西，以及西部大部分省份。一般认为，航空运输业多集聚发达地区，"聚集"于西部地区一是由于一部分特殊航空服务企业(为农业、测绘、航拍、抢险、救援等活动服务的企业)分布于西部地区所致，二是由于区位熵指标使得西部航空运输企业数量相对占优势所致。②管道运输业主要是指针对石油、天然气和某些固体资源(例如煤炭)提供管道方式运输的行业。管道运输企业与油气资源产区、油气进出口区和市场分布密切相关。四次经济普查中，管道运输业稳定的集聚区域有天津、东北三省、山东、湖北、陕西、新疆。③新闻出版业、文化艺术、体育产业的分布一般与信息交流的频繁程度、人们的文化素质和消费水平密切相关,通常分布于发达地区。一经普时期,这些产业大都集聚于沿海各个省份,但产业的集聚区域不断扩展,四经普时期,这些产业的集聚区域已经扩展到中西部的许多省份。尽管如此,东部地区一直是这些产业集聚的重要区域。例如新闻出版业稳定的集聚区是北京、天津、辽宁、吉林、海南;体育业稳定的集聚区域一直是北京、天津、辽宁、上海、广东、海南。④研究和试验发展业的集聚区域主要与研究机构、科技型公司紧密相连,四次经济普查中集聚区域大体稳定,大都一直分布于东部地区。⑤社会保障服务涉及人们生活中各种基本保障,市场化的社会保障机构的建立取决于人们的保障意识和收入水平。一经普时期,该行业大都集聚于东部地区,三经普和四经普时期,其集聚区域主要分布于中西部地区。

表 5-11 第三产业中度集聚性产业大类区位熵＞1 的区域

产业	一经普	二经普	三经普	四经普
航空运输业	京、晋、内蒙、吉、黑、闽、鄂、粤、桂、琼、渝、川、黔、滇、藏、陕、甘、青、宁、新	津、晋、内蒙、吉、黑、闽、桂、琼、渝、川、黔、滇、藏、陕、甘、青、宁、新	京、津、内蒙、辽、吉、鄂、桂、琼、川、黔、滇、陕、甘、青、宁、新	京、津、晋、内蒙、辽、吉、黑、粤、桂、琼、黔、滇、藏、陕、甘、青、宁、新
管道运输业	津、内蒙、辽、吉、黑、沪、苏、鲁、粤、渝、陕、宁、新	津、冀、辽、吉、黑、沪、鲁、鄂、湘、琼、陕、宁、新	京、津、晋、辽、黑、赣、鲁、鄂、湘、川、黔、滇、陕、甘、宁、新	津、冀、晋、内蒙、辽、吉、鲁、豫、鄂、琼、黔、滇、陕、青、新
新闻出版业	京、津、辽、吉、沪、琼、陕	京、津、辽、吉、沪、鄂、琼、渝、陕、新	京、津、晋、辽、吉、鄂、琼、黔、陕、甘、宁	京、津、晋、内蒙、辽、吉、黑、鄂、桂、琼、川、黔、滇、藏、陕、甘、青、宁、新
研究和试验发展业	京、津、辽、沪、粤、琼、川	京、辽、吉、黑、沪、粤、琼、滇	京、津、辽、沪、苏、湘、粤、琼、藏	京、津、冀、辽、黑、苏、鲁、粤
文化艺术	京、沪、琼	京、辽、黑、沪、鄂、琼、滇	京、津、皖、渝、滇、藏、甘、青	京、晋、内蒙、黑、皖、豫、桂、琼、渝、滇、藏、陕、甘、青
体育	京、津、辽、沪、浙、琼	京、津、沪、粤、琼、青	京、津、辽、沪、浙、闽、粤、琼	京、津、冀、晋、内蒙、辽、黑、沪、粤、桂、琼、渝、滇、青
社会保障服务	京、津、辽、黑、沪、苏、浙、闽、川、陕、宁	津、晋、辽、黑、浙、皖、鲁、鄂、湘、琼、滇、新	晋、内蒙、辽、吉、黑、赣、鄂、湘、桂、渝、川、黔、滇、陕、甘、宁、新	冀、晋、内蒙、吉、黑、赣、豫、鄂、湘、桂、渝、川、滇、陕、甘、青、新

5.3.2 第三产业集聚区域统计特征

1. 产业门类

对第三产业中具有集聚性特征的 5 个门类进行研究,其区位熵大于 1 的区域统计结果如表 5-12 所示。

表 5-12 第三产业集聚性产业门类区位熵＞1 的区域统计结果

产业	一经普				二经普			
	区域数量	平均区位熵	最大区位熵		区域数量	平均区位熵	最大区位熵	
			数值	区域			数值	区域
金融业	18	2.10	6.18	青海	22	1.85	2.84	新疆
交通运输仓储和邮政业	15	1.42	3.01	天津	12	1.47	2.65	天津
信息传输软件和信息技术服务业	11	1.81	4.93	北京	15	1.51	3.55	北京
科学研究和技术服务业	7	2.23	5.19	北京	10	1.84	5.07	北京
文化体育和娱乐业	7	2.22	6.10	北京	11	1.76	5.84	北京

产业	三经普				四经普			
	区域数量	平均区位熵	最大区位熵		区域数量	平均区位熵	最大区位熵	
			数值	区域			数值	区域
金融业	22	1.71	2.61	海南	13	1.61	2.73	天津
交通运输仓储和邮政业	15	1.32	2.37	天津	16	1.33	1.80	天津
信息传输软件和信息技术服务业	6	2.29	6.75	北京	10	1.36	2.34	北京
科学研究和技术服务业	5	2.47	6.58	北京	11	1.35	3.37	北京
文化体育和娱乐业	16	1.57	4.63	北京	19	1.22	2.66	北京

表 5-12 所示,①各个产业集聚区域数量变化较大。在四次经济普查中,各产业集聚区域数量变化幅度分别是:金融业为 13~22 个;交通运输仓储和邮政业为 12~16 个,信息传输软件和信息技术服务业为 6~15 个,科学研究和技术服务业为 5~11 个,文化体育和娱乐业为 7~19 个。总体来看,金融业、交通运输仓储和邮政业集聚区域数量较多,文化体育和娱乐业在三经普和四经普时期集聚区域数量较多,信息传输软件和信息技术服务业、科学研究和技术服务业集聚区域数量相对少一些。②就集聚程度来看,除交通运输仓储和邮政业以外,各产业平均区位熵都有所下降,文化体育和娱乐业平均区位熵下降较明显。一经普时期,金融业、科学研究和技术服务业、文化体育和娱乐业的平均区位熵都大于 2,四经普时

期,各产业的平均区位熵都小于2。③各产业最大区位熵在一经普时期都大于3,金融业和文化体育和娱乐业最大区位熵甚至超过6;四经普时期除科学研究和技术服务业外,各产业的最大区位熵都小于3。④北京是信息传输软件和信息技术服务业、科学研究和技术服务业、文化体育和娱乐业的主要集聚区域;天津是交通运输仓储和邮政业的主要集聚区域;金融业的主要集聚区域与人们的印象有一定偏差,这主要源于区位熵强调相对性所致,金融机构的数量尽管在行业内的份额不大,但在所在区域则具有相对优势。

2. 产业大类

分别对第三产业大类中具有高度集聚性和中度集聚性产业进行分析。

对高度集聚性产业区位熵大于1的区域进行统计结果如表5-13所示。

表5-13 第三产业高度集聚性产业大类区位熵>1的区域统计结果

产业	一经普				二经普			
	区域数量	平均区位熵	最大区位熵		区域数量	平均区位熵	最大区位熵	
			数值	区域			数值	区域
铁路运输业	14	2.19	5.89	青海	18	1.95	3.99	天津
资本市场服务业	14	1.92	2.75	辽宁	16	1.91	3.97	北京
软件和信息技术服务业	11	1.83	5.05	北京	13	1.55	3.48	北京
其他金融服务业	17	2.08	5.88	海南	19	2.39	3.16	内蒙古
科技推广和应用服务业	5	3.34	7.39	北京	7	2.70	8.68	北京
产业	三经普				四经普			
	区域数量	平均区位熵	最大区位熵		区域数量	平均区位熵	最大区位熵	
			数值	区域			数值	区域
铁路运输业	15	2.73	8.11	内蒙古	14	2.63	9.35	内蒙古
资本市场服务业	7	3.04	5.92	北京	7	2.32	4.16	北京
软件和信息技术服务业	6	2.40	7.25	北京	8	1.46	2.44	北京
其他金融服务业	19	1.71	2.83	天津	18	1.80	3.51	广西
科技推广和应用服务业	4	4.10	10.85	北京	9	1.76	5.33	北京

表5-13显示,由于EG指数与区位熵方法的差异性,采用EG指数法测算得到的高度集聚性产业,其区位熵的结果并非十分"耀眼",但从区位熵仍能明显看出集聚性。①铁路运输业、科技推广和应用服务业集聚区域的数量大体不变,前者的变化在14~18之间,后者的变化在4~9之间。资本市场服务业、软件和信息技术服务业、其他金融服务业集聚区域的数量明显减少,"集聚性"显现。②平均区位熵有一定的波动。四经普时期,铁路运输业、资本市场服务业的平均区位熵稍有上升,都在2以上,其他产业平均区位熵有所下降,都在2以下。③科技推广

和应用服务业最大区位熵最突出,变化范围为 5.33~10.85,其他金融服务业的最大区位熵相对较低,变化范围为 2.83~5.88。④最大区位熵所在区域在产业集聚中起着重要作用,需要重点关注。

北京,资本市场服务业、软件和信息技术服务业、科技推广和应用服务业的主要集聚区。

天津,其他金融服务、铁路运输服务的主要集聚区。

辽宁,资本市场服务业的主要集聚区。

内蒙古,铁路运输服务、其他金融服务业的主要集聚区。

海南、广西,其他金融服务业的主要集聚区。

第三产业中度集聚性产业大类集聚区域统计结果如表 5-14 所示,①除航空运输业、研究和试验发展业外,其他产业集聚区域的数量都有所上升。到四经普时期,除研究和试验发展业外,其他各产业集聚区域的数量都上升到占全部省级区域数量的 1/2 或以上。②平均区位熵下降明显,一经普时期,所有产业的平均区位熵都在 2 以上;四经普时期,除管道运输业外,其他产业平均区位熵都在 2 以下。③除管道运输业、社会保障服务外,其他产业的最大区位熵都有所下降,其中,文化艺术的最大区位熵下降幅度最大,从 13.73 下降到 2.50。

最大区位熵所在区域是主要的产业集聚区:

北京,新闻出版业、研究和试验发展业、文化艺术、体育的主要集聚区;

广东,后起的研究和试验发展业主要集聚区;

宁夏、新疆,管道运输业的主要集聚区;

天津,航空运输业、社会保障服务的主要集聚区;

海南,航空运输业的主要集聚区;

广西,社会保障服务的主要集聚区。

表 5-14 第三产业中度集聚性产业大类区位熵>1 的区域统计结果

产业	一经普				二经普			
	区域数量	平均区位熵	最大区位熵		区域数量	平均区位熵	最大区位熵	
			数值	区域			数值	区域
航空运输业	20	2.08	4.05	海南	18	2.98	10.03	海南
管道运输业	13	2.93	6.76	宁夏	13	3.01	8.55	宁夏
新闻出版业	7	3.08	9.90	北京	10	2.27	9.89	北京
研究和试验发展业	7	2.13	5.69	北京	8	1.93	4.30	北京
文化艺术	3	6.19	13.73	北京	7	2.90	11.52	北京
体育	6	3.01	7.57	北京	7	2.51	7.16	北京
社会保障服务	11	2.03	4.08	天津	12	2.26	5.20	天津

续表

产业	三经普				四经普			
	区域数量	平均区位熵	最大区位熵		区域数量	平均区位熵	最大区位熵	
			数值	区域			数值	区域
航空运输业	18	2.61	5.03	天津	18	1.88	3.94	海南
管道运输业	16	2.09	5.29	新疆	15	2.07	6.98	新疆
新闻出版业	11	2.29	9.75	北京	19	1.65	5.92	北京
研究和试验发展业	9	1.74	3.99	北京	8	1.37	2.11	广东
文化艺术	9	2.63	14.30	北京	14	1.35	2.50	北京
体育	8	2.34	6.97	北京	14	1.38	2.23	北京
社会保障服务	18	1.89	6.17	广西	18	1.98	4.38	广西

本章参考文献

[1] 陈建军,陈国亮,黄洁.新经济地理学视角下的生产性服务业集聚及其影响因素——来自中国222个城市的经验证据[J].管理世界,2009(4):83-95.

[2] 池建宇,姚林青.北京市文化创意产业集聚效应的实证分析[J].中央财经大学学报,2013(8):75-78.

[3] 刘军,徐康宁.产业集聚在工业化进程及空间演化中的作用[J].中国工业经济,2008(9):37-45.

[4] 刘军,徐康宁.产业集聚、经济增长与地区差距——基于中国省级面板数据的实证研究[J].中国软科学,2010(7):91-102.

[5] 孙浦阳,韩帅,靳舒晶.产业集聚对外商直接投资的影响分析——基于服务业与制造业的比较研究[J].数量经济技术经济研究,2012(9):40-57.

[6] 王秀明,李非.产业集聚对区域经济增长的影响:基于广东省的实证研究[J].武汉大学学报(哲学社会科学版),2013,66(6):122-127.

[7] 张明倩.中国产业集聚现象统计模型及应用研究[M].北京:中国标准出版社,2007:7-8.

[8] 张益丰.生产性服务业产业集聚的有效形成:鲁省证据[J].改革,2013(11):55-64.

第6章 中国第二、第三产业集聚因素

在前人的研究中,对产业集聚因素的关注多集中在制造业。我们以前人的研究为参考,采用第四次经济普查数据以及相应的统计数据,将对制造业集聚因素的关注扩展到第二产业,并进一步利用第三次和第四次经济普查数据研究第三产业的集聚因素及其与第二产业集聚的关系。由于公开的统计资料大都公布的是产业大类数据,因此,本章的内容主要针对产业大类的集聚因素进行研究。需要说明的是,本章的研究所涉及的产业大类依据的是第三次、第四次经济普查时期的《国民经济行业分类》(GB/T 4754—2011)和《国民经济行业分类》(GB/T 4754—2017),而没有采用第3章调整后的产业分类。

6.1 第二产业集聚因素

6.1.1 集聚因素理论依据

在现有的关于制造业集聚因素的研究中,人们更多地关注新古典经济学的规模经济理论、新古典贸易理论、新经济地理理论和新贸易理论。

1. 新古典经济理论

新古典经济学家马歇尔(Marshall)较早注意到了产业集聚现象,他在《经济学原理》一书中初步论述了产业集聚的形态、起源和利益等内容。马歇尔将许多性质相似的小企业集中于特定地方的现象称为地方性工业。他主要从规模经济和外部经济的角度分析并论证产业集聚的形成。人们对企业的内在规模经济认识较为容易,厂商在追求利益最大化的过程中也会尽可能扩大生产规模,从而产生内部规模经济。外部规模经济同样影响企业的生产发展,并能够促使集聚的产生。马歇尔在分析外部经济的影响因素时认为,有三种力量决定了产业集聚的正外部性,即劳动力市场共享、中间产品投入和技术外溢。

首先,劳动市场共享是导致经济活动集聚的基本因素,这可以从劳动的供给和需求两方面来理解。在集聚区内,厂商能很方便地找到他们所需要的具有特殊技能的工人,同时,寻找职业的人也能很容易地找到需要他们的厂商。对专门劳动的供给与需求在一定程度上促进了产业在地理上的集聚。其次是投入共享,或称辅助性行业的成长。辅助性行业的产生,能为主导产业供给工具和原料,同时,辅助行业能不断使用具有高度专门性质的机械,为许多临近厂商服务,有利于主导产业和辅助行业的发展。技术溢出是产业集聚的第三个重要原因。马歇尔认为,产业集聚于特定地区有利于新主意、新知识和新技能在企业之间传播和应用,因为信息在当地流动比远距离流动更容易。

2. 新古典贸易理论

新古典贸易理论则强调要素禀赋的区域差异,认为建立在要素禀赋基础上的"比较优势"是形成产业集聚的重要因素。

新古典贸易理论认为,假设一个完全竞争的市场、同质产品以及规模效益不变,企业区位是外部因素决定的,即比较优势。这种比较优势源于资本、技术、资源禀赋、交通网络以及劳动力等的空间分布,并决定贸易模式。如果没有技术和资源禀赋的差异,产业将均衡分布,贸易活动将很少。新古典贸易理论假定不存在贸易成本,因此需求不影响产业区位。如果存在贸易成本,而且需求较资源禀赋分布更均衡,那么贸易成本将与产业的空间分散成正相关。面对限制性的贸易成本,产业将会均衡分布,产业在区域间的集聚程度将会最小,这也意味着区域经济一体化发展,降低了贸易成本,使得各区域充分利用其比较优势,从而促进产业在空间上的集聚。

3. 新贸易理论

新贸易理论强调不完全竞争、差异化产品、规模收益递增以及累积循环机制决定区域间贸易模式。一方面为了实现规模经济,产业可以集中在少数区位,并利用当地优势资源和条件,建立起产业间的横向联系和纵向联系;另一方面,为了减少交通运输成本和交易成本,产业将集中在产品市场通达性最好的区位。一个国家将出口国外需求量较大的商品,"市场效应"将决定不同产业的区位和国际贸易模式。新贸易理论认为除了市场效应,企业区位的其他决定因素都是内生的,取决于企业自身的性质和特点。当企业面临严重的贸易障碍时,产业活动将变得较为分散,进而推动产业内和产业间的贸易活动。随着贸易成本的下降以及差异化产品的生产,具有规模经济的生产活动将接近消费者市场,产业内的贸易将消失。具有规模效益递增特性的产业,在一体化市场的背景下,可能会更趋于在空间上的集聚。

4. 新经济地理理论

传统的新古典主义框架下的区域经济理论,一直是以规模报酬不变和完全竞争假设为出发点研究区域经济问题的,一度忽略了经济活动中不完全竞争和规模报酬递增的事实。克鲁格曼于20世纪90年代初期创立了新经济地理学,以规模报酬递增、不完全竞争的市场结构为假设前提,并与区位理论中的运输成本相结合,构建了"中心—外围"模型,证明了产业集聚是由规模报酬递增、运输成本和生产要素移动通过市场传导的相互作用而产生。此外,新经济地理理论认为上下游产业间的投入产出关联也会促进产业集聚,即通过"前向关联"和"后向关联"带来的投入品供给增加和需求扩大,也会使得某一地区吸引越来越多的厂商而形成集聚态势,这个过程可能是一个自我积累的集聚过程,推动某个产业空间分布沿着一定的路径发展,最终达到一种区位均衡状态。

5. 其他因素

在经济全球化和国际贸易自由化的大背景下,对外开放也是解释产业集聚不可忽视的因素,主要体现在三个方面:第一,对外开放能够优化产业间的分工,促进专业化生产,使当地企业迫于外来企业的竞争压力,优先发展自身的优势产业,从而促进产业集聚的形成。第二,对外开放有利于引进国外的资金、优秀的人才以及先进的技术和管理方法等,在引进的过程中能够形成"吸纳效应"促进产业在当地的集聚。第三,对外开放能够更好地融入外部世界,挖掘需求潜力,增加产品或服务的需求量,促进企业生产并形成集聚效应;同时,也能够扩大出口,吸引大量出口导向型产业的集聚。随着贸易的自由化和市场一体化的建立,不同产业间的联系会更加密切,贸易障碍将会进一步弱化,从而有利于产业集聚趋势的产生。

6.1.2 集聚因素统计指标

通常认为,聚集因素包括特殊的聚集因素和一般的聚集因素,特殊的聚集因素主要是指某一地区便利的交通和丰富的矿藏等自然禀赋,不具有理论研究的一般性,在讨论区位选择时一般不予以考虑。

上述理论所涉及的因素是一般因素而非特殊因素。根据上述理论,本书主要考虑以下因素对产业集聚的影响,并构建相应的统计指标。

1. 内部规模经济

产业规模的扩大能够降低成本、增加收益,产生规模经济。同一产业内的企业集聚现象是造成企业规模扩张的重要原因。产业规模的大小既可以从产业内各个企业平均人数的角度衡量,也可以从产业内各个企业经济总量的角度衡量。这里,将两个角度结合在一起,指标构建的思路是首先用产业内各个企业的劳动者人数总量乘以产业内各个企业的营业收入总量与产业内企业总数相比,即首先构建一个"某产业内单个企业平均规模"指标,再采用类似方法构建"所有产业内单个企业平均规模"指标,两指标相比照,综合反映产业的劳动者人数相对规模和产业的产出相对规模。内部规模经济越显著,越有利于产业集聚。

这里采用相对规模的形式,其公式是:

$$\text{QYGM}_i = \frac{\dfrac{K_i R_i}{X_i}}{\dfrac{\sum_i K_i R_i}{\sum_i X_i}}$$

式中,K、R 和 X 分别表示就业数、营业收入和企业数量,i 为某产业。

2. 外部规模经济

外部规模经济通常是产业外在因素使产业成本下降、收益增加的现象。鉴于数据原因,在马歇尔论述的三个外在因素中主要考虑两个因素,引入两个指标。

(1) 研发投入(YFTR)。以科研投入指标代表知识溢出。知识和技术的扩散与共享能够使创新活动比一般的生产活动集中,研发型产业集聚的现象明显。因此,知识溢出程度越高,越有利于产业集聚。这里以研究与开发机构服务于某产业的 R&D 经费投入占该产业业务收入的比重表示。

(2) 成本份额(CBFE)。产业规模的扩大与中间产品的供给、上下游产业的联系有密切的关系。中间产品投入较大,在一定程度上会导致企业的集聚现象,以便能够充分接近中间产品提供者,产生中间产品供给的规模效益。一般,中间产品消耗是企业成本的主要部分,因此这里以某产业的生产成本占该产业营业收入的比重表示中间产品的投入。根据理论分析,中间产品投入越强,越可能形成产业集聚。

3. 比较优势

生产要素禀赋差异产生的比较优势能够引发产业的集聚,这里选择两个能够凸显比较优势的因素。

(1) 劳动力投入强度(LAB)

即劳动力的供给和使用程度。劳动力投入强度越大,劳动力优势越突出,则会吸引企业集中分布,充分利用劳动力优势,形成产业集聚。用某产业中每个企业每产生一个单位产出需要投入的劳动力相对于各个产业平均需要的劳动力投入的偏差绝对值表示劳动力投入强度,其计算公式为

$$\text{LAB}_i = \left| \frac{\sum_j K_{ij}}{\sum_j R_{ij} X_{ij}} - \frac{\sum_j \sum_i K_{ij}}{\sum_j \sum_i R_{ij} X_{ij}} \right|$$

式中,K、R 和 X 分别表示就业数、营业收入和企业数量,i 为某产业,j 为某省区。

(2) 技术投入强度

即技术的使用和普及程度。技术投入强度越大,生产过程中的技术优势越突出,越会在一定程度上促进产业集聚,以降低技术利用成本,形成企业间的技术相互学习。一般,产出程度在一定程度上可以反映技术投入,因此,这里用某产业内平均每个企业每消耗单位成本所产生的营业收入相对于平均水平的偏差绝对值表示技术投入强度。其计算公式为

$$\text{TECH}_i = \left| \frac{R_i}{L_i X_i} - \frac{\sum_i R_i}{\sum_i L_i X_i} \right|$$

式中,L 表示营业成本,其他符号如前。

4. 销售强度

新贸易理论认为经济活动集中在市场规模较大的区域可以降低交通成本。经济活动越集中,产品销售的难度越小。这里采用某产业的销售强度反映该产业产品的市场需求状况。某产业的销售强度越大,该产业产品的市场需求状况越不理想,越抑制产业集聚。销售强度(XSQD),这里以某产业产品销售费用与营业收入的比值来表示。

5. 经济一体化

参与世界经济一体化、参与国际竞争,需要产业集聚的支撑,也会进一步促进产业集聚。我国参与世界经济一体化的程度可以从引进外资和出口程度上体现,为此,引入两个变量。

(1) 外资利用强度(WZQD)。通常是指外资利用的广泛性和外资利用的数量。这里以某产业中外合资及港澳台资企业营业收入占该行业营业收入的比重来表示。某产业外资利用强度越大,说明该产业对外资吸引力越强,其背后必然是产业集聚所形成的人才优势、管理优势。

(2) 出口强度(CKQD):一般是指出口品的数量和出口品的广泛程度。这里以某行业出口交货值占该行业总产值的比重来表示。某产业产品出口强度越大,说明该产业产品的国际竞争力越强,其背后与产业集聚所形成的成本优势和产出优势密切相关。

经过筛选,最终确定影响第二产业集聚的 5 项因素及其相应的 8 个指标,指标含义及预期符号如下。

表 6-1　影响第二产业集聚的指标含义及预期符号

指标	名称	含义	代表因素	预期符号
QYGM	产业内企业规模相对优势	某产业单个企业规模与所有产业单个企业规模之比	内部规模经济	正
YFTR	研发投入强度	产业 R&D 经费投入占该产业业务收入的比重	外部规模经济中的知识溢出、产业关联	正
CBFE	成本份额强度	产业的生产成本占该产业营业收入的比重		正
LAB	劳动力投入强度	单位产出需要投入的劳动力相对于各个企业平均需要的劳动力的偏差绝对值	比较优势	正
TECH	技术投入强度	平均每个企业每消耗单位成本所产生的营业收入相对于平均水平的偏差绝对值		正
XSQD	销售强度	某产业产品销售费用与营业收入的比值	市场状况	负
WZQD	外资利用强度	某产业中外合资企业营业收入占比	经济一体化	正
CKQD	出口强度	某行业出口交货值占该行业总产值的比重		正

6.1.3 模型构建及分析

由于各个阶段《国民经济行业分类》标准的差异,第 3 章曾对各个阶段的行业分类进行过整合,初步消除了各个阶段行业分类的差异性,便于分析各个行业的集聚程度及其变化趋势。本章则是利用第四次经济普查数据分析产业集聚因素,不涉及各次经济普查间的数据比较,因此不需要采用整合后的行业分类。

第四次经济普查采用的是 2017《国民经济行业分类》(GB/T 4754—2017),第二产业包含 45 个大类,这里主要对 41 个大类(不包括建筑业的 4 个大类,即房屋建筑业、土木工程建筑业、建筑安装业、建筑装饰装修和其他建筑业)进行研究,其中,也将采矿业纳入分析中。如前所述,采矿业是资源性产业,资源禀赋条件对采矿业的集聚有一定影响,但一般性因素对采矿业也具有较大影响。正式基于这种考虑,才将采矿业一并作为分析对象,尽管可能存在资源性因素的干扰,但分析结论仍没有脱离一般性。在分析中,第四次经济普查的 EG 指数作为被解释变量,以上述 8 个变量作为解释变量,构造理论模型如下:

$$EG = f(QYGM, YFTR, CBFE, LAB, TECH, XSQD, WZQD, CKQD)$$

1. EG 指数的简单讨论

如前所述,产业集聚是指大量企业在一定区域范围内集中分布相互得益又相互竞争的过程,这一界定包含着如下含义:①既然是在一定区域内的集中分布,因此企业间的空间距离应该十分接近。现实中,很多集聚区内的企业都是相互比邻的。②诸多企业集中分布在一定区域内,因此该区域的范围应该是能够将这些企业全覆盖的范围,区域的边界应该是集中分布企业能够占用的地域边界。③产业集聚是一种经济过程(经济现象),集聚区应该是经济活动区域,而非行政区域。④产业集聚区的范围应该是动态变化的,随着集中分布企业的数量变化而有所调整。目前,大多数产业集聚的区域面积在几平方公里到几十平方公里不等,因此,产业集聚区域的面积是有限的。这些产业集聚区分布在一定的行政区域范围内,或是跨行政区域分布。

现有的产业集聚的相关统计数据都是按照行政区统计的,只能从不同层次的行政区角度衡量产业的集聚状况,因此,产业的集聚程度可以是省级层面的,也可以是地市级层面,甚至是县级层面、乡镇级层面的。如果从省级层面衡量产业的集聚程度,则可以认为集聚程度较高的产业在个别省份布局相对集中,具有较明显的优势,通常表现为在个别省份分布有一个或多个产业集聚区。由于产业集聚区域的面积是有限的,因此,存在于某省内的一个或多个产业集聚区要具体"落实"的区域往往是省内的一个或多个地市级区域,甚至是县级区域、乡镇级区域,即产业集聚区往往要具体"落实"在行政级别较低的区域范围内。通常,行政级别较高的区域范围广,行政级别较低的区域范围有限,但产业集聚区"落实"在行政级别较低的区域范围内,能够使产业集聚区"落实"在一定行政区域范围内的"落实"程度更"精准"。由此,在衡量产业集聚程度时,从较低行政区域的层面去衡量,也会使衡量的结果更"精准"。

由于数据可得性原因,目前从第四次经济普查数据资料中,只能得到各个产业在省级层面分布的相关数据,因此,在模型中,被解释变量 EG 只能是省级层面的 EG 指数,与之相对应,解释变量的数据也采用省级层面数据。

2. 其他变量的处理

上述模型针对第四次经济普查第二产业的 41 个大类进行研究,因此,解释变量的数据类型属于截面数据。数据主要来源于利用 2019 年《中国统计年鉴》、2019 年 1~12 月《中国经济景气月报》、2019 年《中国经济统计快报》。

首先,对 8 个变量数据间的相关性进行检验,结果如表 6-2 所示。

表 6-2 变量相关性检验

相关系数	RSSY	YFTR	CBFE	LAB	TECH	XSQD	WZQD	CKQD
QYGM	1							
YFTR	−0.15717	1						
CBFE	−0.31939	−0.08064	1					
LAB	−0.04144	0.939368	−0.17214	1				
TECH	0.283471	−0.05988	−0.86936	0.046943	1			
XSQD	−0.24007	0.240725	−0.21333	0.166625	−0.12981	1		
WZQD	−0.00903	−0.19258	0.293982	−0.27099	−0.2776	0.186774	1	
CKQD	−0.01825	0.054646	0.144539	−0.1473	−0.12567	−0.024	0.232927	1

如表 6-2 所示,变量之间存在一定的相关性,尤其是代表知识溢出的"研发投入(YFTR)"和"劳动力投入强度(LAB)"之间的相关性高达 0.9394,"成本份额(CBFE)"与"技术投入(TECH)"的相关性也很高,达到 0.8694。变量间存在明显的相关性,造成模型中出现多重共线性,变量间存在相互干扰,因此,若模型采用多元线性回归模型的形式,不宜采用最小二乘法进行参数估计。

另外,在上述 8 个变量中,数据体量差异很大,表示企业规模经济的变量 QYGM 数据体量较大,数据变化超过 3 位数,其他 7 个变量的数据体量差异接近,数据变化在 0~1 之间。为此,需要将变量 QYGM 数据体量降低,这里采用对变量 QYGM 取对数的方法,变量 QYGM 调整为变量 ln(QYGM),调整后,ln(QYGM)的数据体量变化在两位数以内。同时,变量 ln(QYGM)的含义也有所变化,表示为 QYGM 的变化率。

再有,上述 8 个变量采用的是截面数据。利用截面数据进行参数回归的突出问题是容易产生异方差。消除异方差,通常的做法是对解释变量和被解释变量进行加权。具体方法如下:

第一步,将上述理论模型表示为多元线性回归模型的形式。

第二步,对多元线性回归模型直接采用最小二乘法进行参数估计,得到残差 $\tilde{e}$ 序列。

第三步,建立 $1/|\tilde{e}_t|$ 序列。

第四步,以 $1/|\tilde{e}_t|$ 为权重,对上述 8 个解释变量和被解释变量 EG 指数进行加权。

如果对加权后的变量建立回归模型,进行参数估计,则估计结果会减少异方差的现象。

3. 关于偏最小二乘法

尽管对变量进行加权处理后,在一定程度上解决了参数的异方差问题。但由存在多个变量,产生了多重共线性,因此,本书拟采用偏最小二乘法进行模型参估计。偏最小二乘法具有主成分分析的功能,能够消除解释变量间的相互干扰行多元回归分析。

在一般的多元线性回归模型中,如果有一组应变量 $Y=(y_1,y_2,\cdots,y_n)$ 和一自变量 $X=(x_1,x_2,\cdots,x_n)$,当 X 中的变量存在严重相关性时,或者在 X 中的本点数与变量个数相比显然过少时,相应的最小二乘估计量都会失效,并将引一系列应用方面的困难。为了解决这个问题,偏最小二乘回归分析提出了采用分提取的方法。在主成分分析中,对于单张数据表 X,为了找到能最好的概括数据信息的综合变量,需要在 X 中提取了第一主成分 F_1,使得 F_1 中所包含的数据变异信息可达到最大,即使 $\mathrm{Var}(F_1)$ 最大。在典型相关分析中,为了从整上研究两个数据表之间的相关关系,分别在 X 和 Y 中提取了典型成分,它们足:

$$\max \quad r(F_1,G_1)$$
$$并使得 \quad F_1\times F_1=1$$
$$G_1\times G_1=1$$

中,G_1 为数据表 Y 的第一主成分。

在能够达到相关度最大的综合变量 F_1 与 G_1 之间,如果存在明显的相关关,则可以认为,在两个数据表之间亦存在相关关系。

而偏最小二乘法(PLS)结合这两者的优点,分别在 X 和 Y 中提取出成分 t_1 和,在提取这两个成分时,有下列两个要求:

(1) t_1 和 u_1 应尽可能大的携带他们各自数据表中的变异信息;

(2) t_1 和 u_1 的相关程度应能够达到最大。

这两个要求表明,t_1 和 u_1 应尽可能好的代表数据表 X 和 Y,同时自变量的成 t_1 对应变量的成分 u_1 又有最强的解释能力。在第一个成分 t_1 和 u_1 被提取后,LS 分别实施 X 对 t_1 的回归以及 Y 对 u_1 的回归。如果回归方程已经达到满意的度,则算法中止;否则,将利用 X 被 t_1 解释后的残余信息以及 Y 被 u_1 解释后的余信息进行两轮的成分提取。如此往复,直到能达到一个较满意的精度为止。过这种算法所得的主成分之间正交,即不存在相关关系,然后对主成分进行普最小二乘法回归。

4. 偏最小二乘法回归分析

第一步,根据 Press(预测残差平方和)确定潜变量数量,潜变量就是从 8 个解释变量中提取的主成分。分别尝试提取了不同数量的潜变量,由 Press 变化趋势图可以看出,应选择 4 个潜变量,如图 6-1 所示。

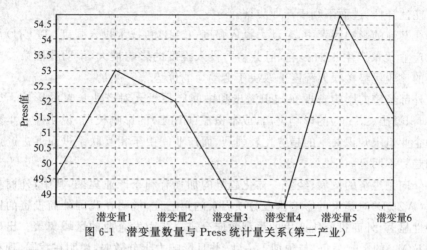

图 6-1 潜变量数量与 Press 统计量关系(第二产业)

第二步,潜变量个数确定后,对模型进行偏最小二乘回归,回归结果如表 6-3 所示。

表 6-3 第四次经济普查中第二产业集聚因素参数估计

变量	潜变量个数:4	$R^2=0.4804$
	回归系数	标准化回归系数
Constant	−0.0010	
Ln(QYGM)	0.0019	0.1349
YFTR	9.7589	0.2364
CBFE	0.0166	0.0714
LAB	0.0520	0.3526
TECH	89.7556	0.0526
XSQD	−0.3230	−0.2583
WZQD	0.0396	0.2033
CKQD	−0.0032	−0.0135

偏最小二乘回归的结果给出了回归方程和标准回归系数。标准回归系数是消除了解释变量和被解释变量所取单位的影响之后的回归系数,与回归方程所给出的非标准回归系数相比,标准回归系数能够对不同解释变量对被解释变量的作用大小进行比较。标准化回归系数的值越大,说明该解释变量 x 对被解释变量 y 的作用越大。

从标准化系数来看,8个变量都对产业集聚产生影响,其中,销售强度(XSQD)的影响为负,与预期一致,说明第二产业中销售强度大的产品,形成市场的可能性降低,进而不利于产业集聚。

在其他的影响因素中,劳动力投入强度(LAB)和技术投入强度(TECH)都对第二产业集聚产生正向影响,但劳动力投入强度的影响最大,说明我国第二产业集聚的比较优势在很大程度上取决于劳动力的优势。

外部经济的影响表现在知识溢出和中间产品投入对产业集聚的影响上。其中,知识溢出(ZSYC)的影响突出,成本份额(CBFE)的影响较弱,说明产业集聚过程中企业追求知识共享的趋势比较强烈,而产业间由于相互联系进而促进产业集聚的趋势不明显。

外向型经济的发展、经济一体化趋势的加强有利于产业集聚,其中,外商投资强度(WZQD)对集聚的影响排在各项因素的第三位,说明在我国外商投资的区域集中性显著,外商投资所产生的盈利效应会进一步引发企业的区域集聚。出口强度(CKQD)的影响为负,与预期不一致,并且影响力十分微弱,说明在我国,现有的产品出口规模和力度还没有对产业的集聚产生影响。

此外,数据显示,内部规模经济(QYGM)对产业集聚也存在一定的影响,说明在我国,企业规模经济所产生的竞争优势会生产引导和示范效应,对产业集聚有一定的促进作用。

从参数估计的结果可以看出,理论中所涉及的影响产业集聚的因素中大多数因素的作用效果与理论预期一致,只有个别因素的作用效果有悖于预期,其中原因还有待于进一步探讨。

6.2 第三产业集聚因素

6.2.1 集聚因素确定依据

在产业集聚研究过程中,人们的目光更多地放在第二产业(制造业)上,对三产业或服务业集聚状况的研究相对较少。现有的关于第三产业集聚机制的研究主要是针对生产性服务业,而生活消费性服务业和公共服务业很少涉及。

相比制造业,无论是生产性服务业、消费性服务业还是公共服务业都具有生产和消费时空上的不可分性、非物化、不可存储等特点,更依赖于本地市场的容量。因此,只要市场容量充足,更有利于其在空间上的集聚(金煜、陈钊、陆铭,2006年)。

对服务业集聚因素的分析,从理论的角度看仍会涉及马歇尔的外部经济理论、新古典贸易理论、新经济地理理论等,同时考虑我国的服务业是在对外开放的过程中不断发展起来的,因此在前面相关理论的基础上还要加上了对外开放因素。此外,一些学者(白重恩等人,2004年;盛龙等人,2013年)也关注制度因素对产业集聚的影响。

马歇尔的外部经济理论将产业集聚归结为三个方面:即劳动力市场共享、企业间的前后向关联性以及知识溢出,其中,企业间的前后向关联性主要是指上下游产业之间的纵向联系。对于服务业而言,产业间存在着明显的竞争和互补关系。因此,造成服务业集聚的重要因素并非是产业间的纵向联系,而是产业间的互补共生(Daniel,1993年),即横向联系。关于知识溢出,人们普遍认为,产业集聚是为了企业间能够更方便地模仿、学习知识和技术,这涉及两类知识,一是显性知识,二是隐性知识。对于服务业而言,隐性知识的获取对服务业集聚有着至关重要的作用(纪玉俊等人,2014年)。此外,知识溢出影响服务业集聚的进一步深化则是创新需求的影响。与传统制造业不同的是,服务业特别关注从创新环境和集聚学习获取集聚发展的动力(Keeble,2002年)。企业间通过各种正式和非正式沟通和交流,营造集体学习的氛围,激发企业内部的新方法、新思想和新产品,增强企业核心竞争力,促进服务企业的空间集聚发展(沈能,2013年)。

根据新经济地理理论,规模报酬递增和交通运输成本是解释产业集聚的两个关键因素。对于服务业尤其是生产性服务业而言,同样存在服务量的增长高于生产要素投入量增长的现象,因此,企业规模仍然是影响服务业集聚的因素之一。但服务业和制造业追求规模经济的目的不同。制造业集聚是为了获得成本剩余,服务业集聚是为了获得收入剩余(李文秀等人,2008年)。另外,由于服务业生产和消费的不可分割性,规模报酬的递增还取决于市场需求的程度。新经济地理理论还强调交通运输成本对产业集聚的影响,对于服务业而言,无形产品之间的交易更多的是借助于无形网络进行而非面对面的交易,因此,在服务业集聚中,信息传输成本已经取代制造业中运输成本成为影响生产性服务业集聚的空间因素(陈建军,2009年)。实证分析结果也进一步验证了信息技术的迅猛发展是服务业集聚发展的基础(何骏,2011年)。

要素禀赋理论认为,不同地区由于人力、资本等要素禀赋不同,产生地区比较优势,从而产生专业化生产。而外部经济理论强调人力资本要素的作用。服务业具有较明显的劳动密集型特征,享受人力资源的蓄水池也是促进服务业空间集聚的主要因素之一(何永达,2015年)。

新贸易理论"源地市场效应"学说认为产业集聚是因为产业内的企业愿意选择具有需求潜力的市场所在地(Brulhart,2005年)。新经济地理学的"规模收益递增"源于消费需求的多样性(陈建军,2009年),而消费需求的多样性则与市场规模有着密切的关系。市场规模越大,消费需求越旺盛,企业获利的空间越大,越会吸引企业的集聚。

新贸易理论和新经济地理理论在不完全竞争、规模报酬递增和要素可以自由流动的假设条件之下,突出了对外开放、国内外市场一体化对规模经济的重要性。对外开放一方面可以通过扩大出口市场规模、放大"国内(本地)市场效应"促进产业集聚,另一方面可以通过促进资本积累推动产业集聚(袁冬梅等人,2011年)。中国服务业的发展过程和集聚过程是伴随着对外开放而进展的,因此,对外开放是服务业集聚不可缺少的重要因素。

产业集聚程度与制度因素密切相关。制度因素中一个很重要的方面就是地方保护主义。在中国,改革开放以来中央采取了财政分税制度,使得地方政府存在保护税收的强烈动机,采取措施保护当地企业免受跨地区竞争威胁,同时出于对政权基础和私人利益的考虑,地方政府也有保护地区内国有企业的动机(白重恩等人,2004年)。地方保护会加剧市场分割,从而使得各地之间的行政边界对区际贸易产生严重的阻碍作用,而国有企业比重越高的产业越容易受到地方政府的保护,越有可能在空间分布中出现分散化倾向(黄玖立等人,2006年;盛龙等人,2013年)。此外,政府为追求公平,也会在各自的行政区域范围内促进产业集聚,造成某一产业在众多的行政区域范围内形成众多的集聚区,进而出现小集聚大分散的现象。

此外,很多生产性服务业如金融业、科学研究、技术服务和地质勘查业等涉及国民经济命脉,这些行业受来自政府干预的影响更为敏感,更容易受政府管制,因此,相比较于制造业集聚,政府的行政干预一般会阻碍生产性服务业集聚(陈建军等人,2009年)

6.2.2 集聚因素相关指标

基于以上研究,并考虑数据的可得性,构建能够分析服务业集聚因素的指标体系。在该指标体系中,一部分指标与分析第二产业集聚因素的指标相类似,一部分指标对有关第二产业集聚因素的个别指标进行了调整,此外,也构建了个别新指标。

1. 与分析第二产业集聚因素相类似的指标

包括单位企业平均相对规模(QYGM)、劳动力投入强度(LAB)、出口强度(CKQD)。上述指标中,除出口强度外,其他指标中的产业"营业收入"用"增加值"替换。

2. 对第二产业集聚因素的个别指标进行调整

(1) 反映知识溢出的指标——单位产出中的知识技术含量(JSHL)

企业间能够更方便地模仿、学习知识和技术的主要目的是为了获得更多的利润。在生产函数中,产出不仅取决于资本投入和劳动力投入,更取决于技术和知识的积累。而如果将资本投入和劳动力投入看成是成本的话,那么生产函数所表达的含义就是产出＝成本＋利润,可见,技术和知识的积累与利润的关系非常密切。因此,这里以投入产出表中的毛利润(生产税＋营业盈余)来反映技术和知识的积累。构建的具体指标是各产业单位产出的毛利润,用指标间接反映知识溢出的程度,其对产业集聚的影响是正向的。

(2) 反映产业关联性的指标——产业联系程度(LXCD)

相比制造业,服务业的产业集聚更多的有赖于产业(企业)间的横向联系,而非上下游中间的联系。为了反映这种横向联系,构建产业"联系度(LXCD)"指标,以某服务业与其他服务业之间的欧式距离与各个产业欧式距离的平均值的比值表示,即

$$\mathrm{LXCD}_i = \frac{\frac{1}{n}\sum_j D_{ij}}{\frac{1}{n}\sum_i \frac{1}{n}\sum_j D_{ij}}$$

式中,D_{ij} 为 i 产业与 j 产业的欧式距离,即

$$D_{ij} = \sqrt{\sum_{r=1}^n (k_{ir} - k_{jr})^2}$$

式中,k_{ir}、k_{jr} 分别为 i 产业、j 产业在 r 地区的就业人数。

产业相对距离反映了产业的关联程度。相对距离越大,产业间的关联程度越弱,对产业集聚的影响越小。因此,产业相对距离与产业集聚之间是反向关系。

(3) 反映创新需求的指标——技术投入强度(TECH)

鉴于数据获取的原因,对第二产业集聚因素分析中所采用的技术投入强度进行一定调整,这里用某产业内平均每个企业单位固定资产投资所产生的增加值相对于平均水平的偏差绝对值表示。其计算公式为

$$\mathrm{TECH}_i = \left| \frac{G_i}{I_i X_i} - \frac{\sum_i G_i}{\sum_i I_i X_i} \right|$$

式中,G、I、X 分别表示增加值、固定资产投资、企业数量,i 表示 i 产业。根据分析,该指标对产业集聚的影响也是正向的。

(4) 反映市场需求程度(SCXQ)的指标

服务业生产和消费的不可分割性决定了服务业的产业集聚依赖于市场需求程度。这里采用增加值份额,即某产业增加值在整个服务业增加值中的占比表示该产业的市场需求程度。它对产业集聚的影响是正向的。

3. 针对服务业特点而构造的指标

（1）信息技术水平（INFM）：服务业的集聚状况，往往与信息技术水平密切相关。这里根据投入产出表数据，将某产业对计算机、通信和其他电子设备制造业以及信息传输、计算机服务和软件业的直接消耗系数作为衡量该产业信息技术水平的指标。它对产业集聚的影响也是正向的。

（2）国有化率（GYHL）：制度环境对产业集聚影响的一个重要表现是，某产业国有化程度越高越不利于产业的集聚。国有化率以某产业国有控股部分的投资额在该产业投资总额的占比表示。根据前述理论，它对产业集聚的影响应该是反向的。

影响第三产业集聚的指标含义及预期符号如表 6-4 所示。

表 6-4　影响第三产业集聚的指标含义及预期符号

指标	名称	含义	代表因素	预期符号
QYGM	产业内企业规模相对优势	某产业单个企业规模与所有产业单个企业规模之比	内部规模经济	正
JSHL	单位产出的知识技术含量	投入产出表中的毛利润（生产税＋营业盈余）	外部规模经济中的知识溢出、产业关联	正
LXCD	产业联系程度	某服务业与其他服务业之间的欧式距离与各个产业欧式距离的平均值的比值		负
LAB	劳动力投入强度	单位产出需要投入的劳动力相对于各个企业平均需要的劳动力的偏差绝对值	比较优势	正
TECH	技术投入强度	某产业内平均每个企业单位固定资产投资所产生的增加值相对于平均水平的偏差绝对值		正
XSQD	增加值份额	某产业增加值在整个服务业增加值中的占比	市场状况	负
INFM	信息技术水平	某产业对计算机、通信和其他电子设备制造业以及信息传输、计算机服务和软件业的直接消耗系数	信息化程度	正
CKQD	出口强度	某行业出口交货值占该行业总产值的比重	对外开放程度	正
GYHL	国有化率	某产业国有控股部分的投资额在该产业投资总额的占比	制度因素	负

6.2.3 集聚因素模型分析

1. 研究对象

在目前各种公开的统计资料中,服务业的数据通常公布的是各个"门类"数据。因此,在本书中,针对服务业集聚因素的分析是以服务业各个门类为对象的。

2017年版《国民经济行业分类标准》中,非物质生产部门分为15个门类、47个大类。其中,第14、15个门类分别是"公共管理、社会保障和社会组织"和"国际组织",考虑到这两个门类主要是由机关、团体、非政府性组织构成,具有非企业性质业,不作为研究的对象,因此,这里主要研究13个门类。为了与统计资料中服务业门类的分类口径一致,将"公共管理、社会保障和社会组织"这一门类中的"社会保障"合并到"卫生和社会工作"这一门类中。调整后,针对服务业集聚因素的研究共涉及13个门类、40个大类,这些门类和大类的具体分类如表6-5所示。

表6-5 服务业的门类和大类

服务业门类	2017版的《国民经济行业分类标准》服务业大类
交通运输、仓储和邮政业	铁路运输业、道路运输业、水上运输业、航空运输业、管道运输业、装卸搬运和运输代理业、仓储业、邮政业
信息传输、计算机服务和软件业	电信、广播电视和卫星传输服务、互联网和相关服务、软件和信息技术服务业
批发和零售业	批发业、零售业
住宿和餐饮业	住宿业、餐饮业
金融业	货币金融服务、资本市场服务、保险业、其他金融业
房地产业	房地产业
租赁和商务服务业	租赁业、商务服务业
科学研究、技术服务和地质勘查业	研究和试验发展、专业技术服务业、科技推广和应用服务业
水利、环境和公共设施管理业	水利管理业、生态保护和环境治理业、公共设施管理业
居民服务和其他服务业	居民服务业、机动车、电子产品和日用产品修理业、其他服务业
教育	教育
卫生、社会保障和社会福利业	卫生、社会工作、社会福利业
文化、体育和娱乐业	新闻和出版业、广播、电视、电影和影视录音制作业、文化艺术业、体育、娱乐业

2. 数据处理

以 13 个服务业门类为对象研究服务业的集聚因素,遴选了九个能够代表影响因素的指标,构建服务业集聚因素的理论模型如下:

$$EG = f(INTE, ZSYC, LXCD, LAB, TECH, SCXQ, INFM, CKQD, GYHL)$$

鉴于模型中的解释变量涉及九个指标,需要对其进行相关性检验。各指标的数据主要来源于 2019 年《中国统计年鉴》《第四次中国经济普查年鉴》、2019 年《中国第三产业统计年鉴》、2019 年 1~12 月《中国经济景气月报》、2019 年《中国劳动经济年鉴》、2019 年《中国科技统计年鉴》。鉴于产业间的供给需求关系在短期内具有相对稳定性,因此,分析中所需要的直接消耗系数从《2017 中国投入产出表》中获取。

变量相关性检验如表 6-6 所示。

表 6-6 变量相关性检验

相关系数	QYGM	JSHL	LXCD	LAB	TECH	SCXQ	INFM	CKQD	GYHL
QYGM	1								
JSHL	−0.19870	1							
LXCD	0.13074	−0.14967	1						
LAB	−0.18891	−0.01847	−0.34205	1					
TECH	0.65982	−0.11994	−0.21379	0.22194	1				
SCXQ	0.71007	−0.20822	0.72137	−0.41536	0.26985	1			
INFM	−0.09035	0.02183	−0.10841	−0.07098	−0.04309	−0.19944	1		
CKQD	−0.11876	−0.19807	0.71660	−0.35022	−0.26119	0.28384	0.04168	1	
GYHL	−0.00517	−0.07634	−0.41696	0.39705	0.15654	−0.31825	0.11135	−0.41477	1

如表 6-6 所示,解释变量之间存在一定的相关性,其中企业相对规模(QYGM)和技术投入(TECH)、企业相对规模(QYGM)和增加值份额(SCXQ)、产业联系程度(LXCD)和增加值份额(SCXQ)、产业联系程度(LXCD)和出口强度(CKQD)之间的相关系数分别高达 0.65982、0.71007、0.72137、0.71660。因此,不适宜采用普通最小二乘法进行参数估计。

此外,与分析第二产业集聚因素时的数据处理方式一致,对解释变量和被解释变量也做了如下处理。

一是对数据体量庞大的指标"企业相对规模(QYGM)"进行对数处理,处理后的指标数据体量压缩,在含义上转变为"企业相对规模(QYGM)的变化率",同时,这样的处理也对降低异方差性有一定的帮助。

二是鉴于解释变量的 9 个指标数据是反映各个门类相应状况的截面数据,在模型分析时极易产生异方差现象,需要做降低异方差处理,即对上述理论模型采用多元线性回归模型形式,先进行普通最小二乘估计,将得到的残差绝对值取倒数,对模型的解释变量和被解释变量进行加权处理。

3. 模型分析

仍采用偏最小二乘法进行模型的参数估计。

通过分析,潜变量数量是 3 个时,Press(预测残差平方和)最小,如图 6-2 所示。

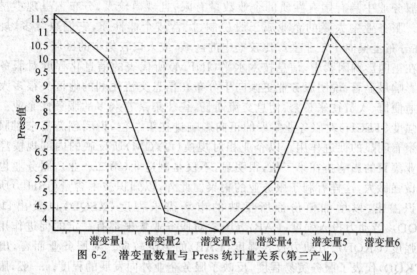

图 6-2 潜变量数量与 Press 统计量关系(第三产业)

潜变量个数确定后,对模型进行偏最小二乘回归,回归结果如表 6-7 所示。

表 6-7 第四次经济普查中服务业集聚因素参数估计

变量	潜变量个数:3	$R^2=0.8812$
	回归系数	标准化回归系数
Constant	0.003451	
QYGM	0.016521	0.2746
JSHL	0.022261	0.1831
LXCD	−0.005865	−0.2381
LAB	0.041149	0.0058
TECH	0.002166	0.3078
SCXQ	0.005990	0.1099
INFM	0.185458	0.4935
CKQD	0.008155	0.0284
GYHL	−0.001176	−0.0157

从表 6-7 可以看出,在选择 3 个潜变量时,拟合优度 R^2 较高,达到 0.8812,模型的拟合效果较好。

从标准化系数来看,9 个变量都对服务业集聚产生影响,其中,产业联系程度(产业间的欧式距离)的影响为负,说明服务业间欧式距离越大,相互的横向联系越弱,服务业的集聚程度越低,与预期一致。另外国有化率的影响为负,与预期值一致,即国有化率所代表的地方保护主义越突出,越不利于产业集聚。事实上,中国的服务业中具有国有性质的企业数量有限,且规模较大,分布上呈现零星分布状态。服务业中大量的企业属于股份制、民营或个体性质,它们数量多,规模有限,在分布上偏向于工业生产比较集中的区域,或人口较集中的区域。

在正向影响因素中,信息技术水平(INFM)所代表的信息化程度对服务业集聚的影响最显著,说明服务业更倾向于分布在信息交流便利的地区。很多大中城市交通便捷、人员往来频繁、信息交流通畅,往往集聚着众多的服务性企业。技术投入强度(TECH)对服务业集聚的正向影响排在第二位,说明创新需求对服务业的集聚有明显的促进作用。以企业相对规模(QYGM)所反映的内部规模经济对服务业集聚的影响排在第三位,很明显,不仅是制造业(第二产业),服务业也追求不断做强做大,这样有利于服务业的集聚。此外,以知识技术含量(JSHL)所反映的知识溢出、以增加值份额所反映的市场需求程度(XSQD)以及出口强度(CKQD)、劳动力投入强度(LAB)等因素对服务业集聚都有一定的促进作用。但出口强度(CKQD)、劳动力投入强度(LAB)的影响较弱。对服务业而言,出口强度(CKQD)代表了服务贸易程度,反映了服务企业外向发展的程度。一般,服务业贸易开展较好的企业往往是对外交流频繁的企业,这些企业大都集聚在经济比较发达的区域。但这种影响目前来看很弱,说明强化服务贸易,引导和促进服务业集聚还有很大的提升空间。劳动力投入强度(LAB)反映了劳动力优势,目前来看,这种优势对服务业集聚的影响有限。尽管服务业可以吸纳大量的劳动力,显示出明显的劳动密集型特征,但这种特征更多地体现在就业门槛低的生活性服务业中,对于生产性服务业和公共服务业尤其是高端的生产性服务业,例如信息技术服务、软件服务、互联网服务、金融服务等,影响其集聚的因素主要是对现代经济发展有重要影响的信息化因素、技术因素等,劳动力的影响明显弱化,劳动力优势已不再称其为优势。

6.3 第二、三产业集聚的相关性

6.3.1 对第二、三产业集聚关系的认识

第二、三产业之间存在着密切的关系。众多学者研究第二、三产业之间的关

系,主要是关注制造业和生产性服务业的关系。古典经济学的分工理论认为,生产性服务业是从制造业内部独立出来的,是劳动分工不断细化的结果。Markusen(1989年)运用数理方法证明,随着市场扩张,厂商数目和生产规模会扩大,分工更加细化,使生产性服务业与制造业不断分离,从而促进生产性服务业不断发展。Cohen & Zysman(1987年)、Klodt(2000年)认为,制造业是生产性服务业的重要需求部门,制造业的发展、分工的深化促进了生产性服务业的发展。Shugan(1994年)、Bathla(2003年)、顾乃华(2005年)等人认为,生产性服务业与制造业之间表现为相互作用、相互依赖、共同发展的关系,如图6-3所示。Lundvall&Borras(1998年)、植草益(2001年)、周振华(2003年)、李美云(2006年)等人认为,随着信息通信技术的发展和广泛应用,生产性服务业与制造业的边界逐渐模糊,出现了融合的趋势。

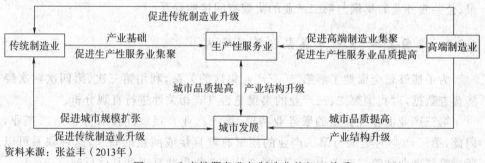

资料来源:张益丰(2013年)

图6-3 生产性服务业与制造业的相互关系

关于生产性服务业与制造业集聚的关系,Moulaert & Gallouj(1993年)、Hertog(2000年)和 Donoghue & Gleave(2004年)曾分别针对英国、欧洲与美国生产性服务业数据进行实证检验,研究证实,由于生产性服务业通常具有生产和消费上的不可分性、非物化性、不可存储等特性,其产业发展依赖于本地市场容量和制造业的中间需求量,最终体现在生产性服务业集聚依附于制造业集聚而存在。事实上,生产性服务业无论是满足制造业的需求而发展、还是与制造业互动发展、融合发展,在空间分布上都表现出与制造业的集聚相类似的趋势。张益丰(2013年)、丁静秋和赵公民(2013年)、吉亚辉和段荣荣(2014)、江曼琦和席强敏(2014年)等人的研究都认为,生产性服务业的集聚与制造业的集聚相伴随。

第二产业中,制造业是其主要的构成部分,此外,还包括采矿业、电力、热力、燃气及水生产和供应业等产业,这些产业也是生产性服务业的服务对象,这些产业的集聚也会对生产性服务业的集聚产生重要影响。因此,可以将制造业集聚与生产性服务业集聚的关系扩展至整个第二产业集聚与生产性服务业集聚的关系,即生产性服务业的集聚不仅与制造业的集聚性伴随,而且是与整个第二产业的集聚相伴随。

在第三产业中,与生产性服务业相对应的则是消费性服务业(Daniels,1985年)和公共性服务业(陈建军,2009年)。消费性服务业一般指的是满足居民消费需求或基本民生要求的服务业。公共服务业则是满足社会运行基本需求的服务业。与生产性服务业相比,消费性服务业的进入门槛通常较低,而且所提供的往往都是最终性服务,这就决定了消费性服务业的分布更多地取决于人口的分布,以及人均消费的分布。公共服务业的服务对象既有企业也有个人,既满足生产需要也满足生活需要,因此,公共服务业的分布取决于其服务的广泛性和深入程度。一般来看,消费性服务业和公共服务业提供服务的过程实际上是生产者与消费者互动的过程、生产过程与社会运行过程相协调的过程,因此,消费性服务业的集聚、公共服务业的集聚与第二产业的集聚有间接的联系。

6.3.2 中国第二、三产业集聚相关性现状

为了能够较全面地了解第二、三产业集聚的关系,利用第三次、第四次两次经济普查数据,对我国第二、三产业的集聚是否具有相关性进行直观分析。

第三产业由各种类型的服务业构成,第三产业直接或间接服务于第二产业,因此,第三产业的集聚与第二产业的集聚有着直接或间接的联系,这种联系可以通过第三产业和第二产业内部不同的细分产业集聚联系得到具体反映。

1. 分析方法

由于产业集聚强调的是企业在一定区域范围内的集中分布,因此,这里利用经济普查中各个产业在不同地区的企业分布数据进行分析。

分别将第二、三产业中各个细分产业看作不同的变量,将各个地区作为样本,以某产业在各个地区的企业分布数量作为指标数值,采用相关系数方法,分析第二产业集聚与第三集聚的相关性。其分析的准则如下:

① 相关性存在准则:若某产业在各个地区的企业分布状况与其他产业在各个地区的企业分布状况存在正向相关关系,则两个产业的集聚性存在相关性。

② 相关程度准则:如果两个产业在各个地区的企业分布状况的相关系数 $r \geqslant 0.5$,则认为两个产业在企业的地区分布上有一定的相关性;如果相关系数 $r \geqslant 0.7$,则认为有明显的相关性。

③ 显著性检验准则:对中国各个省份的第二产业、第三产业之间的相关性进行测度,还不足以说明这种相关性是否具有普遍意义,还需要进行显著性检验。依据显著性检验通常给定的显著性水平,如果相关性检验的伴随概率 $p \leqslant 0.05$,则认为通过显著性检验。

2. 第二、三产业集聚的相关性分析

根据前面的阐述,第三产业的集聚,尤其是生产性服务业的集聚,应该与第二产业的集聚密切相关,与第二产业的集聚相伴随。因此,这里需要检查第二产业中具有集聚倾向的那些产业,是否存在着第三产业与其伴随集聚的现象,为此,针对产业大类分为四个组进行分析。

第一组,分析第二、三产业中 EG 指数大于 0.05 的产业相关性。

第二组,对第二产业中 EG 指数大于 0.05 的产业与第三产业中 0.02<EG 指数<0.05 的产业进行相关性分析。

第三组,对第二产业中 0.02<EG 指数<0.05 的产业与第三产业中 EG 指数大于 0.05 的产业进行相关性分析。

第四组,对第二、三产业中 0.02<EG 指数<0.05 的产业进行相关性分析。

(1) 依据第三次经济普查数据的分析

① 第一组。

EG 指数大于 0.05 的产业具有高度的集聚特性。在第三次经济普查中,按照产业大类划分,第二产业中的这类产业有 8 个,第三产业的中的这类产业有 5 个。分别计算它们之间的皮尔逊相关系数,可以看出,第二产业中 8 个高度集聚性产业中的 4 个与第三产业中 5 个高度集聚性产业中的 3 个,其企业在地区分布上具有一定的相关性。具有相关性的产业如表 6-8 所示。

表 6-8 第三次经济普查中高度集聚性第二产业与高度集聚性第三产业相关性

第二产业	与第二产业集聚相关的第三产业		
	第三产业	相关系数	P 值
皮革、毛皮、羽毛及其制品和制鞋业	其他金融业	0.5697	0.0008
文教、工美、体育和娱乐用品制造业	互联网和相关服务	0.5729	0.0008
	其他金融业	0.5870	0.0005
化学纤维制造业	互联网和相关服务	0.5371	0.0018
计算机、通信和其他电子设备制造业	互联网和相关服务	0.6789	0.00003
	软件和信息技术服务业	0.51090	0.00331
	其他金融业	0.57178	0.00078

② 第二组。

0.02<EG 指数<0.05 的产业具有一定的集聚倾向,属于中度集聚性产业,在第三次经济普查中,按产业大类分,第三产业中这类产业有 7 个。在第二产业中,EG 指数大于 0.05 的大类产业有 8 个。皮尔逊相关系数计算结果显示,第二产业中 8 个高度集聚性产业中的 4 个与第三产业中 7 个中度集聚性产业中的 4 个,其企业在地区分布上具有一定的相关性,如表 6-9 所示。

表6-9 第三次经济普查中高度集聚性第二产业与中度集聚性第三产业相关性

第二产业	与第二产业集聚相关的第三产业		
	第三产业	相关系数	P值
皮革、毛皮、羽毛及其制品和制鞋业	研究和试验发展	0.5505	0.0013
文教、工美、体育和娱乐用品制造业	研究和试验发展	0.6608	0.0001
	其他服务业	0.5422	0.0016
化学纤维制造业	研究和试验发展	0.6470	0.0001
计算机、通信和其他电子设备制造业	航空运输业	0.5889	0.0005
	研究和试验发展	0.7876	0.000002
	其他服务业	0.5535	0.0012
	体育	0.5313	0.0021

③ 第三组。

在三经普中,按产业大类分,第二产业中 0.02＜EG 指数＜0.05 的产业有 14 个,第三产业中 EG 指数大于 0.05 的产业有 5 个。皮尔逊相关系数计算结果显示,第二产业中 14 个中度集聚性产业中的 8 个与第三产业全部 5 个高度集聚性产业,其企业在地区分布上具有一定的相关性,如表 6-10 所示。

表6-10 第三次经济普查中度集聚性第二产业与高度集聚性第三产业相关性

第二产业	与第二产业集聚相关的第三产业		
	第三产业	相关系数	P值
纺织业	互联网和相关服务	0.5322	0.0021
纺织服装、服饰业	互联网和相关服务	0.6603	0.0001
	软件和信息技术服务业	0.5163	0.0029
	其他金融业	0.6231	0.0002
家具制造业	互联网和相关服务	0.6738	0.00003
	软件和信息技术服务业	0.54632	0.00148
	资本市场服务	0.57791	0.0007
	其他金融业	0.72357	0.000004
橡胶和塑料制品业	互联网和相关服务	0.6348	0.0001
	软件和信息技术服务业	0.5000	0.0045
	其他金融业	0.6423	0.0001
黑色金属冶炼和压延加工业	互联网和相关服务	0.5173	0.0029
铁路、船舶、航空航天和其他运输设备制造业	互联网和相关服务	0.5289	0.0022

续表

第二产业	与第二产业集聚相关的第三产业		
	第三产业	相关系数	P 值
电气机械和器材制造业	互联网和相关服务	0.6384	0.0001
	软件和信息技术服务业	0.5054	0.0037
	其他金融业	0.6213	0.0002
仪器仪表制造业	互联网和相关服务	0.7010	0.0001
	软件和信息技术服务业	0.56120	0.0010
	其他金融业	0.62717	0.0002

④ 第四组。

在三经普中,按产业大类分,0.02＜EG 指数＜0.05 的产业,第二产业中有 14 个,第三产业中有 7 个。皮尔逊相关系数计算结果显示,第二产业中 14 个中度集聚性产业中的 8 个与第三产业中 7 个中度集聚性产业中的 4 个,其企业在地区分布上具有一定的相关性,如表 6-11 所示。

表 6-11　第三次经济普查中度集聚性第二产业与中度集聚性第三产业相关性

第二产业	与第二产业集聚相关的第三产业		
	第三产业	相关系数	P 值
纺织业	研究和试验发展	0.6329	0.0001
纺织服装、服饰业	研究和试验发展	0.7496	0.000001
	其他服务业	0.613579	0.0002
	体育	0.548893	0.0014
家具制造业	航空运输业	0.6259	0.0002
	研究和试验发展	0.7290	0.000003
	其他服务业	0.637531	0.0001
	体育	0.604868	0.0003
橡胶和塑料制品业	航空运输业	0.5214	0.0026
	研究和试验发展	0.7427	0.000002
	其他服务业	0.598308	0.0004
	体育	0.529918	0.0022
黑色金属冶炼和压延加工业	研究和试验发展	0.6401	0.0001
	其他服务业	0.4946	0.0047
铁路、船舶、航空航天和其他运输设备制造业	研究和试验发展	0.6188	0.0002
	其他服务业	0.5116	0.0033

续表

第二产业	与第二产业集聚相关的第三产业		
	第三产业	相关系数	P 值
电气机械和器材制造业	航空运输业	0.5023	0.0040
	研究和试验发展	0.7581	0.000001
	其他服务业	0.576686	0.0007
	体育	0.539525	0.0017
仪器仪表制造业	研究和试验发展	0.8130	0.0000001
	其他服务业	0.643347	0.0001
	体育	0.555345	0.0012

通过以上四组的分析，可以看出：

第一，无论对于具有高度集聚特性的产业来说，还是对于具有中度集聚倾向的产业来说，第二产业的集聚和第三产业的集聚都显示出一定的相关性。这种相关性只表现为制造业的集聚与第三产业集聚的相关性，采矿业则没有这种表现，说明采矿业的集聚与第三产业集聚没有明显的关系。

第二，并不是具有高度集聚特性或具有中度集聚倾向的所有第二、三产业都表现为集聚上的相关性。在 EG 集聚指数大于 0.02 的第二、三产业中，分别有一半的第二、三产业表现为集聚上的相关性。因此，第二、三产业表现出来的集聚相关性还不广泛。

第三，对于第二产业来说，只有那些与日常生活密切相关的产品的生产（例如，皮革、毛皮、羽毛及其制品和制鞋业、纺织服装、服饰业、橡胶和塑料制品业），以及有一定技术含量的产品的生产（例如，化学纤维制造业、计算机、通信和其他电子设备制造业、铁路、船舶、航空航天和其他运输设备制造业、仪器仪表制造业等）才存在着与部分第三产业在产业集聚上的相关性。

第四，对于第三产业来说，与部分第二产业在产业集聚上存在相关性的大部分都是生产性服务业（例如互联网和相关服务、软件的信息技术服务、其他金融业、研究和试验发展、其他服务业）从而验证了前面的阐述，即生产性服务业是伴随制造业的集聚而集聚的。

(2) 依据第四次经济普查数据的分析

① 第一组。

考察第二产业中某些产业的高度集聚与第三产业中某些产业的高度集聚之间的相关性。在第四次经济普查中，第二产业中高度集聚性产业有 10 个，第三产业中的高度集聚性产业有 3 个。皮尔逊相关系数显示，第二产业中 10 个高度集聚性产业中的 2 个与第三产业中全部 3 个高度集聚性产业,其企业在地区分布上具有一定的相关性,如表 6-12 所示。

表 6-12 第四次经济普查中高度集聚性第二产业与高度集聚性第三产业相关性

第二产业	与第二产业集聚相关的第三产业		
	第三产业	相关系数	P 值
石油、煤炭及其他燃料加工业	铁路运输业	0.5477	0.00142
	管道运输业	0.6566	0.000006
计算机、通信和其他电子设备制造业	资本市场服务	0.7919	1.11E-07

② 第二组。

考察第二产业中某些产业的高度集聚与第三产业中某些产业的中度集聚之间的相关性。在第四次经济普查中,第二产业中高度集聚性产业有 10 个,第三产业中的中度集聚性产业有 12 个。皮尔逊相关系数显示,第二产业中 10 个高度集聚性产业中的 4 个与第三产业中 12 个中度集聚性产业中的 8 个,其企业在地区分布上具有相关性,如表 6-13 所示。

表 6-13 第四次经济普查中高度集聚性第二产业与中度集聚性第三产业相关性

第二产业	与第二产业集聚相关的第三产业		
	第三产业	相关系数	P 值
有色金属矿采选业	社会保障	0.5751	0.0007
石油、煤炭及其他燃料加工业	水上运输业	0.5074	0.0036
	航空运输业	0.5407	0.0017
	装卸搬运运输代理业和仓储业	0.5872	0.0005
	软件和信息技术服务业	0.5233	0.0025
	货币金融服务	0.5065	0.0036
	保险业	0.7764	0.000004
化学纤维制造业	水上运输业	0.7318	0.000001
计算机、通信和其他电子设备制造业	水上运输业	0.7321	0.000007
	航空运输业	0.7966	0.000005
	装卸搬运运输代理业和仓储业	0.8894	0.000003
	软件和信息技术服务业	0.8697	0.000004
	货币金融服务	0.7529	0.000009
	保险业	0.6699	0.0004
	其他金融业	0.9411	0.000002

③ 第三组。

考察第二产业中某些产业的中度集聚与第三产业中某些产业的高度集聚之间的相关性。在第四次经济普查中,第二产业中度集聚性产业有 18 个,第三产业中的高度集聚性产业有 3 个。皮尔逊相关系数显示,第二产业中 18 个中度集聚性产业中的 9 个与第三产业中全部 3 个高度集聚性产业,其企业在地区分布上具有相关性,其中,与"资本市场服务"的相关性更为普遍,如表 6-14 所示。

表 6-14 第四次经济普查中度集聚性第二产业与高度集聚性第三产业相关性

第二产业	与第二产业集聚相关的第三产业		
	第三产业	相关系数	P 值
农副食品加工业	铁路运输业	0.7892	0.000002
皮革、毛皮、羽毛及其制品业	资本市场服务	0.6767	0.00003
木材加工和木、竹、藤、棕、草制品业	资本市场服务	0.7710	0.000006
家具制造业	资本市场服务	0.7194	0.000003
文教、工美、体育娱乐用品制造业	资本市场服务	0.7146	0.000005
橡胶和塑料制品业	资本市场服务	0.785801	0.000002
金属制品业	资本市场服务	0.732796	0.00003
电气机械和器材制造业	资本市场服务	0.810913	0.000001
燃气生产和供应业	管道运输业	0.55078	0.00132

④ 第四组。

考察第二产业中某些产业的中度集聚与第三产业中某些产业的中度集聚之间的相关性。在第四次经济普查中,第二产业中度集聚性产业有 18 个,第三产业中的高度集聚性产业有 12 个。皮尔逊相关系数显示,第二产业中 18 个中度集聚性产业中的 12 个与第三产业中 12 个中度集聚性产业中的 9 个,其企业在地区分布上具有相关性,如表 6-15 所示。

表 6-15 第四次经济普查中度集聚性第二产业与中度集聚性第三产业相关性

第二产业	与第二产业集聚相关的第三产业		
	第三产业	相关系数	P 值
非金属矿采选业	社会保障	0.595504	0.00041
农副食品加工业	水上运输业	0.577966	0.00066
	装卸搬运运输代理业和仓储业	0.500086	0.00417
	保险业	0.741712	0.00002
	社会保障	0.509849	0.00339

续表

第二产业	与第二产业集聚相关的第三产业		
	第三产业	相关系数	P 值
皮革、毛皮、羽毛及其制品业	水上运输业	0.888254	0.000008
	航空运输业	0.601545	0.00034
	装卸搬运运输代理业和仓储业	0.733527	0.00002
	软件和信息技术服务业	0.729212	0.00003
	货币金融服务	0.597912	0.00038
	保险业	0.678251	0.00003
	其他金融业	0.645357	0.00009
木材加工和木、竹、藤、棕、草制品业	水上运输业	0.716912	0.00006
	航空运输业	0.629121	0.00015
	装卸搬运运输代理业和仓储业	0.700224	0.00011
	软件和信息技术服务业	0.719905	0.00005
	货币金融服务	0.607792	0.00029
	保险业	0.591964	0.00045
	其他金融业	0.749486	0.00001
家具制造业	水上运输业	0.865325	0.000002
	航空运输业	0.769518	0.000004
	装卸搬运运输代理业和仓储业	0.899233	0.000001
	软件和信息技术服务业	0.886411	0.000007
	货币金融服务	0.730046	0.00003
	保险业	0.805493	0.000003
	其他金融业	0.858914	0.000005
	科技推广和应用服务业	0.504919	0.003768
文教工美体育娱乐用品制造业	水上运输业	0.876781	0.000007
	航空运输业	0.657083	0.00006
	装卸搬运运输代理业和仓储业	0.785886	0.000009
	软件和信息技术服务业	0.768881	0.000002
	货币金融服务	0.646194	0.00009
	保险业	0.714519	0.000004
	其他金融业	0.713866	0.000003

续 表

第二产业	与第二产业集聚相关的第三产业		
	第三产业	相关系数	P 值
橡胶和塑料制品业	水上运输业	0.871727	0.000006
	航空运输业	0.742424	0.00002
	装卸搬运运输代理业和仓储业	0.86941	0.000008
	软件和信息技术服务业	0.839882	0.000007
	货币金融服务	0.727892	0.00003
	保险业	0.751918	0.00001
	其他金融业	0.819719	0.000005
黑色金属冶炼和压延加工业	水上运输业	0.84781	0.000002
	航空运输业	0.543417	0.001581
	装卸搬运运输代理业和仓储业	0.709313	0.000004
	软件和信息技术服务业	0.678612	0.00002
	货币金融服务	0.624143	0.000175
	保险业	0.708766	0.00008
	其他金融业	0.514959	0.003034
金属制品业	水上运输业	0.855065	0.000003
	航空运输业	0.74735	0.00001
	装卸搬运运输代理业和仓储业	0.880185	0.000006
	软件和信息技术服务业	0.852544	0.000008
	货币金融服务	0.742723	0.00002
	保险业	0.772602	0.000003
	其他金融业	0.81346	0.000001
通用设备和仪器仪表制造业	水上运输业	0.847757	0.000004
	航空运输业	0.5261	0.00237
	装卸搬运运输代理业和仓储业	0.678394	0.00003
	软件和信息技术服务业	0.644537	0.00009
	货币金融服务	0.543837	0.001566
	保险业	0.692602	0.00002
电气机械和器材制造业	水上运输业	0.847762	0.000005
	航空运输业	0.728851	0.00003
	装卸搬运运输代理业和仓储业	0.843073	0.000007
	软件和信息技术服务业	0.836217	0.000002
	货币金融服务	0.71835	0.00005
	保险业	0.701423	0.00001
	其他金融业	0.828071	0.000004
燃气生产和供应业	保险业	0.749416	0.00001
	社会保障	0.594931	0.000416

与第三次经济普查相比,从第四次经济普查数据可以看出:

第一,第二和第三产业中大部分集聚性产业(中度集聚和高度集聚)在地区分布上都具有相关性。在第四次经济普查中,第二产业中的集聚性产业有 28 个(高度集聚性产业 10 个,中度集聚性产业 18 个),第三产业中的集聚性产业有 15 个(高度集聚性产业 3 个,中度集聚性产业 12 个),其中,第二产业中有 16 个产业与第三产业中的 12 个产业之间在地区分布上存在着相关性。第四次经济普查中存在相关性的集聚性产业数量明显多于第三次经济普查。

第二,第二、第三产业中集聚性产业在地区分布上的相关程度明显提高。第三次经济普查中相关系数主要分布于 0.5～0.7 之间,第四次经济普查中相关系数提高到 0.6～0.8 之间。

第三,尽管采矿业的集聚性突出,但大部分采矿业仍然没有显示出与集聚性第三产业在地区分布上的相关性,只有非金属矿采选业显示出与社会保障业有一定的相关性。第二产业中与集聚性第三产业存在相关性的主要是一部分集聚性制造业。此外,在第四次经济普查中,作为公共事业部门的燃气生产和供应业也显示出与管道运输业、保险业和社会保障业的相关性。

第四,尽管绝大部分集聚性第三产业与集聚性第二产业在地区分布上都有相关性,但与集聚性第二产业中的各个大类普遍存在相关关系的第三产业大类主要有 8 个,即资本市场服务、水上运输业、航空运输业、装卸搬运运输代理业和仓储业、软件和信息技术服务业、货币金融服务、保险业、其他金融业。

第五,与第三次经济普查相比,在与集聚性第三产业存在相关性的第二产业中增加了消费品部门(例如农副食品加工业、木材加工和木竹藤棕草制品业、家具制造业等)。在与集聚性第二产业存在相关性的第三产业中增加了与物流和金融相关的产业(例如水上运输业、装卸搬运运输代理业和仓储业、货币金融服务、保险业等)。

本章参考文献

[1] 白重恩,杜颖娟,陶志刚,等.地方保护主义及产业地区集中度的决定因素和变动趋势[J].经济研究,2004(4),29-40.

[2] 陈建军,陈国亮,黄洁.新经济地理学视角下的生产性服务业集聚及其影响因素研究——来自中国 222 个城市的经验证据[J].管理世界,2009(4):83-95.

[3] 丁静秋,赵公民.中部地区生产性服务业集聚发展的影响因素——基于 81 个地级市数据的实证研究[J].科技管理研究,2013(10),167-169.

[4] 顾乃华.我国服务业对工业发展外溢效应的理论和实证分析[J].统计研究,2005(12):9-13.

[5] 何骏.长三角区域服务业发展与集聚研究[J].上海经济研究,2011(8):11-20.

[6] 何永达.人力资本、知识创新与服务业空间集聚——基于省际面板数据的计量分析[J].经济地理,2015,35(9):120-125.

[7] 黄玖立,李坤望.对外贸易、地方保护和中国的产业布局[J].经济学季刊,2006(3):733-760.

[8] 吉亚辉,段荣荣.生产性服务业与制造业协同集聚的空间计量分析——基于新经济地理学视角[J].中国科技坛,2014(2):79-83.

[9] 纪玉俊,丁科华,张鹏.我国沿海地区城市服务业集聚的影响因素分析[J].经济与管理,2014,28(5):84-90.

[10] 江曼琦,席强敏.生产性服务业与制造业的产业关联与协同集聚[J].南开学报(哲学社会科学版),2014(1),153-161.

[11] 李美云.服务业的产业融合与发展[M].北京:经济科学出版社,2007.

[12] 李文秀,谭力文.服务业集聚的二维评价模型及实证研究——以美国服务业为例[J].中国工业经济,2008(4):55-638.

[13] 金煜,陈钊,陆铭.中国的地区工业集聚:经济地理、新经济地理与经济政策[J].经济研究,2006(4):79-89.

[14] 盛龙,陆根尧.中国生产性服务业集聚及其影响因素研究——基于行业和地区层面的分析[J].南开经济研究,2013(5):115-129.

[15] 沈能.局域知识溢出和生产性服务业空间集聚——基于中国城市数据的空间计量分析[J].科学学与科学技术管理,2013(5):61-69.

[16] 袁冬梅、魏后凯.对外开放促进产业集聚的机理及效应研究——基于中国的理论分析与实证检验[J].财贸经济,2011(12):120-126.

[17] 植草益.信息通讯业的产业融合[J].中国工业经济,2001(2):24-27.

[18] 周振华.新型工业化道路:工业化与信息化的互动与融合[J].上海经济研究,2002(12):5-7.

[19] 张益丰.生产性服务业产业集聚的有效形成:鲁省证据[J].改革,2013(11):55-64.

[20] Bathla. Inter-sectoral Growth Linkages in India: Implications for Policy and Liberalized reforms [DB/OL]. http://ieg.nic.in/dis-seema-77.pdf,2003.

[21] Brulhart M, Traeger R. An Account of Geographic Concentration Patterns in Europe [J]. Regional Science and Urban Economics, 2005, 35(6): 597-624.

[22] Cohen S, Zysman J. Manufacturing Matters: The Myth of the Post-Industrial Economy [M]. New York: Prentice Hall, 1987.

[23] Duranton G, Puga D. Micro-foundations of urban agglomeration economies[J]. Handbook of regional and urban economics, 2004(4): 2063-2117.

[24] Daniels W. Service Industries[M]. Great Britain: Cambridge University Press, 1985.

[25] Daniel P W. Services and the global system of cities, in: P. W. Daniels (ed.), Service Industries in the World Economy [M]. Oxford: Blackwell, 1993.

[26] Hertog P D. Knowledge-Intensive Business Services: As Co-producers of Innovation [J]. International Journal of Innovation Management. 2000 (12): 491-528.

[27] Keeble D, Nacham L. Why do business service firms cluster? small consultancies, clustering and decentralization in London and Southern England[J]. Transaction of the Institute of British Geographers, 2002, 27(1): 67-90.

[28] Klodt H. Structural Change Towards Services: The German Experience [R]. University of Birmingham IGS Discussion Paper, 2000.

[29] Lundvall B, Borras S. The globalizing learning economy: implication for innovation policy[R]. TESER Programmer Report, DG. Commission of the European Union, 1998.

[30] Markusen J. Trade in Producer Services and in Other Specialized Intermediate Inputs [J]. American Economic Review, 1989, 79(1): 339-345.

[31] Moulaert F, Gallouj C. The Locational Geography of Advanced Producer Service Firms: The Limitsof Economies of Agglomeration[J]. The Service Industries Journal, 1993, Vol.13: 91-106.

[32] Shugan S M. Explanations for the growth of services in Rust RT, Oliver RT, Editors Service Duanlity: new directionin theory and practice thousand oaks[M]. CA: Sage Pulication, 1994.

第7章 中国第二、第三产业集聚效应

产业集聚经济效应指的是在产业集聚的影响下各种经济活动的运行和产出状况,例如对经济增长的影响、对区域产业结构的影响、对产业运行效率的影响、对区域创新的影响等。这里主要分析产业集聚对经济增长的影响、对经济效率的影响。

7.1 产业集聚对经济增长影响的测算方法

产业集聚对经济增长具有促进作用还是抑制作用,对于经济政策的制定者、经济活动的管理者来说十分重要。正如第2章的内容所述,国内外众多学者的研究都曾经从不同的角度证明产业集聚有利于经济增长,因此,目前主流的观点是产业集聚能够促进经济增长。但也有些学者持不同的观点,认为产业集聚和经济增长之间存在负相关关系(Sbergami,2002年;Bautista,2006年;薄文广,2007年)。为了能够检验这一问题,我们以第三次和第四次经济普查数据为基础并结合统计数据,对产业集聚的经济增长效应进行定量分析。

7.1.1 模型设定

经济增长取决于生产要素投入的推动和需求拉动。从生产要素投入的角度研究经济增长通常采用的方法是生产函数法。生产函数的一般形式为

$$Y = f(A, K, L)$$

式中,Y 为产出水平,A 为技术投入,K 为资本投入,L 为劳动力投入。

事实上,产业的集聚因素也是一种投入要素,它一方面反映了产业的经济活动中所需要投入的企业数量,一方面反映了投入的企业在空间上的布局状况。因此,也需要将产业集聚因素纳入生产函数模型中,即

$$Y = f(A, K, L, E)$$

式中,E 为集聚因素。

如果生产函数采用 C—D 生产函数的形式,则可写为

$$Y = A K^{\alpha} L^{\beta} E^{\gamma}$$

式中,α、β、γ 分别资本投入、劳动力投入和集聚因素的产出弹性。

对上述公式取对数形式,则

$$\ln Y = \ln A + \alpha \ln K + \beta \ln L + \gamma \ln E$$

7.1.2 类型和数据

产业集聚对经济增长的影响可以通过两个角度进行研究,一是产业集聚对产业自身经济增长的影响;二是产业集聚对区域经济增长的影响。这两者是相互联系的,任何产业的增长都要落实到一定的区域,而区域经济增长都要以区域内产业的增长为基础。研究表明(潘世明、胡冬梅,2008年),制造业的集聚存在五大经济效应,即外部经济效应、范围经济效应、吸聚效应、品牌效应、垄断效应。产业集聚往往通过吸聚效应、品牌效应、垄断效应获得产业自身的快速增长,在这一过程中,同时会产生外部经济效应、范围经济效应,影响相关产业的发展,进而促进区域经济的增长。

在现有的研究产业集聚对经济增长影响的诸多文献中,大多数是研究产业集聚对区域经济增长的影响,但联系到产业与区域的关系,产业集聚对产业自身增长的影响必然也是人们关注经济增长的一个重要部分。相对而言,产业集聚对产业本身经济增长的影响的文献要少一些,但也有部分学者涉足(刘明,2017年;夏永红、沈文星,2018年)

本书拟从两个角度研究产业集聚对经济的影响。

(1) 研究产业集聚对产业经济增长的影响。在这里,产出数据选用各产业人均增加值,它是各产业增加值与各产业就业人数的比值;资本投入以各产业固定资本投资表示;劳动力投入以各产业就业人数表示。这些数据主要来源于《中国统计年鉴》《中国经济景气月报》《中国经济统计快报》。产业集聚因素用各产业的 EG 指数表示。

(2) 研究产业集聚对区域经济增长的影响。在研究中,产出数据选用各区域人均增加值,它是各区域增加值总量与各区域就业人数的比值;资本投入以各区域固定资本投资表示;劳动力投入以各区域就业人数表示;产业集聚因素用各区域的集聚性产业综合区位熵表示。

由于 EG 指数和区位熵本身具有相对指标的性质,不适宜采用对数形式,因此上述公式调整为

$$\ln Y = \ln A + \alpha \ln K + \beta \ln L + \gamma E$$

7.2 产业集聚对各产业经济增长的影响

研究产业集聚对产业经济增长的影响,主要关注的是集聚性产业(中度集聚性和高度集聚性),作为对照,也对低度集聚性产业做类似的研究。

7.2.1 对第二产业的分析

1. 第三次经济普查数据分析

按照 2011 年《国民经济行业分类》,第三次经济普查中,依据产业大类,高度集聚性产业、中度集聚性产业、低度集聚性产业分别有 8 个、14 个、23 个,对这三种集聚类型的产业采用上述模型进行分析。由于模型中有三个解释变量,考虑到会出现多重共线性,不适宜采用普通最小二乘法进行回归分析,因此,这里采用偏最小二乘回归进行分析。另外,偏最小二乘回归还有一个最突出的优势就是能够进行小样本回归,允许样本数量少于变量数量,这是普通最小二乘法回归难以匹敌的。偏最小二乘回归结果如表 7-1 所示。

表 7-1 第三次经济普查第二产业三种集聚类型产业回归结果

变量	高度集聚产业		中度集聚产业		低度集聚产业	
	回归系数	标准回归系数	回归系数	标准回归系数	回归系数	标准回归系数
截距项	-6.7272		4.2753		-7.990	
$\ln K$	0.7130	0.5485	0.1867	0.2306	0.6414	0.4785
$\ln L$	0.3954	0.4775	0.1025	0.1480	0.5568	0.4509
EG	7.5681	0.1028	9.6299	0.1037	-26.9809	-0.0738
潜变量个数	1		1		1	
数据标准化后误差平方和	0.3729		10.44		3.1584	
R^2	0.9397		0.2303		0.8245	

回归系数反映了解释变量的影响效果,标准回归系数是各个解释变量在消除量纲和数据尺度差异基础上的影响效果。

无论是回归系数还是标准回归系数都显示,在 EG 指数>0.05 的产业,即高度集聚性产业中,以及 0.02<EG 指数<0.05 的产业,即中度集聚性产业中,产业集聚因素的影响都是正向的,即产业的集聚能够促进经济的增长,并且在两类产业中,产业集聚促进经济增长的程度大体一致。

在低度集聚性产业中,集聚因素对经济增长的影响是负值,说明在这类产业中若出现集聚性迹象,在一定程度上会抑制产业的经济增长。其原因在于,这些低度集聚性产业,大都属于技术、工艺较为简单的"低端"产业,或者是其产品满足日常使用的"大众"产业。这些产业内部各个企业大都属于中小型企业,偏重于面向众多消费市场的分散型布局。尽管企业集聚也会形成规模溢出效应,但在一定时期内,企业的分散布局过程往往更优先,这样能够更快地抓住当地市场需求,获得收益。而在一定地区形成稳定的布局后才会逐步出现集聚的趋势,形成"大分散中的局部集聚"。第三次经济普查时期,一些中西部省份往往关注于这些技术含量有限、但"上手快"的产业,形成分散布局态势,集聚迹象不明显。另外,这也与产业地区间转移有一定关系。第二次、第三次经济普查时期,也是发达地区和欠发达地区进行产业转移时期,此时,中西部正在逐步接收来自发达地区的部分制造业,因此,这一时期中西部省份的制造业发展尚未达到规模经济,各类资源——包括产业内资源和外部资源——尚未有效利用,致使其产出效率不及发达地区制造业,这样,就会使得部分制造业整体上生产效率降低,发展速度减缓。

此外,观察标准回归系数可以看出,三种集聚类型的产业中,资本投入对经济增长的影响都是最大的,其次是劳动力投入的影响,产业集聚的影响都弱于前两种投入因素的影响。因此,尽管集聚因素是影响产业经济增长的重要因素,并且在高度集聚性产业和中度集聚性产业中,集聚因素的影响是正向的,但对产业经济增长起主要作用的是资本投入和劳动力投入。

2. 第四次经济普查数据分析

按照2017年《国民经济行业分类》,第四次经济普查中,依据产业大类高度集聚性产业、中度集聚性产业、低度集聚性产业分别有10个、18个、17个,对这三种集聚类型的产业采用偏最小二乘法进行分析,如表7-2所示。

表7-2 第四次经济普查第二产业三种集聚类型产业回归结果

变量	高度集聚产业		中度集聚产业		低度集聚产业	
	回归系数	标准回归系数	回归系数	标准回归系数	回归系数	标准回归系数
截距项	−5.1182		0.7637		−1.1393	
$\ln K$	0.6528	0.4512	0.1161	0.1367	0.3227	0.4428
$\ln L$	0.5383	0.4427	0.4402	0.5968	0.4564	0.4282
EG	11.8303	0.1327	15.2501	0.1233	41.8213	0.1636
潜变量个数	1		1		1	
数据标准化后误差平方和	2.9121		15.6325		8.9268	
R^2	0.8251		0.4673		0.5945	

与三经普时相比,①无论是高度集聚性产业、中度集聚性产业还是低度集聚性产业,集聚因素对产业经济增长的影响都是正向的,显示出集聚因素对产业经济增长有明显的促进作用,并且比三经普时期更突出。②集聚性产业(高度集聚性产业、中度集聚性产业)的集聚因素对产业经济增长的影响程度稍弱,低度集聚性产业集聚因素对产业经济增长的影响程度稍强。事实上,在第四次经济普查时期,低度集聚性产业在分布上有两个明显变化,一是数量减少,与三经普时期相比减少了约1/4,三经普时期一部分低度集聚性产业在四经普时期已经进入到中度集聚性产业行列(例如通用设备制造业、金属制品业等);二是绝大部分低度集聚性产业的集聚程度都有所提升(三经普时期23个低度集聚性产业的中有15个产业的EG指数在四经普时期有所提高),因此,可以判定,在四经普时期,低度集聚性产业的分布尽管总体上仍然是分散的,但在部分地区集聚性趋势开始显现,一些从发达地区转移到中西部的产业的集聚效应开始出现。③与三经普时期类似,从标准回归系数可以看出,在促进产业经济增长的三个因素中,集聚因素的效果明显弱于投资因素和劳动力投入因素,即在经济增长中,资本投入和劳动力投入仍然是主要因素。但与三经普不同的是,集聚因素的影响效果与其他两个因素的影响效果的差距有所缩小。

7.2.2 对第三产业的分析

1. 第三次经济普查数据分析

对第三产业集聚的经济影响进行分析同样采用前面所建立的模型。由于数据的原因,将《国民经济行业分类标准(2011年)》中按大类划分的服务业进行整合,EG指数>0.05的高度集聚性产业有5个,0.02<EG指数<0.05的中度集聚性产业有7个,EG指数<0.02的低度集聚性产业有27个。考虑到高度集聚性产业数量较少,不足以单独进行回归分析,拟将高度集聚性产业和中度集聚性产业进行合并,即第三产业分为两类——集聚性产业(高度集聚性产业和中度集聚性产业)和非集聚性产业(低度集聚性产业)。

对这两种集聚类型的产业采用偏最小二乘法进行分析,如表7-3所示。

表7-3 第三次经济普查第三产业两种集聚类型产业回归结果

变量	集聚性产业		非集聚产业	
	回归系数	标准回归系数	回归系数	标准回归系数
截距项	−0.9391		0.6016	
$\ln K$	0.0078	0.0114	0.2650	0.2968
$\ln L$	0.5738	0.7489	0.4393	0.5126
EG	17.2830	0.9062	−64.1132	−0.2004

续表

	集聚性产业	非集聚产业
潜变量个数	2	1
数据标准化后误差平方和	潜变量1：7.2415 潜变量2：4.8465	10.10
R^2	潜变量1：0.3417 潜变量2：0.5594	0.6408

从表7-3可以看出，①在集聚性产业中，集聚因素对经济增长的影响是正向的，在非集聚性产业中，集聚因素的影响是负向的。集聚性产业，尤其是高度集聚性产业主要是互联网和相关服务、软件和信息技术服务业、资本市场服务、其他金融业、科技推广和应用服务业，很显然，这些产业的集聚意味着这些产业所提供的服务面向的是企业信息化程度和科技化程度较高、经济发达的地区，能够有针对性地瞄准市场，产生规模经济和范围经济溢出效应。而低度集聚性产业中很多都具有普遍服务的特性，或者在很大程度上以满足大众消费需求为目的。一般来说这些低度集聚性服务业内部各个企业的规模偏小，更适宜多地区分布而非集聚性布局，才能与大众需求紧密衔接，获得较好收益，因此，集聚因素的影响表现为是负向的。②在集聚性产业中，集聚性因素对产业经济增长的影响较为突出，排在第二位的是劳动力投入的影响，资本投入的影响相对较弱。在非集聚性产业中，劳动力投入的影响最突出。因此，总的来看，在服务业经济增长中，劳动力投入的影响不容忽视。

2. 第四次经济普查数据分析

在第四次经济普查中，依据2017年《国民经济行业分类》的大类划分进行分析，其中，EG指数＞0.05的高度集聚性产业有3个，0.02＜EG指数＜0.05的中度集聚性产业有12个，EG指数＜0.02的低度集聚性产业有26个。仍然将第三产业分为两类——集聚性产业（高度集聚性产业、中度集聚性产业）和非集聚性产业（低度集聚性产业）。

对这两种集聚类型的产业采用偏最小二乘法进行分析。

表7-4 第四次经济普查第三产业两种集聚类型产业回归结果

变量	集聚性产业		非集聚性产业	
	回归系数	标准回归系数	回归系数	标准回归系数
截距项	6.6373		−0.2358	
$\ln K$	0.0904	0.1242	0.1725	0.1936
$\ln L$	0.1028	0.1686	0.5496	0.5267
EG	−6.2702	−0.1420	−78.45	−0.2417

续表

	集聚性产业	非集聚性产业
潜变量个数	1	1
数据标准化后误差平方和	15.7029	9.3807
R^2	0.3905	0.6521

从表 7-4 可以看出,①无论是集聚性产业还是非集聚性产业,集聚因素对产业经济增长都起着负向作用,这一结果与第三次经济普查相比有一定区别。三经普时期,只有非集聚性产业的集聚因素对产业经济增长的影响是负向的,集聚性产业中的集聚因素的影响是正向的。之所以出现集聚性产业的经济影响是负向的,与集聚性产业的构成有一定关系。比较三经普时期和四经普时期集聚性产业的构成可以发现三个变化,一是集聚性产业数量变化,其中,高度集聚性产业由 5 个减少为 3 个,中度集聚性产业由 7 个增加为 12 个;二是集聚性产业的集聚程度发生变化,其中,高度集聚性产业的平均 EG 指数明显下降,中度集聚性产业的平均 EG 指数大体不变;三是集聚性产业性质发生变化,三经普时期具有高度集聚性的互联网、金融、科技等产业在四经普时期已经不具有高度集聚性,而成为中度集聚性产业,三经普时期具有中度集聚性的铁路运输业、管道运输业在四经普时期则进入高度集聚性产业行列。这三个变化说明,四经普时期,集聚性产业的集聚程度(尤其是高度集聚性产业的集聚程度)下降,并且主要表现为对各个产业具有广泛关联性和支撑性的互联网、金融、科技等产业的集聚程度下降,在布局上则表现为企业分布趋向于更加广泛,向欠发达地区倾斜,因此,产业的集聚效应大打折扣,而在更广泛的区域内布局的趋势则在短期内可见收益,由此而造成集聚因素对产业集聚增长的负向影响。②对于非集聚性产业而言,与三经普的情况一样,非集聚性产业的集聚因素对产业经济增长的影响是负向的,在四经普时期这种负向影响程度有所加强。说明在这类产业中,集聚性不适宜产业增长的情况相比第三次经济普查时期更明显。③与第三次经济普查相比,在集聚性产业中,劳动力投入对产业增长的作用是积极的,但作用程度显著降低。在非集聚性产业中,资本投入的正向作用有所缓解,劳动力投入的正向作用有一定的提升。

7.3 产业集聚对区域经济增长的影响

对于一个面积广阔的经济体而言,各地区自然条件、经济条件、历史基础等差异很大,各地区的产业结构、发展方式、政策导向等也都具有各自的特点,各地区发展的自主性、能动性很强,因此,在"条"与"块"的发展上,人们更关注"块"的发展。对产业集聚与经济增长的关注上,人们也更多地关注产业集聚对区域经济增长的影响。

仍然采用生产函数模型分析第三次、第四次经济普查时期产业集聚因素对区域经济增长的影响。由于关注点是区域,因此在模型中引入的产业集聚因素不能采用 EG 指数,而采用能够反映区域各产业集聚状况的指标——区位熵(RLQ)。本章参照第 5 章的做法,以"企业数量"指标为基础构建各个产业在各个区域的区位熵。将某一区域区位熵>1 的产业划分出来进行平均化处理,以反映该区域的产业集聚程度。为了反映各个区域第二产业集聚和第三产业集聚对区域经济增长的影响效果的差异,集聚因素设置为两类,一是反映第二产业集聚的平均区位熵,二是反映第三产业集聚的平均区位熵。

为了能够看清不同区域的产业集聚因素对经济增长影响的差异性,针对东、中、西三大地带分别进行分析。

7.3.1 第三次经济普查时期

采用偏最小二乘法对生产函数进行回归,得到产业集聚对区域经济增长影响的测算结果如表 7-5 所示。

表 7-5 第三次经济普查时期产业集聚因素对区域经济增长的回归结果

变量	东部地区		中部地区		西部地区	
	回归系数	标准回归系数	回归系数	标准回归系数	回归系数	标准回归系数
截距项	−2.1021		−2.6653		−4.1323	
$\ln K$	0.3863	0.3843	0.6053	0.5648	0.6519	0.5815
$\ln L$	0.5425	0.6607	0.3571	0.4862	0.4597	0.4948
ARLQ$^{(2)}$	−0.2936	−0.0887	0.1425	0.1623	0.1004	0.0628
ARLQ$^{(3)}$	0.1237	0.1175	0.5434	0.1568	0.1553	0.0448
潜变量个数	2		2		2	
数据标准化后误差平方和	第一潜变量:2.3576 第二潜变量:0.5167		第一潜变量:1.5190 第二潜变量:1.7188		第一潜变量:1.8392 第二潜变量:0.0949	
R^2	第一潜变量:0.8817 第二潜变量:0.9853		第一潜变量:0.8525 第二潜变量:0.9262		第一潜变量:0.8668 第二潜变量:0.9959	

注:ARLQ$^{(2)}$为集聚性第二产业平均区位熵,ARLQ$^{(3)}$为集聚性第三产业平均区位熵。下同

将平均区位熵作为集聚因素。表 7-5 显示,第二产业中的集聚性产业(高度集聚性产业和中度集聚性产业)的集聚因素对东部地区经济增长的影响是负向的,即对东部地区的经济增长有一定的抑制作用,但对中部地区和西部地区的经济增

长则有促进作用。第三产业中的集聚性产业的集聚因素则对三大地带的经济增长都有促进作用。

在前面的研究中曾经看到（见表7-1），第三次经济普查时期第二产业高度集聚性产业和中度集聚性产业的集聚因素对产业自身的经济增长都有正向的作用。表7-5的结果说明，这种正向作用主要体现在中西部地区而非东部地区，也就是说，集聚性产业中的集聚因素对中西部地区产业增长的影响是正向的，对东部地区产业增长的影响是负向的，但综合起来，对全国范围内产业的整体经济增长的影响仍是正向。第二产业的集聚性产业中的集聚因素对东部地区经济增长的影响之所以是负向的，与一些集聚性产业的空间转移有一定的关系。在前面关于集聚性产业空间分布的分析中已经阐述过，一些具有技术含量的产业的集聚区域不仅分布在东部地区，在中西部地区也正在形成一定的集聚。事实上，产业的空间分布在不同时期具有不同的格局，产业在某一区域的集聚是有一定限度的。产业集聚对区域经济的积极影响往往发生在集聚的逐步形成时期，此时的集聚能够获得规模经济和范围经济。但当集聚程度进一步发展，则可能出现过度集聚现象，此时，则会面临着土地竞争、人力竞争、资源竞争，造成生产成本急剧上涨，集聚的经济性逐渐消失，反而会产生不经济，原有集聚性产业则不得不从主要集聚区域向其他地区转移，而接收产业的地区则会逐步形成新的集聚区域，在这个形成过程中集聚因素的积极影响又会显现。在当前各地区积极推进产业结构的调整中，这种产业转移是必然的。第三次经济普查时期，集聚性产业在东部地区的分布既存在着经济性也出现了不经济，综合来看不经济占上风，因此造成了集聚因素对东部地区集聚增长的负向影响。

关于第三产业，前面的分析中可以看到（见表7-3），第三产业中的集聚性产业对产业经济增长的影响是正向的。落实到区域上，表7-5显示，这种正向影响在东、中、西三大区域都存在，其中，对中部地区的正向影响最强，对东部地区的正向影响其次，对西部地区的正向影响最弱。这种情况反映出第三产业中集聚性产业在不同区域形成集聚的阶段不同，其集聚因素对经济增长的正向影响的程度存在差异。另外，与第二产业集聚情况类似，第三产业集聚到一定程度也会出现不经济。三大区域相比较，一般认为东部地区由于集聚现象起步早，集聚到一定程度而出现不经济的情况明显。因此，第三产业在东部地区的集聚也会产生经济性和不经济性同时存在的情况，综合起来，不经济冲淡了经济性，造成东部地区第三产业集聚因素对经济的正向影响程度弱于中部地区。

7.3.2 第四次经济普查时期

第四次经济普查时期集聚因素对区域经济增长影响的测算结果如表7-6所示。

表 7-6 第四次经济普查时期产业集聚因素对区域经济增长的回归结果

变量	东部地区		中部地区		西部地区	
	回归系数	标准回归系数	回归系数	标准回归系数	回归系数	标准回归系数
截距项	−0.1579		6.7234		−4.3091	
$\ln K$	0.3121	0.3578	0.1604	0.2532	0.5396	0.5018
$\ln L$	0.5142	0.6051	0.1853	0.2664	0.5333	0.5366
$ARLQ^{(2)}$	−0.2990	−0.1962	0.2205	0.2337	0.1364	0.0940
$ARLQ^{(3)}$	−0.2475	−0.0903	−0.5243	−0.2350	0.1571	0.0325
潜变量个数	2		1		2	
数据标准化后误差平方和	第一潜变量:2.4893 第二潜变量:0.8964		1.090		第一潜变量:2.2380 第二潜变量:0.6982	
R^2	第一潜变量:0.8600 第二潜变量:0.9492		0.8742		第一潜变量:0.8438 第二潜变量:0.9672	

注:$ARLQ^{(2)}$、$ARLQ^{(3)}$的含义同表 7-5。

如表 7-6 所示第四次经济普查时期,第二产业集聚对东部地区经济增长的影响是负向的,对中部和西部经济增长的影响是正向的。第三产业集聚对东部和中部集聚增长的影响是负向的,对西部经济增长的影响是正向。

前面的分析中(见表 7-2),第四次经济普查时期集聚因素对第二产业的高度集聚性产业、中度集聚性产业、低度集聚性产业的影响都是正向的。表 7-6 显示,这些正向的影响最终落实在中部和西部区域,而非落实在东部地区。这种情况与第三次经济普查的情况类似,第二产业中的集聚性产业在东部地区的集聚似乎已经出现了不经济,产业集聚的进一步加剧会对区域经济增长产生一定的抑制作用。此时,一部分产业向中西部转移,使得集聚性产业实际上在中西部进入集聚阶段,其集聚程度的提升对中西部的经济增长会产生积极的影响。

在第四次经济普查中,集聚因素对第三产业中的集聚性产业和非集聚性产业的增长都会产生负向影响(见表 7-4)。表 7-6 则显示,这种负向影响正好落实在东部和中部地区,也就是说,在东部和中部地区,第三产业中的集聚因素不利于区域经济的增长。对于东部地区而言,第二产业中的集聚性产业和第三产业中的集聚性产业,其集聚因素对区域经济的负向影响的原因应该是一致的,都是由于集聚过度而导致集聚不经济。对于中部地区而言,第三产业中的集聚性产业,其集聚因素对区域经济的影响是负向的,这种情况可能与第三产业中的集聚性产业在中部地区集聚程度的变化有关。第 4 章和第 5 章的研究表明,从第三次经济普查到第四次经济普查,第三产业中的多数集聚性产业集聚程度有下降的趋势,即在区域分布上向更广泛的范围扩展。在这个过程中,东部地区由于集聚过度而导致集聚不经济进而使得集聚程度下降，中部地区原有一部分基础较好的第三产业部门也在逐步扩展布局范围，一部分正在发展的新的第三产业部门则在零星布局中还没有形成集聚的态势，因此中部地区经济增长中没有明显的集聚因素的作用。由于第三产业集聚程度下降，出现更广泛布局的趋势，西部地区第三产业则得到相应的发展进而弥补了以往发展的滞后或缺失，使得当地经济的发展能够从中受益。

7.4 产业集聚对经济效率的影响

经济效率指的是在经济活动中产出与投入的比值。产业集聚对产业效率产生怎样的影响，一般的观点认为，产业集聚可以通过规模效应、外部效应等对产业发展带来正面影响，有利于交易效率的提高和交易费用的降低，从而带来递增收益；但是，无限制的产业集聚会导致集聚过度，产生"要素拥挤效应"。所谓"要素拥挤效应"，指的是在特定生产条件下，一种或多种投入要素增加至一定程度时，由于投入过多造成生产阻塞而导致产出下降的现象。依据拥挤效应的理论，集聚过度反而会降低产业的生产效率，对产业效率带来负面的影响（汪彩君、唐根年，2011年）。鉴于此，有必要对全国目前产业集聚中的效率问题进行分析。

7.4.1 效率评价方法

产业效率可以通过测算产业的投入产出情况来考察。一个产业的投入产出是否有效，实际上是衡量产业生产的"技术有效性"。理论上，技术有效性是和生产前沿面联系在一起的。生产前沿面描述在一定的生产可能集内，固定投入而可获得产出最大值，或者是固定产出所需的投入最小值。前者从产出角度考虑，而后者则是从投入角度考虑。位于生产前沿面上的生产集合技术效率是有效的，位于生产前沿面以下或以外的生产集合技术效率都是无效的。

效率的评价方法主要包括经济计量方法、全要素生产率指数、随机前沿分析和数据包络分析法（DEA）等，其中数据包络分析法（DEA）是目前常用的效率分析方法。

数据包络分析（Data Envelopment Analysis，DEA）是在"相对效率评价"概念上发展起来的一种系统评价体系。在国内比较常用的模型有 CCR 模型与 BCC 模型。

1. CCR 模型

CCR 模型是最早出现的一种 DEA 模型，是针对规模收益不变模式下的一种效率分析方法。

假设有 n 个决策单元 DMU,每个决策单元都有 m 种类型的投入及 s 种类型的产出,它们所对应的权重向量分别为 $V=(v_1,v_2,\cdots,v_m)$,$U=(u_1,u_2,\cdots,u_m)$,这 n 个决策单元中第 j 个决策单元的投入和产出量用向量分别表示为 $X_j=(x_{1j},x_{2j},\cdots,x_{mj})$,$Y_j=(y_{1j},y_{2j},\cdots,y_{mj})$,$j=1,2,\cdots,n$,$h_{j0}$ 代表第 j 个决策单元 DMU 投入与产出比的相对效率值,评价模型如下:

$$\begin{cases} \max\ h_{jo}=\dfrac{\sum\limits_{r=1}^{S} u_r y_{r0}}{\sum\limits_{i=1}^{M} v_i x_{ij0}} \\ \text{并使得} \begin{cases} h_j=\dfrac{\sum\limits_{r=1}^{S} u_r y_{rj}}{\sum\limits_{i=1}^{M} v_i x_{ij}} \leqslant 1 \quad j=1,2,\cdots,n \\ u_r>0, v_j>0 \end{cases} \end{cases}$$

找出 u 和 v 的值,使得决策单元的效率测度值达到最大。该式为分数规划模式,不易求解,为此,可经 Chames—Cooper 变换,并且引进阿基米德穷小量 ε(在实数范围内 ε 表示的是大于 0 但小于任意正数的量),转换成等价的线性规划模式,为了便于检验 DEA 的有效性及了解要素使用效率,一般以对偶模式来求解。其投入导向模式的对偶模式如下:

$$\begin{cases} \min h_{jo}=\theta_0-\varepsilon\left(\sum\limits_i^M S_{ij0}^- + \sum\limits_r^S S_{rj0}^+\right) \\ \text{并使得} \begin{cases} \sum\limits_j^n \lambda_j x_{ij}-\theta_0 x_{ij0}+S_{ij0}^-=0 \quad i=1,2,\cdots,m \\ \sum\limits_j^n \lambda_j y_{rj0}-S_{rj0}^+=y_{rj0} \quad j=1,2,\cdots,n \\ \lambda_j\geqslant 0, S_{ij0}^-\geqslant 0, S_{rj0}^+\geqslant 0 \quad r=1,2,\cdots,s \\ u_r\geqslant\varepsilon>0, v_j\geqslant\varepsilon>0 \end{cases} \end{cases}$$

式中,S^-、S^+ 为加入的松弛变量,S^- 为未利用资源变量数值,S^+ 为产出不足变量数值;λ 为特征值;θ_0 为效率系数。经计算可得到一组 $(\theta_0^*,\lambda^*,S^-,S^+)$,据此可以进行以下判断。

当 $\theta_0=1$,且 $S^-=0$、$S^+=0$ 则称 DMU_j 为 DEA 有效,表示决策单元 DMU_{jo} 的生产活动存在技术有效和规模有效。从技术的角度来看,各种资源得到了充分的利用,获得了最大的输出结果。

若 $\theta_0 < 1$,则称 DMU_j 为 DEA 无效。如果某个 $S_i^- > 0$,则表示第 i 种输入指标有 S_i^- 没有被充分利用;如果某个 $S_r^+ > 0$ 则表示第 r 种输出指标与最大输出值还有 S_r^+ 的不足。

2. BCC 模型

如果把规模收益不变模式改为规模收益可变模式,则 CCR 模型可改为

并使得
$$\begin{cases} \min h_{jo} = \theta_0 - \varepsilon \left(\sum_i^M S_{ij0}^- + \sum_r^S S_{rj0}^+ \right) \\ \sum_j^n \lambda_j x_{ij} + S_i^- = \theta x_{ij0} \quad i=1,2,\cdots,m \\ \sum_j^n \lambda_j y_{rj} - S_r^+ = y_{rj0} \quad r=1,2,\cdots,s \\ \sum_{j=1}^n \lambda_j = 1 \quad j=1,2,\cdots,n \\ 0 \leqslant \theta \leqslant 1 \quad S_i^- > 0, S_r^+ > 0 \end{cases}$$

通过 BCC 模型,可以计算每个决策单元的综合效率(TE),还可以将其进一步分解为纯技术效率(PE)与规模效率(SE),即综合效率=纯技术效率×规模效率。当某决策单元同时达到技术有效和规模有效时,称该单元为 DEA 有效单元;当两者只达到其一或都未达到时,称该单元为非 DEA 有效。

纯技术效率(PE)表示投入要素在配置上的效率,反映了在给定投入情况下所考察决策单元获取最大产出的能力,表明了决策单元现有技术利用的有效程度。决策单元的纯技术效率越高,说明该决策单元的获取产出的能力越大,当纯技术效率分值为 1 时,表明该决策单元的获取产出的技术有效性为最优状态。

规模效率(SE)反映在投入一定的条件下,生产规模的有效程度,即展示了不同决策单元是否在最合适的投资规模下进行经营。决策单元的规模效率越大,说明决策单元生产规模越靠近最优生产规模,当规模效率值为 1 时,表明所考察决策单元的生产规模处于最优生产规模状态。此外,在规模收益可变的模型中,除了能给出不同决策单元规模效率得分外,模型还展示了不同决策单元的规模报酬的类型。决策单元的规模报酬类型大致有规模报酬递增、规模报酬递减和规模报酬不变三种情况。规模报酬递增表示被考察决策单元增加投入量可以使得产出有较高的增加,因而该生产单元仍有追加投资的积极性;规模报酬递减则说明如再增加投入,产出将不再增加,被考察对象已没有再继续增加投资的必要性;而规

模报酬不变所处的状态是最适度的。因而,不论是规模报酬递增,还是规模报酬递减都表明被考察生产单元存在规模效率损失。

7.4.2 第二产业集聚效率分析

1. 第三次经济普查时期

以固定资产投资、劳动者人数、产业集聚因素作为产业集聚活动的投入要素,以产业增加值作为产出,采用数据包络方法分别对高度集聚性产业(EG 指数>0.05的产业)、中度集聚性产业(0.02<EG 指数<0.05 的产业)以及低度集聚性产业(EG 指数<0.02 的产业)进行分析测算,结果如表 7-7 所示。

表 7-7 第三次经济普查时第二产业的生产效率

	行业	综合效率	纯技术效率	规模效率	规模收益
高度集聚性产业	煤炭开采和洗选业	0.3326	0.3358	0.9905	递增
	黑色金属矿采选业	0.1188	0.276	0.4304	递增
	有色金属矿采选业	0.0894	0.3391	0.2636	递增
	皮革、毛皮、羽毛及其制品和制鞋业	0.1373	0.2921	0.4700	递增
	文教、工美、体育和娱乐用品制造业	0.1446	0.3581	0.4038	递增
	化学纤维制造业	0.0365	0.3871	0.0943	递增
	计算机、通信和其他电子设备制造业	0.3674	0.7725	0.4756	递增
	平均	0.1752	0.3944	0.4469	
中度集聚性产业	非金属矿采选业	0.1398	0.4225	0.3309	递增
	农副食品加工业	0.4724	0.486	0.9720	递增
	酒、饮料和精制茶制造业	0.5692	0.6732	0.8455	递增
	烟草制品业	1	1	1	不变
	纺织业	0.4497	0.5246	0.8572	递增
	纺织服装、服饰业	0.4236	0.592	0.7155	递增
	家具制造业	0.1226	0.3683	0.3329	递增
	石油加工、炼焦和核燃料加工业	0.4729	0.5066	0.9335	递增
	橡胶和塑料制品业	0.4126	0.4993	0.8263	递增
	黑色金属冶炼和压延加工业	0.5066	0.5196	0.9749	递增
	铁路、船舶、航空航天和其他运输设备制造业	0.3184	0.5233	0.6084	递增
	电气机械和器材制造业	0.5266	0.6589	0.7992	递增
	仪器仪表制造业	0.2093	0.4651	0.4500	递增
	平均	0.4326	0.5569	0.7420	

续表

	行业	综合效率	纯技术效率	规模效率	规模收益
低度集聚性产业	石油和天然气开采业	1	1	1	不变
	食品制造业	0.6511	0.7905	0.8237	递增
	木材加工和木、竹、藤、棕、草制品业	0.2949	0.5783	0.5099	递增
	造纸和纸制品业	0.4184	0.8466	0.4942	递增
	印刷和记录媒介复制业	0.2329	0.7331	0.3177	递增
	化学原料和化学制品制造业	1	1	1	不变
	医药制造业	1	1	1	不变
	非金属矿物制品业	0.6489	0.7095	0.9146	递增
	有色金属冶炼和压延加工业	0.4373	0.6164	0.7094	递增
	金属制品业	0.4221	0.504	0.8375	递增
	通用设备制造业	0.5781	0.621	0.9309	递增
	专用设备制造业	0.762	1	0.7620	递增
	汽车制造业	1	1	1	不变
	其他制造业	0.0737	0.5368	0.1373	递增
	废弃资源综合利用业	0.1113	1	0.1113	递减
	金属制品、机械和设备修理业	0.0467	1	0.0467	递减
	电力、热力生产和供应业	0.596	0.6106	0.9761	递增
	燃气生产和供应业	0.1497	0.8238	0.1817	递增
	水的生产和供应业	0.1192	1	0.1192	递减
	平均	0.5022	0.8090	0.6249	
平均		0.4203	0.6505	0.6319	

(1) 综合效率

各产业平均综合效率都很低,仅为0.4203。在三种类型的集聚性产业中,高度集聚性产业的综合效率最低,为0.1752,远低于0.4203的各产业平均水平;而低度集聚性产业的综合效率最高,为0.5022,高于各产业平均水平;中度集聚性产业的综合效率居中,为0.4326,略高于各产业平均水平。在各个产业中,只有5个产业的综合效率达到最佳,为别是烟草制品业、石油和天然气开采业、化学原料和化学制品制造业、医药制造业、汽车制造业。

综合效率取决于纯技术效率和规模效率。总体上看,对于高度集聚性产业而言,其纯技术效率和规模效率都低于各产业平均水平;对于中度集聚性产业而言,其纯技术效率低于平均水平,但规模效率高于平均水平;对于低度集聚性产业而言其纯技术效率高于平均水平,但规模效率略低于平均水平。

(2) 纯技术效率

就纯技术效率来看,①高度集聚性产业的整体水平为0.3944,远低于各产业平均水平的 0.6505。其中，只有计算机、通信和其他电子设备制造业的纯技术效率较为突出，为 0.7725，高于各产业平均水平。②中度集聚性产业的整体水平为 0.5569，也低于各产业平均水平。但其中的烟草制品业、酒饮料和精制茶制造业、电气机械和器材制造业的纯技术效率比较显著，高于各产业平均水平。烟草制品业的纯技术效率为 1，达到 DEA 有效，即纯技术效率最优。③低度集聚性产业的整体水平为 0.8090，高于各产业平均水平。在这一类型中，出现多个纯技术效率为 1（纯技术效率最优）的产业，如石油和天然气开采业、化学原料和化学制品制造业、医药制造业、汽车制造业、废弃资源综合利用业、金属制品机械和设备修理业、水的生产和供应业。

纯技术效率反映了投入和产出的匹配效率。纯技术效率低，一方面说明投入要素存在冗余，或匹配不理想，需要调整投入要素的组合。另一方面说明产出没有达到理想状态。因此，总体来看，高度集聚性产业存在投入冗余或产出不足的问题最突出。

(3) 规模效率

就规模效率来看，①高度集聚性产业的整体水平为 0.4469，低于各产业平均水平 0.6319。只有煤炭开采和洗选业规模效率接近最优，为 0.9905。②中度集聚性产业的整体水平为 0.7420，其中，除了家具制造业、仪器仪表制造业的规模效率较低外，其他产业均高于各产业平均水平。烟草制品业的规模效率达到最优。③低度集聚性产业的整体水平为 0.6249，略低于各产业平均水平。但其中有多个规模效率达到最优的产业。石油和天然气开采业、化学原料和化学制品制造业、医药制造业、汽车制造业。

规模效率偏低说明现有的投入规模不能产生最佳产出，需要对投入规模进行调整。①在高度集聚性产业中，除煤炭开采和洗选业的规模效率接近最佳状态外，其余各产业的规模效率都偏低。由于各产业规模收益处于递增阶段，因此，只有适当增加要素投入，包括提高产业集聚程度，才能提高规模效率。②在中度集聚性产业中，除了烟草制品业的规模效率处于最佳状态外，其余各产业的规模效率都有很大的提升空间。由于规模收益递增，因此，也需要不断增加投入才能提高规模效率。③在低度集聚性产业中，石油和天然气开采业、化学原料和化学制品制造业、医药制造业、汽车制造业的规模效率都处于最佳状态。而废弃资源综合利用业、金属制品机械和设备修理业、水的生产和供应业处于规模收益递减阶段，需要进一步降低投入，包括降低集聚程度，才能提升规模效率。其余各产业也都处于规模收益递增阶段，需要不断增加投入。鉴于集聚要素对经济增长的负向影响，需要针对不同的产业，以增加固定资产投入或增加劳动力数量为主。

2. 第四次经济普查时期

第四次经济普查时期，对第二产业各个产业进行效率测算的结果如表 7-8 所示。

表 7-8 第四次经济普查时第二产业的生产效率

	行业	综合效率	纯技术效率	规模效率	规模收益
高度集聚性产业	煤炭开采和洗选业	0.8587	0.9198	0.9336	递增
	石油和天然气开采业	0.948	0.9922	0.9555	递增
	黑色金属矿采选业	0.8486	0.9098	0.9327	递增
	有色金属矿采选业	0.8372	0.9052	0.9249	递增
	开采专业及辅助性活动	0.7406	0.9113	0.8127	递增
	其他采矿业	0.3646	1	0.3646	递增
	皮革、毛皮、羽毛及其制品和制鞋业	0.7452	0.7872	0.9466	递增
	石油、煤炭及其他燃料加工业	0.9391	0.9987	0.9403	递增
	化学纤维制造业	0.7742	0.8787	0.8811	递增
	计算机、通信和其他电子设备制造业	0.8337	0.9198	0.9064	递增
	平均	0.7890	0.9223	0.8598	
中度集聚性产业	非金属矿采选业	0.8441	0.8902	0.9482	递增
	农副食品加工业	0.8669	0.9197	0.9426	递增
	酒、饮料和精制茶制造业	0.8517	0.8519	0.9998	递增
	烟草制品业	1	1	1	不变
	木材加工和木、竹、藤、棕、草制品业	0.773	0.8201	0.9426	递增
	家具制造业	0.7473	0.8208	0.9105	递增
	文教、工美、体育和娱乐用品制造业	0.7508	0.797	0.942	递增
	橡胶和塑料制品业	0.8111	0.8225	0.9861	递增
	黑色金属冶炼和压延加工业	0.9098	0.9957	0.9137	递增
	金属制品业	0.8365	0.8746	0.9564	递增
	通用设备制造业	0.8304	0.8675	0.9572	递增
	铁路、船舶、航空航天和其他运输设备制造业	0.7959	0.8525	0.9336	递增
	电气机械和器材制造业	0.8216	0.8768	0.937	递增
	仪器仪表制造业	0.7682	0.8542	0.8993	递增
	其他制造业	0.7141	0.8886	0.8036	递增
	燃气生产和供应业	0.8052	0.9189	0.8763	递增
	房屋建筑业	1	1	1	不变
	平均	0.8310	0.8854	0.9382	

续 表

	行业	综合效率	纯技术效率	规模效率	规模收益
低度集聚性产业	食品制造业	0.8361	0.8409	0.9943	递增
	纺织服装、服饰业	0.7794	0.8016	0.9723	递增
	造纸和纸制品业	0.8326	0.8647	0.9629	递增
	印刷和记录媒介复制业	0.8071	0.8792	0.918	递增
	化学原料和化学制品制造业	1	1	1	不变
	医药制造业	0.8946	0.9092	0.9839	递增
	非金属矿物制品业	0.8949	0.9825	0.9108	递增
	有色金属冶炼和压延加工业	0.9017	0.9403	0.9589	递增
	专用设备制造业	0.8326	0.8558	0.9729	递增
	汽车制造业	0.8883	0.9566	0.9286	递增
	废弃资源综合利用业	1	1	1	不变
	金属制品、机械和设备修理业	0.7803	1	0.7803	递增
	电力、热力生产和供应业	0.9235	1	0.9235	递增
	水的生产和供应业	0.7835	0.9733	0.805	递增
	土木工程建筑业	0.9693	1	0.9693	递增
	建筑安装业	1	1	1	不变
	建筑装饰、装修和其他建筑业	1	1	1	不变
	平均	0.8896	0.9414	0.9459	
总平均		0.8441	0.9154	0.9234	

(1) 综合效率

与第三次经济普查相比,各个产业的总的综合效率提升显著,平均效率从0.4203提升到0.8441,其中,高度集聚性产业综合效率提升最明显,从0.1752上升到0.7890,但是,高度集聚性产业的综合效率仍低于总平均水平。在三种类型产业中,只有低度集聚性产业的综合效率高于总平均水平。按照效率由高到低排序分别是低度集聚性产业、中度集聚性产业、高度集聚性产业,这个排序与第三次经济普查时期一致。

在各个产业中,综合效率达到最佳状态的有烟草制品业、房屋建筑业、化学原料和化学制品制造业、废弃资源综合利用业、建筑安装业、建筑装饰、装修和其他建筑业。其中,化学原料和化学制品制造业、废弃资源综合利用业在第三次经济普查中也是综合效率最佳的产业。

(2) 纯技术效率

就纯技术效率来看,①高度集聚性产业的整体水平为0.9223,已经高于各产业平均水平的0.9154,与第三次经济普查相比,无论是增长幅度还是地位都有明显提升。其中,只有皮革、毛皮、羽毛及其制品和制鞋业、化学纤维制造业的纯技术效率低于 0.9,其他各行业的纯技术效率都在 0.9 以上,其他采矿业的纯技术效率甚至达到最佳。②与第三次经济普查时期类似,中度集聚性产业的整体水平为 0.8854,也低于各产业平均水平。烟草制品业、农副食品加工业、黑色金属冶炼和压延加工业、燃气生产和供应业、房屋建筑业的纯技术效率比较显著,高于各产业平均水平。烟草制品业、房屋建筑业的纯技术效率为 1,技术效率最优。③低度集聚性产业的整体水平为 0.9414,高于各产业平均水平。其中,化学原料和化学制品制造业、废弃资源综合利用业、金属制品、机械和设备修理业、电力、热力生产和供应业、土木工程建筑业、建筑安装业、建筑装饰、装修和其他建筑业的纯技术效率达到了最佳。

总体来看,第四次经济普查时期,各个产业的纯技术效率都普遍大幅度提升,原来存在的投入冗余或产出不足的问题已大大缓解。

(3) 规模效率

就规模效率来看,①高度集聚性产业的整体水平为 0.8598,仍然低于各产业平均水平,但与第三次经济普查相比,与平均水平的差距已经缩小。只有其他采矿业的规模效率最差,仅为 0.3646。②中度集聚性产业的整体水平为 0.9382,略高于总平均水平。其中,只有仪器仪表制造业、其他制造业、燃气生产和供应业的规模效率低于 0.9,其他产业均高于 0.9。③低度集聚性产业的整体水平为 0.9459,与第三次经济普查不同,已经高于各产业平均水平。其中只有金属制品、机械和设备修理业、水的生产供应业的规模效率低于 0.9。

总的来看,第四次经济普查时期,各个产业的规模效率已经接近最优,但从各产业的规模收益来看,规模效率还有进一步提升空间。

7.4.3 第三产业集聚效率分析

1. 第三次经济普查时期

与第二产业的效率分析一致,第三产业的效率分析也以资本、劳动力、集聚因素作为投入要素,以产业增加值作为产出,采用数据包络分析方法进行综合对比研究。第三次经济普查时期,对第三产业各个产业进行效率测算的结果如表 7-9 所示。

表 7-9 第三次经济普查时第三产业的生产效率

	行业	综合效率	纯技术效率	规模效率	规模收益
高度集聚性产业	互联网和相关服务	0.8555	0.9432	0.907	递增
	软件和信息技术服务业	0.779	0.8383	0.9293	递增
	资本市场服务	0.9036	0.9594	0.9418	递增
	其他金融业	1	1	1	不变
	科技推广和应用服务业	0.722	0.8207	0.8797	递增
	平均	0.8520	0.9123	0.9316	

续表

	行业	综合效率	纯技术效率	规模效率	规模收益
中度集聚性产业	铁路运输业	0.8135	0.8756	0.9291	递增
	航空运输业	0.7734	0.8775	0.8814	递增
	研究和试验发展	0.8206	0.9074	0.9043	递增
	其他服务业	0.8295	0.9308	0.8912	递增
	新闻和出版业	0.8486	1	0.8486	递减
	文化艺术业	0.7165	0.837	0.856	递增
	体育	0.6334	0.8581	0.7381	递增
	平均	0.7765	0.8981	0.8641	
低度集聚性产业	批发业	1	1	1	不变
	零售业	0.8546	0.8979	0.9518	递增
	道路运输业	0.8939	0.9163	0.9756	递增
	水上运输业	0.7863	0.8746	0.899	递增
	管道运输业	0.8037	1	0.8037	递减
	装卸搬运和运输代理业	0.7865	0.8827	0.891	递增
	仓储业	0.7119	0.8214	0.8667	递增
	邮政业	1	1	1	不变
	住宿业	0.7374	0.8318	0.8865	递增
	餐饮业	0.854	0.8999	0.949	递增
	电信、广播电视和卫星传输服务	0.9151	0.9766	0.937	递增
	货币金融服务	1	1	1	不变
	保险业	1	1	1	不变
	房地产业	0.9767	0.9916	0.985	递增
	租赁业	0.7529	0.9316	0.8082	递增
	商务服务业	0.8173	0.8381	0.9752	递增
	专业技术服务业	0.837	0.8956	0.9346	递增
	水利管理业	0.752	0.9111	0.8254	递增
	生态保护和环境治理业	0.7528	1	0.7528	递减
	公共设施管理业	0.8165	0.9394	0.8692	递增
	居民服务业	0.8887	0.9456	0.9398	递增
	机动车、电子产品和日用产品修理业	0.5548	1	0.5548	递减
	教育	1	1	1	不变
	卫生	0.945	0.9724	0.9718	递增
	社会工作	0.7945	1	0.7945	递减
	广播、电视、电影和影视录音制作业	0.8043	0.9679	0.831	递增
	娱乐业	0.742	0.8798	0.8434	递增
	平均	0.8436	0.9398	0.8980	
	总平均	0.8327	0.9288	0.8962	

(1) 综合效率

与第二产业相比，第三次经济普查时期，第三产业平均综合效率较高，为0.8327。在三种类型的集聚性产业中，高度集聚性产业的综合效率最高，为0.8520；其次为低度集聚性产业，综合效率为0.8436；中度集聚性产业的综合效率最低，为0.7765。在高度集聚性产业的5个产业中，有3个产业的综合效率高于总平均水平，在中度集聚性产业的7个产业中只有1个产业的综合效率高于总平均水平，在低度集聚性产业的27个产业中有13个产业高于总平均水平。在各个产业中，只有6个产业的综合效率达到最佳，分别为其他金融业、批发业、邮政业、货币金融服务、保险业、教育。

(2) 纯技术效率

就纯技术效率来看，①高度集聚性产业的整体水平为0.9123，略低于各产业平均水平的0.9288。其中，互联网和相关服务、资本市场服务、其他金融业的纯技术效率较为突出，高于各产业平均水平。②中度集聚性产业的整体水平为0.8981，低于各产业平均水平，也低于高度集聚性产业的水平。但其中的其他服务业、新闻和出版业的纯技术效率比较显著，高于各产业平均水平。新闻和出版业的纯技术效率为1，达到DEA有效，即纯技术效率最优。③低度集聚性产业的整体水平为0.9398，高于各产业平均水平，也高于高度集聚性产业和中度集聚性产业。在这一类型中，有许多纯技术效率为1（纯技术效率最优）的产业，如批发业、管道运输业、邮政业、货币金融服务、保险业、生态保护和环境治理业、机动车、电子产品和日用产品修理业、社会工作等。

总体来看，第三产业纯技术效率较高，投入资源的匹配和产出状况都在一个较好的状态，但仍需进一步调整和完善。

(3) 规模效率

就规模效率来看，①高度集聚性产业的整体水平为0.9316，高于各产业平均水平的0.8962，是三大类型产业中最高的。其中，只有科技推广和应用服务业的规模效率弱于各产业平均水平，为0.8797。②中度集聚性产业的整体水平为0.8642，是三大类型产业中最低的。其中，只有铁路运输业、航空运输业、研究和试验发展业的规模效率高于各产业平均水平。③低度集聚性产业的整体水平为0.8980，略高于各产业平均水平。其中批发业、零售业、道路运输业、邮政业、餐饮业、电信、广播电视和卫星传输服务、货币金融服务、保险业、房地产业、商务服务业、专业技术服务业、居民服务业、教育、卫生等行业规模效率较高，都在0.9以上。

从规模收益来看，绝大部分产业都有进一步上升空间，今后需要通过不断扩大规模获取更大收益。

2. 第四次经济普查时期

第四次经济普查时期,对第三产业各个产业进行效率测算的结果如表7-10所示。

表7-10 第四次经济普查时第三产业的生产效率

	行业	综合效率	纯技术效率	规模效率	规模收益
高度集聚性产业	铁路运输业	0.6081	0.6347	0.9581	递增
	管道运输业	0.6854	0.8894	0.7706	递增
	资本市场服务	0.9298	0.9321	0.9975	递增
	平均	0.7411	0.8187	0.9088	
中度集聚性产业	水上运输业	0.7227	0.8104	0.8918	递增
	航空运输业	0.6296	0.6873	0.916	递增
	多式联运和运输代理业	0.7135	0.7249	0.9843	递增
	互联网和相关服务	0.6781	0.7037	0.9636	递增
	软件和信息技术服务业	0.7743	0.7916	0.9781	递增
	货币金融服务	0.983	1	0.983	递增
	保险业	1	1	1	不变
	其他金融业	0.9638	0.9641	0.9997	递增
	科技推广和应用服务业	0.5764	0.6399	0.9008	递增
	土地管理业	0.7527	0.8662	0.869	递增
	新闻和出版业	0.863	1	0.863	递减
	社会保障	0.7215	0.8966	0.8047	递增
	平均	0.7816	0.8404	0.9295	
低度集聚性产业	批发业	1	1	1	不变
	零售业	0.9866	1	0.9866	递增
	道路运输业	0.9648	0.9932	0.9714	递增
	装卸搬运和仓储业	0.7771	0.9729	0.7987	递增
	邮政业	1	1	1	不变
	住宿业	0.8216	0.9278	0.8855	递增
	餐饮业	0.8754	0.8761	0.9992	递增
	电信、广播电视和卫星传输服务	0.9187	0.9570	0.9600	递增
	房地产业	1	1	1	不变
	租赁业	0.8367	0.926	0.9036	递增

续表

	行业	综合效率	纯技术效率	规模效率	规模收益
低度集聚性产业	商务服务业	0.893	0.9102	0.9811	递增
	研究和试验发展	0.8055	0.8317	0.9685	递增
	专业技术服务业	0.9575	0.9673	0.9899	递增
	水利管理业	0.6302	0.8643	0.7291	递增
	生态保护和环境治理业	0.7039	1	0.7039	递减
	公共设施管理业	0.7786	0.9269	0.8400	递增
	居民服务业	0.9442	1	0.9442	递减
	机动车电子产品和日用产品修理业	0.9803	1	0.9803	递减
	其他服务业	0.9299	0.9417	0.9875	递增
	教育	0.8902	0.8908	0.9993	递增
	卫生	0.8819	0.8985	0.9815	递增
	社会工作	0.6847	0.9382	0.7298	递增
	广播、电视、电影和录音制作业	0.8391	0.9345	0.8979	递增
	文化艺术业	0.7334	0.9194	0.7977	递增
	体育	0.7757	0.9742	0.7962	递增
	娱乐业	0.7832	0.922	0.8495	递增
	平均	0.8612	0.9415	0.9108	
总平均		0.8291	0.9052	0.9161	

(1) 综合效率

与第三次经济普查相比,第三产业中各个产业的总的综合效率有所下降,平均效率从0.8327下降到0.8291,其中,高度集聚性产业综合效率下降最明显,从0.8520下降到0.7411,高度集聚性产业的综合效率低于总平均水平;中度集聚性产业综合效率有略微提升,从0.7765上升到0.7816,但仍低于总平均水平;低度集聚性产业综合效率有一定的提升,0.8436提升到0.8611,高于总平均水平。

在各个产业中,综合效率水平很高,在0.9以上的有高度集聚性产业中的资本市场服务;中度集聚性产业中的货币金融服务、保险业、其他金融服务;低度集聚性产业中的批发业、零售业、道路运输业、邮政业、电信广播电视和卫星传输服务、房地产业、专业技术服务业、居民服务业、机动车电子产品和日用产品修理业、其他服务业。其中,保险业、批发业、邮政业、房地产业综合效率达到最佳状态。可以看出,第三次和第四次经济普查,货币金融服务、保险业、其他金融业、批发业、邮政业始终都是效率最佳产业。

(2) 纯技术效率

从纯技术效率来看,①第四次经济普查时期各产业纯技术效率平均水平为0.9052,与第三次经济普查时期的0.9288相比有所下降。②高度集聚性产业的整体水平为0.8187,低于各产业平均水平的0.9052。与第三次经济普查时期的0.9123相比也有明显下降,其中,资本市场服务的纯技术效率较为突出,既高于各产业平均水平也高于高度集聚性产业的平均水平,但与第三次经济普查时期相比有所下降。③中度集聚性产业的整体水平为0.8404,低于各产业平均水平,但高于高度集聚性产业的水平。与第三次经济普查时期相比,也有所下降。其中,货币金融服务、保险业纯技术效率达到最优;其他金融业的纯技术效率也很突出,达到0.9641。④低度集聚性产业的整体水平为0.9108,略低于各产业平均水平,也高于高度集聚性产业和中度集聚性产业的平均水平,与第三次经济普查相比,也略有提升。在这一类型中,批发业、零售业、邮政业、房地产业、生态保护和环境治理业、居民服务业、机动车电子产品和日用产品修理业的纯技术效率达到最优。

总体来看,第三产业纯技术效率仍保持在较高水平,但与第三次经济普查相比有所下降。说明总体上投入资源的匹配程度和产出状况仍保持在一个较好的状态,但已经出现效率下滑的迹象,需要引起关注并对投入和产出关系进行一定的调整。

(3) 规模效率

就规模效率来看,①各产业规模效率的平均水平为0.9161,与第三次经济普查时期的0.8962相比,有一定的提升。②高度集聚性产业的整体水平为0.9088,低于各产业平均水平,与第三次经济普查时期的0.9316相比也有一定的下降。其中,铁路运输业、资本生产服务的规模效率突出,在0.95以上,高于各产业平均水平。③中度集聚性产业的整体水平为0.9295,高于各产业平均水平,也高于第三次经济普查时期的水平。其中,多式联运和运输代理业、互联网和相关服务、软件和信息技术服务业、货币金融服务、保险业、其他金融业的规模效率突出,高于各产业平均水平。保险业的规模效率甚至达到最优。④低度集聚性产业的整体水平为0.8980,略低于各产业平均水平,但高于第三次经济普查时期的水平。其中,批发业、零售业、道路运输业、餐饮业、电信广播电视和卫星传输服务、房地产业、商务服务业、研究与实验发展、专业技术服务业、居民服务业、机动车电子产品和日用产品修理业、其他服务业、教育、卫生等行业的规模效率较高,都高于各产业平均水平。批发业、邮政业、房地产业的规模效率到达最优。

总体来看,由于中度集聚性产业规模效率的明显提升,拉动了各产业平均规模效率的提高。但由于绝大多数产业规模效率还没有达到最优,因此,规模收益还可以进一步提高,今后一段时期投入规模还可以不断扩大。

本章参考文献

[1] 薄文广.外部性与产业增长——来自中国省级面板数据的研究[J].中国工业经济,2007,(1):37-44.

[2] 刘明.空间集聚与中国制造业增长——基于2008—2013年省域数据[J].经济问题探索,2017,(5):183-190.

[3] 夏永红,沈文星.中国林产工业集聚水平测度及演进趋势与产业经济增长——基于2003—2016年数据的实证分析[J].世界林业研究,2018,31(6):42-46.

[4] 潘世明,胡冬梅.论产业集聚的经济效应及其政策含义[J].上海经济研究,2008(8):31-37.

[5] 汪彩君,唐根年.长江三角洲地区制造业空间集聚、生产要素拥挤与集聚适度识别研究[J].统计研究,2011(2):59-64.

[6] Bautista A D. Agglomeration Economies, Economic Growth and the New Economic Geography in Mexico, Working Paper, Econ WPA. 2006, http://129.3.20.41/ep2/urb/papers/0508.

[7] Sbergami F. Agglomeration and Economic Growth: Some Puzzles, HEI Working Paper, 2002, No.2.

第8章 中国电子信息制造业集聚研究

产业集聚作为一种特有的空间组织形式,对区域经济增长发挥着不容忽视的作用。电子信息制造业是我国高新技术产业部门中的重要组成部分,是国民经济结构调整、国家数字基础设施建设的重要领域。促进电子信息制造业的集聚发展,对于带动上下游产业发展,推动国民经济数字化转型具有重要作用。

8.1 电子信息制造业集聚研究概述

8.1.1 电子信息制造业界定

1. 电子信息制造业定义

电子信息制造业(电子产业)是研制和生产电子设备及各种电子元件、器件、仪器、仪表的工业,是信息产业的重要组成部分,也是高新技术产业的重要组成部分。

随着经济全球化和新一代信息技术的快速发展,电子信息制造业作为战略性新兴产业的重要代表,在国民经济增长、转型升级中具有基础性、先导性的重要地位。

2. 电子信息制造业分类

在《国民经济行业分类》(GB/T 4754—2017)中,电子信息制造业指的是"计算机、通信和其他电子设备制造业"这一产业大类,其中包括八个产业中类,分别是计算机制造、通信设备制造、广播电视设备制造、雷达及配套设备制造、视听设备制造、电子器件制造、电子元件制造、其他电子设备制造。这与《高技术产业统计分类目录》中电子及通信设备制造业和计算机及办公设备制造业两大类的子行业统计口径基本一致。

3. 电子信息制造业特点

（1）空间集聚性。从产业发展历史进程来看，制造业一般具有明显的空间集聚特征，而电子信息制造业又属于技术密集型、资本密集型产业，在集聚发展方面更为突出，中国电子信息制造业主要分布在东部沿海沿江地区，形成了高度集聚的空间分布格局。

（2）专业化生产。电子信息制造业内部的企业进行高度专业化的分工和生产，电子信息制造业根据其产品可以分为八个子产业，其中计算机制造业又进一步细分为计算机整机制造、零部件制造、外围设备制造和应用电子设备、信息安全设备等各组成部件的制造企业，在集聚区的企业之间进行分工合作，共享外部经济。

（3）增长迅速。电子信息制造业是信息经济的支柱产业，作为战略性新兴产业，具有传统制造业无可比拟的高附加值、高技术含量、高竞争力的优势，集聚发展到一定阶段，形成特色产业集群，便能直接带动当地信息化与工业化的融合发展，实现产业的转型升级，最终促进区域经济的转型。

（4）创新驱动。创新是电子信息制造业发展的核心，电子信息制造业必须聚焦突破核心关键技术，提高自主创新能力，全面提升产品的附加价值和国际竞争力才能发展壮大。在电子信息制造业集聚区内部，各企业间可以通过加强交流、合作研发等途径共享创新资源，从而扩大创新效益。

8.1.2 电子信息制造业集聚问题研究概况

电子信息制造业集聚问题研究中，除了前述的各种西方的产业集聚理论作为基础理论外。中国学者也做了大量研究，这些研究分为两大类，一是针对电子信息产业进行研究，二是将电子信息产业作为高新技术产业进行研究。

1. 电子信息制造业集聚测算方法研究

盖晓敏、高彦梅（2013年）采用行业集中度 CR_n、赫芬达尔指数 H、区位基尼系数 G 和区位专业化指数（区位熵）等描述我国电子及通信设备制造业的集聚现状，并运用面板回归模型分析影响我国电子及通信设备制造业集聚转移的因素和作用机制。罗勇和曹丽莉（2005年）基于 EG 指数对我国 1993 年—2003 年电子信息制造业集聚度进行了测算，并通过研究证实了电子信息制造业集聚与工业总产值之间存在高度正相关的关系。张卉等人（2007年）基于 EG 指数测算了中国制造业在全国范围以及东、中、西部地区的集聚水平，并通过研究得出 1996 年—2005 年，东部地区电子信息制造业集聚水平加强，中部地区产业集聚水平下降的结论。唐中赋、任学锋、顾培亮(2005年)基于钻石模型构建新的指标体系测算1997年—2001年之间我国电子信息制造业在东中西部三大地区的产业集聚水平变化情况，并得出东部地区产业集聚水平远大于中西部地区的结论。蒋金荷(2005年)基于分工指数测算了我国高技术产业在1995年—2002年之间的区域分布状况，强调高技术产业集聚水平上升的发展趋势。席艳玲、吉生保(2012年)基于Theil指数测算了我国高技术产业的空间集聚情况，证实以2004年为拐点高技术产业经历了先集聚后分散的空间分布变化。

2. 电子信息制造业集聚影响因素研究

傅兆君(2003年)、袁红林(2006年)、曹休宁(2009年)等都强调了知识溢出、企业间的知识共享能够降低成本，对促进高技术产业集聚有积极影响。任启平、梁俊启(2007年)的实证研究证明，地理位置、企业数量、人力资本、消费者购买力、交易成本、政府政策等都对高技术产业集聚有重要的推动作用。

李国平、孙铁山、卢明华(2003年)通过研究表明，政府政策驱动和外资驱动是北京地区高科技产业集聚的主要推动因素。毛军(2006年)的研究主要强调了人力资本对高技术产业集聚形成的影响。陈平(2006年)则将高技术产业集聚的原因拓展为投资、科技、产业和环境四类因素。

3. 电子信息制造业产业关联和集聚效应研究

王缉慈(2001年)认为，产业之间的前后向关联有利于高技术产业集聚的形成，他还强调了区域创新环境及高质量的劳动力供给对高技术产业集聚的影响。在对深圳产业集聚的研究(2009年)中，认为深圳政府政策支持有利于深圳数字电视产业的集聚。李建玲、孙铁山(2003年)指出政府营造的区域创新环境有利于高技术产业集聚。唐中赋、任学锋、顾培亮(2005年)认为我国电子信息制造业在东部地区的集聚水平远高于中西部地区，这一集聚现状会推动区域经济发展差距扩大。雷鹏(2011年)认为产业集群能够依托其内在机制，促进区域经济的发展，电子信息制造业的集聚水平与工业总产值存在很强的正相关性。

4. 电子信息制造业产业集聚与区域经济关系研究

黎继子、刘春玲、邹德文(2006年)通过研究武汉的光电子产业，得出创新型企业集聚才能促进技术创新的结论。张秀武、胡日东(2008年)基于2005年我国各省面板数据分析了高技术产业创新驱动因素，结果证实集群内的知识溢出能够促进区域创新能力的提升。张铁山、赵光(2009年)也从知识溢出、创新要素获取和创新文化根植性三个角度论述了产业集群对高技术企业的创新能力的积极影响。张元智(2001年)对产业集聚与高技术产业开发区竞争力之间互动关系进行了探讨,认为产业集聚有利于增强区域竞争力。高雪莲(2009年)以北京中关村科技园区的高技术产业集群为例,提出产业集聚有利于提升区域竞争优势和智力资源配置率,从而促进高技术产业集群不断成长。李思慧(2011年)利用江苏高新技术企业微观数据检验证实产业集聚、人力资本对企业能源效率都具有显著的正向作用。产业集聚会产生外部经济效应,企业通过成本节约和学习与创新能力的增强可以获得较高的能源效率。

8.2 电子信息制造业集聚现状

8.2.1 电子信息制造业发展现状

1. 整体来看,电子信息制造业产业规模稳步扩大,产业增速保持领先

从第一次经济普查到第四次经济普查,我国电子信息制造业主营业务收入一直处于稳步上升的趋势,由图 8-1 可以看出,第一次经济普查时期,我国电子信息制造业实现主营业务收入 22 879.24 亿元,到第四次经济普查时期增长到 105028.6 亿元,增长了近 3.6 倍。

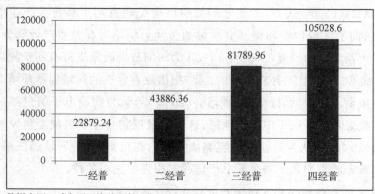

数据来源:《中国经济普查年鉴》

图 8-1 电子信息制造业主营业务收入(亿元)

如图 8-2 所示,电子信息制造业主营业务收入占全部工业主营业务收入的比重、占制造业主营业务收入的比重呈现先下降后上升的态势。从第一次经济普查到第三次经济普查,电子信息制造业主营业务收入占比明显下降,从第三次经济普查到第四次经济普查,这一占比又开始上升。主营业务收入占比下降说明主营业务收入增长速度低于整个工业业务收入的增长速度和制造业业务收入增长速度,第三次经济普查之后,电子信息制造业主营业务收入增速又开始提升,超过了工业业务收入增速和制造业业务收入增速。第四次经济普查时期,电子信息制造业主营业务收入占比在工业各个大类以及制造业各个大类中排名第一,比排名第二的汽车制造业业务收入占比高出2.5个百分点。

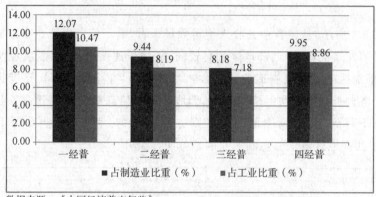

数据来源:《中国经济普查年鉴》
图8-2 电子信息制造业主营业务收入占比

2. 经济效率存在一定波动

从第一次经济普查到第三次经济普查,电子信息制造业的成本收益率(营业收入/营业成本)明显提升,第三次经济普查时期达到最高,即每百元成本的收入为117元。从第三次经济普查到第四次经济普查,成本收益率明显下降,第四次经济普查时成本收益率为109%,成为四次经济普查中的最低值。表明近些年电子信息制造业的经济效率波动性较大。

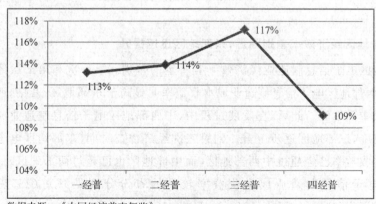

数据来源:《中国经济普查年鉴》
图8-3 电子信息制造业成本收益率变化

3. 分区域来看,中西部地区产业发展迅速,区域结构调整成效明显

从整体发展现状来看,电子信息制造业在全国的分布很不均匀,主要集中在长三角、珠三角、环渤海和福厦沿海等少数几个沿海地区。近几年,伴随产业发展过程中区域结构的调整,中西部地区产业发展环境不断改善,承接产业转移的能力不断增强,逐步形成了几个特色发展的产业基地,产业发展的区域结构调整成效明显。

如图 8-4 所示,从主营业务收入绝对数量来看,电子信息制造业在东部沿海地区有绝对的发展优势,中西部地区相对较弱;从增长速度来看,第二次经济普查以后,中西部地区电子信息制造业营业收入增速明显,在全国的占比迅速提升。从第一次经济普查到第四次经济普查,东部地区电子信息制造业主营业务收入占比从 95.8% 下降到 74.8%,中西部地区则分别从 1.9% 和 2.3% 上升到 13.6% 和 11.7%,中西部地区电子信息制造业的地位明显上升。

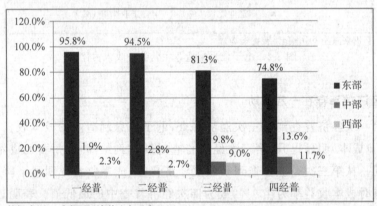

数据来源:《中国经济普查年鉴》

图 8-4 三大地带主营业务收入占比变化

4. 各地区经济效率差别明显,东部地区迅速提升

各地区电子信息制造业经济效率有一定的差别。第一次和第二次经济普查时期,中西部地区电子信息制造业成本收益率明显高于东部地区,其中,西部地区还略高于中部地区。此后,在发展过程中,中西部地区电子信息制造业成本收益率不断下降,东部地区逐步上升。到第三次经济普查时期,东部地区电子信息制造业成本收益率已经超过中西部地区,而中部地区也已超过西部地区。目前,东部地区电子信息制造业成本收益率较高的省份分别是海南(155%)、浙江(125%)、辽宁(131%)、河北(121%)、广东(118%)。

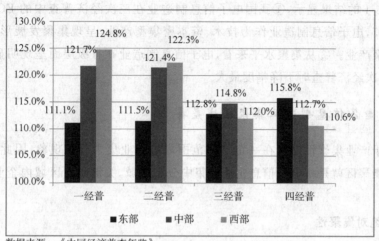

数据来源：《中国经济普查年鉴》
图8-5 三大地带电子信息制造业成本收益率变化

8.2.2 电子信息制造业集聚现状测度

为了了解我国电子信息制造业整体的产业集聚水平及其在各个区域的表现，以四次经济普查电子信息制造业企业层面的数据（劳动者人数）为基础数据，测算通信设备、计算机及其他电子设备制造业产业大类在省级层面的EG指数，并通过EG指数分析电子信息制造业集聚水平及变动趋势。需要说明的是，四次经济普查数据采用的分类标准不同，第一、第二次经济普查采用的是《国民经济行业分类（GB/T 4754—2012）》，第三次经济普查采用的是《国民经济行业分类（GB/T 4754—2011）》，第四次经济普查采用的是《国民经济行业分类（GB/T 4754—2017）》，但对电子信息制造业而言，其在三个行业分类中变化不大。

通信设备、计算机及其他电子设备制造业产业大类在省级层面EG指数计算结果如表8-1所示。

表8-1 电子信息制造业在省级层面EG指数

电子信息制造业	EG指数
一经普	0.1357
二经普	0.1226
三经普	0.0950
四经普	0.0805

数据来源：由国家统计局第一、二、三、四次经济普查数据计算得出。

表 8-1 的结果显示,①我国电子信息制造业在三次经济普查中的 EG 指数都大于 0.05,电子信息制造业作为技术、资本密集型产业,呈现集聚发展形势,属于高度集聚产业。②从集聚水平来看,电子信息制造业在省级层面呈现明显下降趋势,第三次经济普查时下降幅度最大。

8.2.3 电子信息制造业集聚区域差异

由于产业集聚性是指在一定空间范围内的企业集中分布现象,因此,电子信息产业集聚区就是指电子信息企业的集中分布区域,关键是看区域内企业数量的多寡。

1. 绝对集聚性

绝对集聚性是考察在一定区域范围内企业绝对数量的多少。首先观察电子信息制造业在东、中、西三大地带各自分布的企业数量,用企业数量占比表示,结果如表 8-2 所示。

表 8-2 电子信息制造业企业数量在三大地带的占比(%)

地带	一经普	二经普	三经普	四经普
东部	89.63	87.88	87.14	83.69
中部	5.85	7.96	8.73	10.51
西部	4.52	4.15	4.13	5.80

数据来源:《中国经济普查年鉴》。

如表 8-2 所示,电子信息企业主要集中在东部地区。尽管从第一次经济普查到第四次经济普查,东部地区电子信息企业数量占比有所下降,但东部地区一直是电子信息企业的绝对集中区域。

表 8-3 电子信息制造业企业数量占比排在前五名的省份(%)

排序	一经普		二经普		三经普		四经普	
	省份	占比	省份	占比	省份	占比	省份	占比
1	粤	30.4	粤	31.56	粤	39.17	粤	47.31
2	苏	18.96	苏	20.26	苏	19.41	苏	15.48
3	浙	14.74	浙	13.15	浙	12.85	浙	8.21
4	沪	5.96	沪	5.20	鲁	3.57	鲁	3.97
5	京	5.22	鲁	5.09	闽	2.85	皖	2.62

数据来源:《中国经济普查年鉴》。

从表 8-3 可以看出,广东省电子信息制造业企业数量在四次经济普查中始终独占鳌头,其企业数量的占比还一直不断提升,从第一次经济普查时期占 30.4%上升到第四次经济普查时期占 47.31%。江苏、浙江两省电子信息制造企业数量也相当可观,其企业数量占比大体保持在 10%~20%,但呈现下降态势。上海、山东、北京、福建等地的电子信息企业数量也曾经排在前五名的位置。上述这些省市(尤其是广东)是电子信息企业的绝对集聚区。

2. 相对集聚性

如第 3 章所述,人们在日常生活中能够直观感觉到的产业集聚更多的是产业的绝对集聚,但在科学研究中所测算的产业集聚则是一种相对集聚,这是在充分考虑各地区的经济地位或经济份额差异基础上所考察的产业集聚。

以第 5 章中修改后的区位熵作为测算指标,分析电子信息制造业在各个地区的相对集聚状况。计算结果如表 8-4 所示。

表 8-4 三大地区电子信息制造业平均区位熵

地带	一经普	二经普	三经普	四经普
东部	1.2114	1.1218	1.0042	0.8971
中部	0.2670	0.3553	0.3540	0.3952
西部	0.1734	0.1627	0.1646	0.2299

数据来源:《中国经济普查年鉴》。

如表 8-4 所示,①东部地区的区位熵始终高于中部和西部地区,但区位熵一直呈下降趋势,只有第一次经济普查到第三次经济普查时期区位熵>1,第四次经济普查时期区位熵<1,这说明第一次经济普查到第三次经济普查时期电子信息制造业在东部地区具有一定的相对集聚性,第四次经济普查时期相对集聚性已经弱化,但仍然接近相对集聚。②中西部地区的区位熵尽管小于 1,但一直呈现上升趋势,说明在四次经济普查中中西部地区尽管不存在电子信息制造业的相对集聚,但正逐步向集聚的方向迈进。

为了更全面、更具体了解区位熵的变化情况,以下对三大地带各个省份区位熵的变化一并列出,如表 8-5 所示。

表 8-5 各省区位熵变化情况

区位熵	上升省份	下降省份
东部	冀、鲁、粤	京、津、辽、沪、苏、浙、闽、琼
中部	晋、皖、赣、豫、鄂、湘	吉、黑
西部	内蒙、桂、渝、黔、滇、藏、甘、青、宁、新	川、陕

可以看出,东部地区大多数省份的区位熵都是下降的,中、西部地区大多数省份的区位熵都是上升的。尽管目前中西部地区区位熵水平还很低,但上升态势明显,使人们感觉到电子信息制造业的集聚开始出现向中西部转移的迹象。

但就目前的电子信息制造业的集聚情况看,东部地区依然当仁不让。电子信息制造业区位熵>1的区域如表8-6所示。

表8-6 电子信息制造业区位熵>1的省份

排序	一经普		二经普		三经普		四经普	
	省份	区位熵	省份	区位熵	省份	区位熵	省份	区位熵
1	粤	2.53	粤	2.54	粤	3.32	粤	3.86
2	苏	1.93	苏	1.84	苏	1.71	苏	1.42
3	津	1.82	津	1.80	浙	1.46	浙	1.01
4	浙	1.78	浙	1.55	津	1.31		
5	京	1.50	沪	1.23				
6	沪	1.22						

数据来源:《中国经济普查年鉴》

如表8-6所示,电子信息制造业的相对集聚具有以下特点:一是广东、江苏、浙江三省一直是电子信息制造业集聚的主要省份,其中,广东省的集聚程度最高并且一直在不断提高,在四次经济普查中始终是产业集聚的最主要省份。江苏、浙江的区位熵则明显下降。二是具有集聚性的省份不断减少,第一次经济普查时期集聚于6个省份,第四次经济普查时期只集聚于3个省份,因此,总体上看,"聚"特性越来越突出。

8.3 电子信息制造业集聚效应

产业集聚对区域产业发展具有促进作用还是抑制作用,对于经济政策的制定者、经济活动的管理者来说十分重要。这里,以第三、四次经济普查数据为基础并结合统计数据,对电子信息制造业集聚因素、对产业经济增长的影响进行定量分析,并分区域进行动态比较。

8.3.1 数据和变量

仍然采用如第7章的生产函数进行分析,即
$$\ln Y = \ln A + \alpha \ln K + \beta \ln L + \gamma E$$

式中，Y 为产出水平，A 为技术投入，K 为资本投入，L 为劳动力投入，E 为集聚因素。

各个变量的数据选取与第 7 章的做法有所不同。在这里，产出数据选用大陆地区 30 个省份(西藏自治区除外)工业增加值来表示，技术投入以各省市自治区高技术产业 R&D 经费支出表示，资本投入以各省市自治区电子信息制造业新增固定资产投资表示，劳动力投入以各省市自治区电子信息制造业劳动者人数表示，这些数据来自现有的各种统计资料。并且根据经验判断，投入要素的增加会带来产出的增加，因此，假设这几个投入要素与产出之间的关系是正相关的，如表 8-7 所示。产业集聚因素用各省份电子信息制造业的区位熵表示仍然参照第 5 章的方法构建区位熵。产业集聚因素与产出之间的关系待定，需通过具体的测算结果来验证。

表 8-7　投入要素含义及预期符号

变量	含义	预期符号
A	技术投入：各省高技术产业 R&D 经费支出	正
K	资本投入：各省电子信息制造业新增固定资产投资	正
L	劳动力投入：各省电子信息制造业劳动者人数	正
RLQ	集聚因素：各省份电子信息制造业的区位熵	待定

8.3.2　基于整体产业集聚水平变化的集聚效应

考虑到模型中产业聚集因素与技术、劳动力、资本要素之间会出现多重共线性，使用普通多元回归模型将会造成回归结果的不准确性，各自变量所对应的最小二乘估计量无效。因此，这里采用偏最小二乘法回归方法对模型参数进行估计。

基于上述方法得出模型回归结果如表 8-8 所示。

表 8-8　生产函数模型回归结果

变量回归系数	三经普	四经普	其他相关参数
截距项	7.5080	4.6940	潜变量个数：1
$\ln A$	0.2797	0.5748	三经普数据标准化后误差平方和
$\ln K$	0.3193	0.4446	$3.1292, R^2 = 0.9457$
$\ln L$	0.2739	0.2812	四经普数据标准化后误差平方和
RLQ	0.7870	0.8011	$4.7163, R^2 = 0.8741$

两次模型回归结果的拟合优度分别为 0.9457、0.8741，残差平方和为 3.1292、4.7163，拟合效果很好。

其结果显示,三经普时产业集聚因素回归系数为 0.7870,四经普时集聚因素回归系数为 0.8041,由此可以看出电子信息制造业产业集聚因素对产业发展的影响是正向的,从变动趋势来看,电子信息制造业集聚对产业发展的促进作用是加强的。由于电子信息制造业 EG 指数是下降的,因此,这一回归结果说明整体上产业集聚水平下降的变化趋势是有利于电子信息制造业发展的。

8.3.3 基于地区产业集聚水平变化的集聚效应

为了比较各地区电子信息制造业集聚水平变化对产业增长影响的差异性,这里选择东部和中部两个地区为考察对象,并以同样方法做了偏最小二乘回归分析,回归结果如表 8-9、表 8-10 所示。

表 8-9 东部地区生产函数模型回归结果

变量回归系数	三经普	四经普	其他相关参数
截距项	7.3291	5.8273	潜变量个数:1 三经普数据标准化后误差平方和 $1.2092, R^2 = 0.9644$ 四经普数据标准化后误差平方和 $2.3393, R^2 = 0.8833$
$\ln A$	0.3101	0.5259	
$\ln K$	0.3062	0.3770	
$\ln L$	0.2937	0.2858	
LQ	0.4025	0.5353	

表 8-10 中部地区生产函数模型回归结果

变量回归系数	三经普	四经普	其他相关参数
截距项	−4.1395	2.8217	潜变量个数:1 三经普数据标准化后误差平方和 $2.0936, R^2 = 0.8787$ 四经普数据标准化后误差平方和 $1.3191, R^2 = 0.8955$
$\ln A$	0.1792	0.6757	
$\ln K$	0.6432	0.3862	
$\ln L$	1.3473	0.3331	
LQ	0.9516	1.5065	

针对东部地区和中部地区所做的四次模型回归结果的拟合优度分别为 0.9644、0.8833、0.8787、0.8955,残差平方和为 1.2092、2.3392、2.0936、1.3191,模型的拟合效果都很好。

具体分地区来看,东部地区三经普时产业集聚因素的回归系数为 0.4025,四经普时产业集聚因素的回归系数为 0.5353,东部地区电子信息制造业集聚因素是促进产业发展的积极因素;从变动趋势来看,产业集聚对产业发展的正向促进作用是加强的,东部地区电子信息制造业集聚水平的下降反而是有利于区域电子信息制造业发展的。

中部地区三经普时产业集聚因素的回归系数是0.9516,四经普时产业集聚因素的回归系数是1.5065,由此可以看出,中部地区电子信息制造业集聚因素对区域产业发展具有更强烈的促进作用,且远高于东部地区集聚因素对区域经济的促进作用。同时这也说明中部地区电子信息制造业集聚水平的上升是非常有利于中部地区电子信息制造业产业发展的。

东部地区电子信息制造业集聚因素对东部地区产业发展的促进作用小于中部地区产业集聚因素对区域产业发展的促进作用,这种现象的产生可以用边际效应递减的规律来解释,即当东部地区电子信息制造业集聚程度处于一个比较高的水平时,集聚因素增加一个单位所带来的产出增加的幅度会越来越小。相反,中部地区电子信息制造业集聚程度处于一个相对比较低的水平,增加一个单位的集聚因素会带来产出规模的大幅度增加。因此,加大力度促进中部地区电子信息制造业集聚是有利于整个产业发展的。相反,对东部地区来说,其电子信息制造业集聚程度已经处于相对比较高的水平,进一步的产业集聚可能会产生要素拥挤效应。因此,优化投入要素,实现东部地区产业有序转移是关键。

8.4 中部地区电子信息制造业集聚影响因素

前面的研究可以得出结论,一方面,中部地区电子信息制造业集聚水平提升明显,承接东部地区产业转移的优势明显,产业发展速度快;另一方面,中部地区电子信息制造业集聚水平的提升对产业发展的促进作用是相当显著的。因此,这里针对中部地区进行研究,分析哪些因素是影响中部地区电子信息制造业集聚的主要因素,进而为提出相关的政策建议提供依据。

8.4.1 集聚因素变量选取及数据处理

1. 变量选取

在前人的研究中,对产业集聚机制的研究多集中在制造业。我们以前人的研究为参考,采用第四次经普数据以及相应的统计数据,考察中部地区电子信息制造业产业集聚的影响因素。

根据第2章产业集聚的相关理论,并参考第6章产业集聚影响因素,确定中部电子信息制造业产业集聚的影响因素主要包括以下几个方面。

(1) 产业集聚程度作为模型的因变量,用区位熵来表示,在模型中记为RLQ。区位熵越大,产业集聚水平越高。

(2) 内部规模经济

产业规模的大小既可以从各省市该产业内各个企业平均人数的角度衡量,也可以从各省市该产业内各个企业经济总量的角度衡量。这里,选取中部地区各个省份电子信息制造业的主营业务收入来反映各个地区电子信息制造业的发展规模,在模型中记为 INTE。

(3) 外部规模经济

引入知识溢出这个变量,鉴于数据获取方面的考虑,这里以研究与开发机构服务于高技术产业的 R&D 经费投入表示,在模型中记为 ZSYC。产业中各企业之间知识外溢有利于产业生产效率的提高,从而会带来产业集聚,因此,可假设外部规模经济也是产业集聚的积极因素。

(4) 比较优势

引入一般劳动力因素、技术劳动力因素和国内投资三个变量。其中,国内资本用各省的固定资产投资减去利用外资的值来表示;一般劳动力因素用各省城镇就业人口来表示,城镇就业人口越多的省份劳动力资源也越丰富,就会形成产业集聚;技术劳动力因素用各省高技术产业 R&D 人员数量来表示。三个变量在模型中分别记为 GNZB、LAB、TECH。电子信息制造业是高新技术产业中最大的行业,高素质人才的集聚、资本的集聚都是产业集聚的前提,因此可假设三个变量是产业集聚的积极因素。

(5) 经济一体化

我国参与世界经济一体化的程度可以从引进外资和出口程度上体现,为此,引入国外资本和国外市场需求两个变量。国外资本用各省固定资产投资中利用外资的水平来表示,国外市场需求用各省出口交货值表示,两个变量在模型中分别记为 CWZB、CKJHZ。

(6) 政府政策支持

引入国家政策因素,并选取固定资产投资中国家预算内资金[①]作为衡量指标,在模型中记为 ZFZC。其中,东部沿海地区具有电子信息制造业产业集聚的天然优势,中西部地区电子信息制造业的发展需要政府政策的支持,因此假设这种政策支持对中部地区产业集聚的影响是正向的。

各变量内含及预期符号如表 8-11 所示。

表 8-11 解释变量含义及预期符号

变量	含义	预期符号
INTE	内部规模经济:各省 GDP	正
ZSYC	外部规模经济:高技术产业 R&D 经费支出	正
CKJHZ	国外市场需求:出口交货值	正

① 国家预算内资金指中央财政和地方财政中由国家统筹安排的基本建设拨款和更新改造拨款,以及中央财政安排的专项拨款中用于基本建设的资金和基本建设拨款改贷款的资金等。

续表

变量	含义	预期符号
GNZB	国内投资:固定资产投资减去利用外资的值	正
GWZB	国外投资:利用外资水平	正
LAB	一般劳动力因素:城镇就业人口	正
TECH	技术劳动力因素:高技术产业R&D人员	正
ZFZC	政府政策支持	正

2. 数据处理

(1) 研究对象:以中部8个省电子信息制造业产业集聚程度及其产业集聚的影响因素为研究的对象。

(2) 数据来源:模型中用到的数据主要出自中国统计年鉴,电子信息产业统计年鉴,中国科技统计年鉴和国家统计局经济普查数据。

(3) 数据的处理方法:标准化处理方法。

$$R_i = \sum (X_i - X_{i\min})/(X_{i\max} - X_{i\min})$$

对数据进行标准化处理可以避免数据之间由于单位不同所带来的影响,进而可以确保结果的准确性和影响因素作用大小的可比较性。

8.4.2 模型构建及结果分析

1. 模型构建

设想产业集聚受上述因素的影响,在变量设定的基础上,构造理论模型如下:

$$E = f(\text{INTE}, \text{ZSYC}, \text{LAB}, \text{TECH}, \text{GNZB}, \text{CKJHZ}, \text{GWZB}, \text{ZFZC})$$

首先,利用SPSS软件对8个自变量间的相关性进行检验,结果如表8-12所示。

表8-12 变量相关性检验

		INTE	ZSYC	CKJHZ	GNZB	GWZB	LAB	TECH	ZFZC
INTE	皮尔森(Pearson)相关	1	0.433	0.308	0.764*	0.523	0.527	0.530	0.198
	显著性(双尾)		0.284	0.458	0.027	0.183	0.179	0.177	0.638
	N	8	8	8	8	8	8	8	8
ZSYC	皮尔森(Pearson)相关	0.433	1	0.799*	−0.092	0.177	0.298	0.885**	0.837**
	显著性(双尾)	0.284		0.017	0.829	0.674	0.474	0.004	0.010
	N	8	8	8	8	8	8	8	8

续表

		INTE	ZSYC	CKJHZ	GNZB	GWZB	LAB	TECH	ZFZC
CKJHZ	皮尔森(Pearson)相关	0.308	0.799*	1	−0.111	0.376	−0.030	0.665	0.888**
	显著性(双尾)	0.458	0.017		0.794	0.359	0.943	0.072	0.003
	N	8	8	8	8	8	8	8	8
GNZB	皮尔森(Pearson)相关	0.764*	−0.092	−0.111	1	0.641	0.356	0.199	−0.151
	显著性(双尾)	0.027	0.829	0.794		0.087	0.387	0.636	0.720
	N	8	8	8	8	8	8	8	8
GWZB	皮尔森(Pearson)相关	0.523	0.177	0.376	0.641	1	−0.225	0.274	0.148
	显著性(双尾)	0.183	0.674	0.359	0.087		0.592	0.512	0.727
	N	8	8	8	8	8	8	8	8
LAB	皮尔森(Pearson)相关	0.527	0.298	−0.030	0.356	−0.225	1	0.477	0.202
	显著性(双尾)	0.179	0.474	0.943	0.387	0.592		0.232	0.632
	N	8	8	8	8	8	8	8	8
TECH	皮尔森(Pearson)相关	0.530	0.885**	0.665	0.199	0.274	0.477	1	0.766*
	显著性(双尾)	0.177	0.004	0.072	0.636	0.512	0.232		0.027
	N	8	8	8	8	8	8	8	8
ZFZC	皮尔森(Pearson)相关	0.198	0.837**	0.888**	−0.151	0.148	0.202	0.766*	1
	显著性(双尾)	0.638	0.010	0.003	0.720	0.727	0.632	0.027	
	N	8	8	8	8	8	8	8	8

* 相关性在 0.05 层上显著(双尾)

** 相关性在 0.01 层上显著(双尾)

变量相关性检验结果显示,多个变量之间都存在很大的相关性,其中"知识溢出(ZSYC)"和"技术劳动力因素(TECH)"之间的相关性高达 0.885,"国外市场需求(CKJHZ)"和"政府政策因素(ZFZC)"之间的相关性高达 0.888。

鉴于自变量间存在一定的相关性,使用普通多元回归模型将会造成回归结果的不准确性,各自变量所对应的最小二乘估计量无效。同时模型中 8 个样本对应有 8 个自变量,样本数量较少,也会对模型效果产生影响,因此,对产业集聚影响因素的分析同样使用偏最小二乘法回归方法来进行模型参数估计。

2. 结果分析

首先,利用交叉有效性原则确定提取的成分数,最主要的参数是 Press,如图 8-6 所示。

从图 8-6 可以看出,仅从偏最小二乘模型中提取一个成分时 Press 最小即残差平方和最小,模型预测效果最好,因此选择提取一个成分来做偏最小二乘回归,分析中部地区电子信息制造业集聚的影响因素。

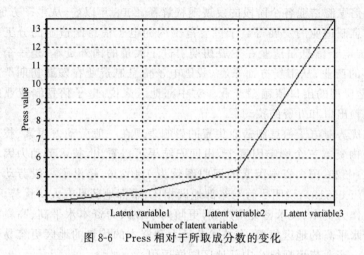

图 8-6　Press 相对于所取成分数的变化

偏最小二乘回归结果如表 8-13 所示。

表 8-13　偏最小二乘回归结果

潜变量数量	1							
潜变量负荷	INTE	ZSYC	CKJHZ	GNZB	GWZB	LAB	TECH	ZCZC
c_1	0.3386	0.4412	0.5856	0.3855	0.5418	0.1314	0.4036	0.2500
模型效果	拟合优度 R^2				残差 PRESS			
c_1	0.8612				3.8686			
回归方程	$y_1 = 0.202056 + 0.539014\text{INTE} + 1.423494\text{ZSYC} + 2.258879\text{CKJHZ} + 1.40226\text{GNZB} + 1.543411\text{GWZB} + 1.05519\text{LAB} + 2.10528\text{TECH} + 0.4066\text{ZFZC}$							

由模型回归结果可以看出,模型的拟合优度为 0.8854,残差为 3.8686,拟合效果很好。

从模型的回归系数可以看出,8 个因素都与中部地区电子信息制造业集聚水平呈正相关,与预期相符,是我国中部电子信息制造业集聚的积极因素,模型的测算结果与假设基本一致。其中,国外市场需求、国外资本投资、技术劳动力因素对中部地区电子信息制造业集聚影响效果最明显,一般劳动力因素、国内资本投资、外部规模经济次之,内部规模经济因素和政府政策因素对中部地区电子信息制造业集聚的影响效果不明显。

具体来看,经济一体化是影响我国中部地区电子信息制造业集聚的主要因素。其中,国外市场需求因素(CKJHZ)的回归系数为 2.258879,国外资本投资因素(GWZB)的回归系数为 1.543411,在模型中的经济含义为,该地区出口交货值每增加 1 单位,该地区电子信息制造业的集聚度增加 2.258879 个单位;国外资本增加 1 单位,该地区电子信息制造业的集聚度增加 1.543411 个单位。这也可以由我国电子信息制造业各个阶段的发展现状解释,2008年以前,从生产方面来看,我国电子信息制造业的发展得益于世界范围内的电子信息制造业的分工向我国的转移,我国电子信息制造业在发展初期引进了大量的国外资本,是一个高度依赖外国资本的产业;从市场方面来看,我国电子信息制造业在发展初期严重依赖国外市场,是典型的出口依赖型产业。对中部地区来说,电子信息制造业的集聚发展同样依赖出口和外资的拉动。

比较优势对电子信息制造业集聚的影响表现在一般劳动力因素、技术劳动力因素和国内资本三个影响因素上,由回归结果可以看出,技术劳动力因素的回归系数为2.10528,国内资本因素的回归系数为1.40226,超出了一般劳动力因素的回归系数(1.05519),说明尽管与东部地区相比,中部地区具有人口优势,但电子信息制造业作为资本、技术密集型产业,更倾向于在人力资本水平高、高科技人才密集和投资水平高的地区集聚,有技术劳动力和资本的优势的地区更容易形成产业集聚。这一产业集聚规律在中部地区同样适用。

外部规模经济的影响表现在知识溢出对产业集聚的影响上。由回归系数可以看出,知识溢出对中部地区电子信息制造业产业集聚的影响也比较突出,说明产业聚集过程中企业追求知识共享的趋势比较强烈,而产业间的相互联系能够促进产业集聚。

内部规模经济对电子信息制造业的产业集聚也存在一定的影响,说明在我国中部地区,企业规模经济所产生的竞争优势会生产引导和示范效应,促进电子信息制造业产业的集聚,但这种影响还比较小。

此外,数据显示,政府政策因素对中部地区电子信息制造业产业集聚也有一定的积极影响。不过其回归系数比较小,表明政府的支持确实有利于中部地区电子信息制造业产业集聚,但其作用有限,集聚的形成还主要受其他因素的影响。

本章参考文献

[1] 曹休宁,戴振.产业集聚环境中的企业合作创新行为分析[J].经济地理,2009(8):1323-1326,1271.

[2] 陈平.论高科技产业集群成长的驱动因素[J].科学学与科学技术管理,2006(12):80-86.

[3] 傅兆君,陈振权.知识流动与产业空间集聚现象分析[J].地域研究与开发,2003(3):5-8,13.

[4] 盖骁敏,高彦梅.产业集聚与集聚转移:中国电子及通信设备制造业的竞争力[J].改革,2013(12):113-121.

[5] 高雪莲.北京高科技产业集群衍生效应及其影响分析——基于中关村科技园区的案例研究[J].地域研究与开发,2009(1):47-52.

[6] 蒋金荷.我国高技术产业同构性与集聚的实证分析[J].数量经济技术经济研究,2005(12):91-97.
[7] 雷鹏.制造业产业集聚与区域经济增长的实证研究[J].上海经济研究,2011(1):35-45.
[8] 李国平,孙铁山,卢明华.北京高科技产业集聚过程及其影响因素[J].地理学报,2003(6):927-936.
[9] 李建玲,孙铁山.推进北京高新技术产业集聚与发展中的政府作用研究[J].科研管理,2003(5):92-97.
[10] 李思慧.产业集聚、人力资本与企业能源效率——以高新技术企业为例[J].财贸经济,2011(9):128-134.
[11] 罗勇,曹丽莉.中国制造业集聚程度变动趋势实证研究[J].经济研究,2005(8):106-115.
[12] 毛军.产业集聚与人力资本积累——以珠三角、长三角为例[J].北京师范大学学报(社会科学版),2006(6):103-110.
[13] 唐中赋,任学锋,顾培亮.我国高新技术产业集聚水平的评价——以电子及通讯设备制造业为例[J].西安电子科技大学学报(社会科学版),2005(3):57-61.
[14] 王缉慈.创新的空间——企业集聚与区域发展[M].北京:北京大学出版社,2001.
[15] 王缉慈,王敬甯,姜冀轩.深圳数字电视产业的地理集聚——研究高新技术创新集群的一个尝试[J].地理科学进展,2009(5):673-682.
[16] 席艳玲,吉生保.中国高技术产业集聚程度变动趋势及影响因素——基于新经济地理学的视角[J].中国科技论坛,2012(10):51-57.
[17] 袁红林.高科技企业集群的动因——基于企业知识观的视角[J].江西财经大学学报,2006(6):9-11.
[18] 张卉,詹宇波,周凯.集聚、多样性和地区经济增长:来自中国制造业的实证研究[J].世界经济文汇,2007(3):16-29.
[19] 黎继子,刘春玲,邹德文.产业集中、集群式供应链组织衍续和技术创新——以"武汉·中国光谷"光电子产业为例[J].财经研究,2006(7):41-52.
[20] 张秀武,胡日东.产业集群与技术创新——基于中国高技术产业的实证检验[J].科技管理研究,2008(7):534-537.
[21] 张铁山,赵光.集群对高技术企业创新能力的影响分析[J].中国科技论坛,2009(1):31-35.
[22] 张元智.产业集聚与区域竞争优势探讨[J].国际贸易问题,2001(9):33-36.
[23] 任启平,梁俊启.中国高新技术产业空间集聚影响因素实证研究[J].经济问题探索,2007(9):55-58.

第 9 章 结论与建议

本章将综合归纳前述研究中的发现,并加以总结概括,以期使研究成果更加明确。在此基础上,提出相关政策建议。

9.1 主要研究结论

9.1.1 产业集聚程度及其变化

以 EG 指数作为衡量产业集聚程度的指标。

1. 关于第二产业

(1) 在门类层面有 4 个产业,四次经济普查中,采矿业一直属于高度集聚性产业(第一次经济普查时期属于中度集聚性产业),且集聚程度不断提升;制造业始终属于中度集聚性产业,且集聚程度波动性下降;电力热力燃气及水的生产供应业、建筑业始终属于低度集聚性产业,前者的集聚程度一直提升,后者的集聚程度在波动微弱下降。

(2) 在产业大类层面,四次经济普查中,集聚性产业的数量大体占到第二产业数量的 3/5 左右,其集聚程度和集聚趋势变化有如下几类,如表 9-1 所示。

表 9-1 第二产业集聚性产业类型及其变化

集聚程度	集聚趋势	产业
高度集聚	增长	煤炭开采和洗选业、黑色金属矿采选业、有色金属矿采选业、其他采矿业
高度集聚	下降	计算机、通信和其他电子设备制造业、石油、煤炭及其他燃料加工业
中度集聚 → 高度集聚	增长	石油和天然气开采业、化学纤维制造业

续 表

集聚程度	集聚趋势	产业
高度集聚 → 中度集聚	下降	纺织服装鞋帽及皮革、毛皮、羽毛及其制品业、文教工美体育娱乐用品制造和其他制造业、电气机械和器材制造业
中度集聚	增长	橡胶和塑料制品业、黑色金属冶炼和压延加工业
中度集聚	下降	农副食品加工业、烟草制品业、家具制造业、金属制品业、通用设备和仪器仪表制造业
低度集聚 → 中度集聚	增长	酒饮料和精制茶制造业、木材加工和木竹藤棕草制品业

很明显,高度集聚性产业主要是资源性开采和加工业、高技术产业;中度集聚性产业大都是与资源密切相关的加工业,以及具有一定的知识和技术含量的加工业。

2. 关于第三产业

(1) 第三产业的聚集程度明显要低于第二产业。

(2) 在门类层面有 13 个产业,四次经济普查中,具有集聚性的产业有 5 个,多于 1/3,都属于中度集聚性产业。①交通运输仓储和邮政业、金融业的集聚程度一直呈现上升趋势;②信息传输软件和信息技术服务业、科学研究和技术服务业、文化体育和娱乐业的集聚程度一直呈现下降趋势。

(3) 在产业大类层面,四次经济普查中,集聚性产业的数量占比小于第三产业内部产业数量的 1/2,集聚性产业中大部分属于中度集聚性产业,个别属于高度集聚性产业,其集聚程度和集聚趋势变化有如下几类,如表 9-2 所示。

表 9-2 第三产业集聚性产业类型及其变化

集聚程度	集聚趋势	产业
高度集聚	增长	铁路运输业
中度集聚 → 高度集聚	增长	资本生产服务、管道运输业
高度集聚 → 中度集聚	下降	软件和信息技术服务业、其他金融服务业、科技推广和应用服务业
中度集聚	增长	航空运输业、新闻出版业、社会保障
中度集聚 → 低度集聚	下降	研究和试验发展业、文化艺术、体育、商务服务业、专业技术服务业、修理服务和其他服务业、广播电视电影和录音制作业

很明显,集聚性产业中的大部分产业属于生产性服务业,少部分属于文化性相关产业。

9.1.2 产业集聚区域及其变化

1. 关于调整后的区位熵

以调整后区位熵作为衡量区域集聚状况的指标。EG 指数反映了 i 产业在全国范围内总的集聚程度。EG 指数的核心是空间基尼系数,它是 i 产业在 j 地区的份额(i 产业在 j 地区的就业人数占 i 产业就业人数的比例)与 j 地区应有份额(j 地区就业人数占全国就业人数的比例)的正向偏差和负向偏差的总和。调整后的区位熵则是 i 产业在 j 地区的份额(i 产业在 j 地区的企业数量占 i 产业企业数量的比例)与 j 地区应有份额(j 地区就业人数占全国就业人数的比例)的对比关系。调整后的区位熵 >1 类似于空间基尼系数中的正向偏差,表示 i 产业在 j 地区的企业数量占有优势。

由于计算方法的不同,EG 指数所显示的集聚性产业在区域空间则表现为两种情况的结合:一是调整后的区位熵 >1 的区域数量,二是调整后的区位熵 >1 的程度。

2. 第二产业集聚区域

(1) 在门类层面,采矿业具有高度集聚性,四次经济普查中,其集聚区域分布在中西部以及东部的辽宁、河北等矿产资源丰富地区,贵州和内蒙古是主要集聚区。制造业具有中度集聚性,在四次经济普查中其集聚区域分布在东部地区,浙江和河北是主要集聚区。

(2) 在大类层面,集聚性产业(高度集聚和中度集聚)的集聚区域及其变化如表 9-3、表 9-4 所示。

表 9-3 采矿业各个大类集聚区域

产业	集聚区域变化	集聚区域	主要集聚区
煤炭开采和洗选业	集聚区域大体稳定	基本分布在东北、中部、西南、西北四大片区	贵州、山西
黑色金属矿采选业			河北、山西
有色金属矿采选业			云南、内蒙古
其他采矿业			贵州、内蒙古、新疆
石油和天然气开采业			宁夏、吉林、内蒙古
非金属矿采选业			江西、贵州

表 9-4 制造业各个大类集聚区域

产业	集聚区域变化	集聚区域	主要集聚区
石油、煤炭及其他燃料加工业	集聚省份增加	东北、东部地区环渤海湾的天津、河北、山东三省、西南部贵州、云南两省，以及西北地区	山西、新疆、辽宁、黑龙江
计算机、通信和其他电子设备制造业	集聚省份减少	分布于发达地区	广东
农副食品加工业	集聚省份增长明显	东北、中部、西部地区	河南、黑龙江
烟草制品业	集聚省份减少	中部地区、东部和西部个别省份	云南、湖南、湖北
纺织、服装、鞋帽及皮革、毛皮、羽毛及其制品业	集聚省份大体稳定	东部发达地区	浙江、福建
家具制造业	集聚省份大体稳定	东部地区，其他地区有所涉及	上海、广东
文教工美体育娱乐用品制造和其他制造业	集聚省份有所增加	东部地区，其他地区有所涉及	浙江
化学纤维制造业	集聚省份大体稳定	东部地区	江苏
橡胶和塑料制品业	集聚省份减少	东部地区	浙江
黑色金属冶炼和压延加工业	集聚省份减少	分布零散，东部、中部、西部省份都有所涉及	天津、河北
通用设备和仪器仪表制造业	集聚省份大体稳定	东部地区	浙江、江苏
电气机械和器材制造业	集聚省份减少	东部地区	浙江
酒、饮料和精制茶制造业	集聚省份减少	东北、中西部各省	四川、云南、贵州
金属制品业	集聚省份减少	东部地区	天津、河北

3. 第三产业集聚区域

（1）在第三产业 13 个门类中，具有集聚性的有 5 个门类，其集聚区域分布及其变化如表 9-5 所示。

表 9-5　第三产业各个门类集聚区域

产业	集聚区域变化	集聚区域	主要集聚区
金融业	集聚省份减少	集聚区域分布比较广泛，东中西三大地带都有涉及	青海、新疆、海南、天津
交通运输仓储和邮政业	集聚省份增加	东北地区、包括内蒙、山西的华北和环渤海地区、东南部沿海省份、西北各省区、长江上游和中游核心区域	天津
信息传输软件和信息技术服务业	大体稳定	三大地带中发达、较发达区域	北京
科学研究和技术服务业	集聚省份增加	东部发达区域	北京
文化体育和娱乐业	集聚省份增加	分布比较广泛，东中西三大地带都有涉及	北京

（2）在大类层面，第三产业集聚性产业大类（高度集聚、中度集聚）有12个，其集聚区域分布及其变化如表9-6所示。

表 9-6　第三产业各个大类集聚区域

产业	集聚区域变化	集聚区域	主要集聚区
铁路运输业	大体稳定	北京、天津、山西、内蒙、东北三省、西南四川和贵州、西北省份	天津、内蒙
资本市场服务业	集聚省份减少	北京、天津、上海、广东、海南等东部地区	北京、辽宁
软件和信息技术服务业	集聚省份减少	东部地区	北京
其他金融服务业	集聚省份减少	分布较广，东、中、西三大地带的省份都有涉及	海南、内蒙、天津、广西
科技推广和应用服务业	集聚省份增加	东部、中部发达地区	北京
航空运输业	大体稳定	东部个别省份、东北和内蒙、山西，以及西部大部分省份	海南、天津

续 表

产业	集聚区域变化	集聚区域	主要集聚区
管道运输业	集聚省份增加	天津、东北三省、山东、湖北、西北	宁夏、新疆
新闻出版业	集聚省份增加	东部地区、中西部发达省份	北京
研究和试验发展业	大体稳定	东部地区	北京、广东
文化艺术	集聚省份增加	东部地区、中西部发达省份	北京
体育	集聚省份增加	东部地区、中西部发达省份	北京
社会保障服务	集聚省份增加	分布较广,东、中、西三大地带的省份都有涉及	天津、广西

9.1.3 关于产业聚集因素

主要对第四次经济普查进行分析。

1. 对于第二产业

产业聚集的主要影响因素有企业规模、知识溢出、中间产品投入、劳动力相对投入强度、技术相对投入强度、销售强度、外资利用强度和出口强度。

对产业聚集产生负向影响的是销售强度和出口强度,前者的影响强,后者的影响微弱。前者说明销售强度大的产品,形成市场的可能性降低,进而不利于产业聚集。后者说明现有的产品出口规模和力度较弱,还没有对产业的聚集产生强化影响。

其他因素对产业聚集的影响都是正向的,影响程度由强到弱依次为劳动力相对投入强度、知识溢出、外资利用强度、中间产品投入、技术相对投入强度和企业规模。说明第二产业的聚集主要取决于劳动力优势和追求知识共享。

2. 对于第三产业

产业聚集的主要影响因素有企业规模、知识溢出、产业联系、劳动力投入强度、技术投入强度、市场需求、信息化水平、出口强度和国有化率。

企业规模、知识溢出、产业联系和国有化率的影响为负。其中产业联系和国有化率的影响为负,与预期值一致。企业规模、知识溢出的影响为负,与预期值不一致。企业规模的影响为负与服务业中的大型企业一般数量有限,在分布上更多的是呈现出零星分布态势有关。知识溢出的影响为负还需要进一步探究。

其他因素对产业聚集的影响都为正,与预期值一致。影响程度由大到小依次为市场需求、信息化水平、技术投入强度、出口强度和劳动力投入强度。前两项最突出,说明第三产业聚集主要取决于市场需求和信息化水平。

3. 第二、三产业聚集关系

第一,对于高度聚集的产业、中度聚集性产业来说,第二产业的聚集和第三产业的聚集都显示出一定的相关性,但这种相关性只表现为制造业的集聚与第三产业集聚的相关性,采矿业的集聚与第三产业集聚的相关性不明显。

第二,在 EG 聚集指数大于 0.02 的第二、三产业中,这种相关性只体现在部分产业之间,因此,第二、三产业表现出来的聚集相关性还不广泛。

第三,对于第二产业来说,只有那些与日常生活密切相关的产品的生产(例如,皮革、毛皮、羽毛及其制品和制鞋业、纺织服装、服饰业、橡胶和塑料制品业),以及有一定技术含量的产品的生产(例如,化学纤维制造业、计算机、通信和其他电子设备制造业、铁路、船舶、航空航天和其他运输设备制造业、仪器仪表制造业等)才存在着与部分第三产业在产业聚集上的相关性。

第四,对于第三产业来说,与部分第二产业在聚集上存在相关性的几乎都是生产性服务业,说明生产性服务业是伴随制造业的聚集而聚集的。

9.1.4 关于产业聚集效应

对第三次和第四次经济普查数据进行分析。

1. 产业聚集对产业经济增长的影响

(1) 关于第二产业

① 高度聚集性产业、中度聚集性产业,聚集因素对产业经济增长有促进作用。

② 低度集聚性产业(不聚集产业),第三次经济普查时期聚集因素对经济增长起抑制作用,第四次经济普查时期聚集因素对经济增长起促进作用。

③ 在三种集聚类型的比较中,高度集聚性产业集聚因素对经济增长的促进作用始终是最弱的。

④ 在各种因素的比较中,集聚因素对经济增长的促进作用始终弱于资本投入和劳动力投入的促进作用。

(2) 关于第三产业

第三次经济普查中,集聚性产业集聚因素对产业经济增长的影响是正向的,在第四次经济普查中,集聚因素对经济增长的影响都是负向的。这说明,随着第三产业集聚程度的下降,第三产业所服务的区域更加广泛,第三产业只有在较广泛的区域范围内(而非集聚于某些区域)提供服务才会起到促进产业经济增长的作用。

2. 产业集聚对区域经济增长的影响

(1) 第三次和第四次经济普查中,第二产业的集聚对东部地区经济增长的影响是负向的,即对东部地区的经济增长有一定的抑制,但对中部地区和西部地区的经济增长则有促进作用。东部地区是产业集聚开始出现的区域,随着集聚程度的加强集聚的经济性不断弱化,集聚所产生的不经济越来越突出,导致集聚因素会降低东部地区产出效率,抑制经济增长。

(2) 第三次经济普查中,第三产业集聚因素对三大地带的经济增长都有促进作用。第四次经济普查中,第三产业集聚因素对东部和中部经济增长的影响是负向的,对西部经济增长的影响是正向。集聚因素对东部地区的经济影响是负向的,这与第二产业的情况一致,与集聚所产生的不经济有关。集聚因素对中部地区的经济影响也是负向的,这与中部地区第三产业中的不同产业发展程度和布局状况有关。

3. 产业聚集对产业效率的影响

采用数据包络分析方法,对第三次和第四次经济普查时期聚集因素对产业效率的影响进行分析。

(1) 第二产业效率(表 9-7)

表 9-7 第二产业经济效率

时期	产业类型	综合效率	纯技术效率	规模效率
第三次经济普查时期	各产业平均	0.4203	0.6505	0.6319
	高度集聚性产业	0.1752	0.3944	0.4469
	中度集聚性产业	0.4326	0.5569	0.7420
	低度集聚性产业	0.5022	0.8090	0.6249
第四次经济普查时期	各产业平均	0.8441	0.9154	0.9234
	高度集聚性产业	0.7890	0.9223	0.8598
	中度集聚性产业	0.8310	0.8854	0.9382
	低度集聚性产业	0.8896	0.9414	0.9459

① 与第三次经济普查相比,第四次经济普查时期各产业的经济效率都有明显提升。

② 在综合效率上,高度集聚性产业的综合效率始终是最低的,低度集聚性产业的综合效率始终是最高的。在纯技术效率上,第三次经济普查时期高度集聚性产业纯技术效率最低,低度集聚性产业纯技术效率最高;第四次经济普查时期,高度集聚性产业的纯技术效率已经超过中度集聚性产业的纯技术效率。在规模效

率上,第三次经济普查时期,规模效率从高到低依此是中度集聚性产业、低度集聚性产业、高度集聚性产业;第四次经济普查时期,规模效率从高到低依此是低度集聚性产业、中度集聚性产业、高度集聚性产业。

③ 在不同类型效率的比较上,第三次经济普查时期,高度集聚性产业、中度集聚性产业的纯技术效率低于规模效率,而低度集聚性产业的纯技术效率高于规模效率;第四次经济普查时期,高度集聚性产业的纯技术效率高于规模效率,而中度集聚性产业、低度集聚性产业的纯技术效率低于规模效率。

(2) 第三产业效率(表9-8)

表9-8 第三产业经济效率

时期	产业类型	综合效率	纯技术效率	规模效率
第三次经济普查时期	各产业平均	0.8327	0.9288	0.8962
	高度集聚性产业	0.8520	0.9123	0.9316
	中度集聚性产业	0.7765	0.8981	0.8641
	低度集聚性产业	0.8436	0.9398	0.8980
第四次经济普查时期	各产业平均	0.8291	0.9052	0.9161
	高度集聚性产业	0.7411	0.8187	0.9088
	中度集聚性产业	0.7816	0.8404	0.9295
	低度集聚性产业	0.8612	0.9415	0.9108

① 与第三次经济普查相比,第四次经济普查时期各产业的综合效率、纯技术效率都有所下降,但规模效率则是提升的。其中,综合效率的下降取决于高度集聚性产业综合效率的下降,而中度集聚性产业、低度集聚性产业综合效率都是提升的;纯技术效率的下降取决于高度集聚性产业、中度集聚性产业纯技术效率的下降,而低度集聚产业纯技术效率是提升的;规模效率的上升得益于中度集聚性产业和低度集聚性产业规模效率的提升,而高度集聚向产业规模效率是下降的。

② 在综合效率上,第三次经济普查时期综合效率由高到低依此是高度集聚性产业、低度集聚性产业、中度集聚性产业;第四次经济普查时期综合效率由高到低排序为低度集聚性产业、中度集聚性产业、高度集聚性产业。在纯技术效率上,第三次经济普查时期纯技术效率由高到低依此是低度集聚性产业、高度集聚性产业、中度集聚性产业;第四次经济普查时期综合效率由高到低排序为低度集聚性产业、中度集聚性产业、高度集聚性产业。在规模效率上,第三次经济普查时期,规模效率从高到低依此是高度集聚性产业、低度集聚性产业、中度集聚性产业;第四次经济普查时期,规模效率从高到低依此是低度集聚性产业、高度集聚性产业、中度集聚性产业。

③ 在不同类型效率的比较上,第三次经济普查时期,高度集聚性产业的纯技术效率低于规模效率,而中度集聚性产业、低度集聚性产业的纯技术效率高于规模效率;第四次经济普查时期,高度集聚性产业、中度集聚产业的纯技术效率低于规模效率,而低度集聚性产业的纯技术效率高于规模效率。

9.1.5 电子信息产业集聚研究结论

1. 关于电子信息产业集聚水平

(1) 第四次经济普查数据显示,中国电子信息制造业在省级层面的集聚水平呈现下降趋势,但仍属于高度集聚产业。

(2) 表现在区域上,电子信息制造业主要集聚在东部沿海地区和少数几个中西部省份;从产业集聚水平变化趋势来看,东部地区的产业集聚水平呈现下降趋势;中部地区的产业集聚水平呈现明显的上升趋势;西部地区的产业集聚水平变化趋势不明显。具体分省份来看,广东、江苏、天津、上海、福建、浙江等大部分东部省份电子信息制造业区位熵都有所下降,湖南、河南、安徽、江西、山西、湖北几个中部省市的区位熵上升,西部地区集聚水平上升的省份集中在四川、重庆、广西几个西南地区省市,由此可以看出,电子信息制造业已经开始向中部地区和西南地区转移。

2. 关于电子信息产业集聚效应

(1) 整体来看,电子信息制造业集聚对区域经济增长有正向的促进作用,且这种促进作用是加强的。整体上产业集聚水平下降的变化趋势是有利于电子信息制造业发展的。

(2) 分区域来看,东、中部地区电子信息制造业集聚因素都是促进区域产业发展的积极因素,并且这种正向促进作用是加强的。东部地区产业集聚水平的下降、中部地区产业集聚水平的上升都是有利于区域产业发展的。同时,从东部地区和中部地区产业集聚因素的回归系数可以看出,中部地区产业集聚因素对产业发展的正向影响高于东部地区,通过边际效应递减规律解释了这一现象,得出加强中部地区电子信息制造业集聚有利于促进整个产业发展的结论。

3. 关于中部地区产业集聚影响因素

(1) 整体来看,内部规模经济、外部规模经济、经济一体化、比较优势、政府政策支持都是中部地区电子信息制造业产业集聚的积极因素。

(2) 具体来看,经济一体化是影响我国中部地区电子信息制造业集聚的主要因素,中部地区电子信息制造业的集聚发展同样依赖出口和外资的拉动;比较优势对产业集聚的影响主要表现在技术劳动力因素和国内资本要素上,电子信息制造业作为资本、技术密集型产业,更倾向于在人力资本水平高、高科技人才密集和投资水平高的地区集聚,有技术劳动力和资本的优势的地区更容易形成产业集聚;外部规模经济对产业集聚的影响主要表现在知识溢出上,说明产业聚集过程中企业追求知识共享的趋势比较强烈,而产业间的相互联系能够促进产业集聚;内部规模经济对产业集聚也存在一定影响,企业规模经济所产生的竞争优势会产生引导和示范效应,促进电子信息制造业的集聚,但这种影响还比较小;政府政策因素对产业集聚的积极影响,不过其作用有限。

9.2 相关建议

9.2.1 总体思路

1. 积极促进部分产业的聚集

四次经济普查,中国第二、三产业中的许多产业都存在着明显的聚集性,并且这种聚集性不断变化,一部分产业始终保持较好的集聚态势,一部分产业的聚集程度上升趋势明显,说明产业聚集在经济发展过程中是必然的现象。此外,第二、三产业的部分产业对经济增长的促进作用显著,鉴于此,应积极引导和推进第二、三产业中部分产业的聚集。

研究表明,第二产业中的资源密集型产业、知识技术密集型产业、劳动密集型产业具有明显的聚集倾向;第三产业中的生产性服务业也具有一定的聚集性。因此,在促进第二、三产业聚集的过程中,目标是放在这些类型的产业上。在当前,从调整经济结构、提高经济增长质量的角度看,重点是促进知识技术密集型产业和生产性服务业的聚集。

2. 合理布局,有序引导产业集聚的变化

理论和实践证明,不同的产业由于生产特点和市场环境不同,并非都适宜集聚;集聚性产业的集聚过程也并非同步,存在着"错位";集聚性产业的集聚也并非一直趋向于集聚程度的提升,在一定时期内存在着集聚"不经济"现象。为此,应该正确看待和有序引导产业集聚的变化。东部地区是优先发展的地区,是一部分制造业的集聚区,但集聚效应已经开始弱化,集聚"不经济"开始显现,需要调整产业布局,引导部分产业向中西部转移。

研究显示,当前第三产业的聚集程度总体来看低于第二产业的聚集程度,并且第三产业的集聚还出现不断弱化的趋势,同时,第三产业对经济增长的正向影响明显弱于第二产业,甚至对经济增长有一定的抑制,说明在当前第三产业的集聚应有所适度,不宜过度推进。要有序推进第三产业集聚的同时,引导第三产业的布局向更广泛的范围扩展。

3. 注重第二产业、第三产业聚集的协调性

从第二、三产业的关系来看,第三产业对第二产业具有服务性、配套性。由于这种服务性、配套性,第三产业发展的同时也会促进第二产业的发展。本研究表明,第二、三产业中的聚集性产业(EG 指数>0.02 的产业)存在着显著的相关性,说明第二产业的聚集和第三产业的聚集存在着密切的互为影响关系。因此,要加强第二产业集聚和第三产业集聚的协调性,一方面要注重第二产业集聚和第三产业集聚的共同推进;另一方面,根据产业特点和发展趋势,引导第二产业和第三产业在集聚程度上"同层提升"或者"平层错位"。

4. 关注现有部分优势区域的产业聚集

区位熵大于 1 的地区表明在该地区企业数量上占有相对优势,这种相对性是针对该地区的经济份额而言的,而非表明在该地区企业数量上占有绝对优势。相对集聚区域尽管也表明在该区域内企业数量上形成一定的规模,但更多的是产业地位的一种反映。一种常见的情况是,在某些不发达省份,其区位熵大于 1,产业的优势地位明显但企业数量有限。因此,对区位熵大于 1 的区域需要区别对待。应重点关注两类地区,一是区位熵大于 1,且区位熵较高的地区(例如区位熵>3),二是区位熵大于 1,且区位熵较低,但企业数量较多的地区。这两类地区都表明企业数量上不但具有相对优势,也具有绝对优势。

9.2.2 主要方式

1. 创造有利于产业聚集及其变动的环境,强化机制

产业聚集受一系列因素的影响。在本书中,第二产业聚集的影响因素有企业规模、知识溢出、中间产品投入、劳动力相对投入强度、技术相对投入强度、销售强度、外资利用强度和出口强度。第三产业聚集的影响因素有企业规模、知识溢出、产业联系、劳动力投入强度、技术投入强度、市场需求、信息化水平、出口强度和国有化率等。这些因素中有的对产业聚集有正向影响,有些有负向影响。在当前,就是要创造和强化这些正向因素,削弱那些负向因素。

对于第二产业来说,第一,就是要保证产业聚集区域的劳动力的充分供给,对于知识技术密集型产业,尤其要加强劳动力知识、技能的培训;第二,就是要加大对各产业的科技投入力度,并且努力提供完备、便利的科技信息服务平台,通过知识技术的共享吸引产业聚集;第三,实施开放战略,积极吸引外资,提高外资利用水平,以优秀的人才、先进的技术和管理方式促进产业的聚集。同时,不断打造产业链条,消除区域间的交易壁垒,使上下游之间的产品流动便利、顺畅,降低销售强度对产业聚集的制约作用。

对于第三产业来说,产业布局的首要因素就是市场因素。因此,无论是目前稳定第三产业现有聚集程度,还是未来促进第三产业进一步集聚,或是第三产业布局范围的进一步扩展,重点就是要明确服务对象、扩大服务范围和领域、优化服务方式和手段,进而能够进一步提升服务需求。

2. 优化投入,提升聚集产业的生产效率

通过对产业生产效率的分析发现,第二、三产业中聚集性产业(高度聚集产业和中度聚集性的产业)的生产效率尽管都有所提升,但还有进一步提升空间。其中的纯技术效率的提升在于优化投入的生产要素组合,减少个别生产要素的冗余,而规模效率提升在于扩大投入要素的规模。因此,对于第二、三产业而言,提高纯技术效率的途径就是优化生产要素的匹配性,其中大部分第二产业需要适度强化聚集、增加固定资产投资,第三产业则更需要增加固定资产投资。从提高规模效率的角度看,第二、三产业中聚集性产业则都有必要使现有的固定资产投资规模和产业的聚集程度有所提升。但前面的建议也提到,促进产业聚集也要有选择、有秩序的进行。

3. 地市级区域在产业聚集过程中应更多地发挥作用

许多学者的研究表明,空间尺度越小,产业的聚集程度越低。在省级层面具有一定聚集性的产业,从地市级层面考察,聚集程度会明显降低。说明产业在地市级区域间的分布相对广泛,在地市级层面,产业的集聚程度有限,较少出现集聚程度很高的情况。因此,推进不同产业的适度聚集需要更多地关注地市级层面,可以根据不同地市级区域的具体情况,选择适宜的产业(中类产业甚至是小类产业)给予侧重。

9.2.3 电子信息制造业集聚政策建议

1. 发展思路

(1)注重电子信息制造业在各个区域发展的协调性

从电子信息制造业集聚的产出效应可以看出,东部地区电子信息制造业集聚因素对产业发展的促进作用远小于中部地区,因此要想促进整个产业发展水平的提高,就要注重电子信息制造业在区域发展的协调性,在政策扶持方面应该向中、西部地区倾斜,有序促进东部地区电子信息制造业向中西部地区转移。

(2) 积极引导和促进中部地区电子信息制造业集聚

从电子信息制造业集聚在区域上的表现可以看出,中部地区电子信息制造业集聚水平远低于东部地区,但中部地区产业集聚因素对产业发展的正向影响高于东部地区。因此,应积极引导和推进中部地区电子信息制造业集聚,以促进整个产业发展水平的提高。

(3) 选择性促进中部地区电子信息制造业集聚

研究表明,湖南、河南、江西、山西、安徽、湖北六个中部省份产业集聚水平较高,有发展电子信息制造业的比较优势,因此在促进中部地区电子信息制造业集聚的过程中,要注重发挥各省份的比较优势,有选择性地促进电子信息制造业在中部地区聚集。

2. 主要方式

(1) 中部地区应强化机制,创造有利于电子信息制造业集聚的环境

经过分析可知,进一步的产业集聚对中部地区产业发展水平的提升作用明显。而中部地区电子信息制造业集聚受一系列因素的影响,其中最主要的因素有技术劳动力投入、外资利用水平、出口强度、国内资本和知识溢出。这些因素对产业集聚有正向影响,因此,在当前,就是要创造和强化这些正向因素来促进中部地区电子信息制造业集聚。

第一,电子信息制造业是知识密集型产业,要保证产业聚集区域的技术劳动力的充分供给,要加强劳动力知识、技能的培训。

第二,要加大科技投入力度,引进先进技术,注重创新的发展,努力提供完备、便利的科技信息服务平台,通过知识技术的共享吸引产业集聚。

第三,实施开放战略,发挥比较优势,积极吸引外资,提高外资利用水平,以优秀的人才、先进的技术和管理方式促进产业的聚集,致力于创建有特色、专业化的产业园区。同时,不断打造产业链条,形成完善的中间产品市场体系,消除区域间的交易壁垒,使上下游之间的产品流动便利、顺畅,降低销售强度对产业聚集的制约作用。

(2) 东部地区应优化投入,实现部分产业向中西部地区有序转移。

产业集聚对区域发展影响的分析发现,东部地区产业集聚因素对产业发展的正向影响低于中部地区。劳动力和资本要素的集聚可能会造成东部地区产生要素拥挤效应,因此,对东部地区来说,优化要素投入,增强体系化创新能力,打造合理的产业链条,优化产业内部结构,实现部分产业向中西部地区的有序转移是关键。

第一,要加大创新投入,加强高技术专业人才的培养,增强产业集聚区域内部

的体系化创新能力,通过技术创新增强区域产业竞争力。通过不断探索战略性新兴领域,推动产业转型升级,培育电子信息制造业新的增长点。

第二,优化资源配置,建立集聚区各企业之间合理的分工体系。鼓励企业之间的兼并重组,鼓励企业之间的融合创新,通过实现产业链整合构建集聚区域内合理的分工体系,提高集聚区域整体的产业竞争力。

第三,东部地区应致力于发挥辐射带头作用,在不断增强沿海地区的集聚效应的同时,合理优化区域产业发展内部结构,通过在中西部地区建立新型工业化产业示范基地,缓解东部地区产业发展压力,加快推动中西部地区形成新的增长极,实现与中西部地区产业的差异化发展,打造三个地区优势互补的一体化发展新格局。

附　录

附录1　三个版本产业分类标准比较

2002年版(GB/T 4754—2002)产业分类标准中的门类和大类

产业门类		产业大类
代码	名称	（两位数编码，名称）
A	农、林、牧、渔业	01农业、02林业、03畜牧业、04渔业、05农、林、牧、渔服务业
B	采矿业	06煤炭开采和洗选业、07石油和天然气开采业、08黑色金属矿采选业、09有色金属矿采选业、10非金属矿采选业、11其他采矿业
C	制造业	13农副食品加工业、14食品制造业、15饮料制造业、16烟草制品业、17纺织业、18纺织服装、鞋、帽制造业、19皮革、毛皮、羽毛(绒)及其制品业、20木材加工及木、竹、藤、棕、草制品业、21家具制造业、22造纸及纸制品业、23印刷业和记录媒介的复制、24文教体育用品制造业、25石油加工、炼焦及核燃料加工业、26化学原料及化学制品制造业、27医药制造业、28化学纤维制造业、29橡胶制品业、30塑料制品业、31非金属矿物制品业、32黑色金属冶炼及压延加工业、33有色金属冶炼及压延加工业、34金属制品业、35通用设备制造业、36专用设备制造业、37交通运输设备制造业、39电气机械及器材制造业、40通信设备、计算机及其他电子设备制造业、41仪器仪表及文化、办公用机械制造业、42工艺品及其他制造业、43废弃资源和废旧材料回收加工业
D	电力、燃气及水生产和供应业	44电力、热力的生产和供应业、45燃气生产和供应业、46水的生产和供应业
E	建筑业	47房屋和土木工程建筑业、48建筑安装业、49建筑装饰业、50其他建筑业

续 表

产业门类		产业大类
代码	名称	（两位数编码,名称）
F	交通运输、仓储和邮政业	51 铁路运输业、52 道路运输业、53 城市公共交通业、54 水上运输业、55 航空运输业、56 管道运输业、57 装卸搬运和其他运输服务业、58 仓储业、59 邮政业
G	信息传输、计算机服务和软件业	60 电信和其他信息传输服务业、61 计算机服务业、62 软件业
H	批发和零售业	63 批发业、65 零售业
I	住宿和餐饮业	66 住宿业、67 餐饮业
J	金融业	68 银行业、69 证券业、70 保险业、71 其他金融活动
K	房地产业	72 房地产业
L	租赁和商务服务业	73 租赁业、74 商务服务业
M	科学研究、技术服务和地质勘探业	75 研究与试验发展、76 专业技术服务业、77 科技交流和推广服务业、78 地质勘查业
N	水利、环境和公共设施管理业	79 水利管理业、80 环境管理业、81 公共设施管理业
O	居民服务和其他服务业	82 居民服务业、83 其他服务业
P	教育	84 教育
Q	卫生、社会保障和社会福利业	85 卫生、86 社会保障业、87 社会福利业
R	文化、体育和娱乐业	88 新闻出版业、89 广播、电视、电影和音像业、90 文化艺术业、91 体育、92 娱乐业
S	公共管理和社会组织	93 中国共产党机关、94 国家机构、95 人民政协和民主党派、96 群众团体、社会团体和宗教组织、97 基层群众自治组织
T	国际组织	98 国际组织

2011 年版（GB/T 4754—2011）产业分类标准中的门类和大类

产业门类		产业大类
代码	名称	（两位数编码,名称）
A	农、林、牧、渔业	01 农业、02 林业、03 畜牧业、04 渔业、05 农、林、牧、渔服务业
B	采矿业	06 煤炭开采和洗选业、07 石油和天然气开采业、08 黑色金属矿采选业、09 有色金属矿采选业、10 非金属矿采选业、11 开采辅助活动、12 其他采矿业

续表

产业门类		产业大类
代码	名称	（两位数编码，名称）
C	制造业	13 农副食品加工业、14 食品制造业、15 酒、饮料和精制茶制造业、16 烟草制品业、17 纺织业、18 纺织服装、服饰业、19 皮革、毛皮、羽毛及其制品和制鞋业、20 木材加工及木、竹、藤、棕、草制品业、21 家具制造业、22 造纸及纸制品业、23 印刷业和记录媒介的复制、24 文教、工美、体育和娱乐用品制造业、25 石油加工、炼焦及核燃料加工业、26 化学原料及化学制品制造业、27 医药制造业、28 化学纤维制造业、29 橡胶和塑料制品业、30 非金属矿物制品业、31 黑色金属冶炼和压延加工业、32 有色金属冶炼和压延加工业、33 金属制品业、34 通用设备制造业、35 专用设备制造业、36 汽车制造业、37 铁路、船舶、航空航天和其他运输设备制造业、38 电气机械及器材制造业、39 计算机、通信和其他电子设备制造业、40 仪器仪表制造业、41 其他制造业、42 废弃资源综合利用业、43 金属制品、机械和设备修理业
D	电力、燃气及水生产和供应业	44 电力、热力生产和供应业、45 燃气生产和供应业、46 水的生产和供应业
E	建筑业	47 房屋建筑业、48 土木工程建筑业、49 建筑安装业、50 建筑装饰和其他建筑业
F	批发和零售业	51 批发业、52 零售业
G	交通运输、仓储和邮政业	53 铁路运输业、54 道路运输业、55 水上运输业、56 航空运输业、57 管道运输业、58 装卸搬运和运输代理业、59 仓储业、60 邮政业
H	住宿和餐饮业	61 住宿业、62 餐饮业
I	信息传输、软件和信息技术服务业	63 电信、广播电视和卫星传输服务、64 互联网和相关服务、65 软件和信息技术服务
J	金融业	66 货币金融服务、67 资本市场服务、68 保险业、69 其他金融业
K	房地产业	70 房地产业
L	租赁和商务服务业	71 租赁业、72 商务服务业
M	科学研究和技术服务业	73 研究与试验发展、74 专业技术服务业、75 科技推广和应用服务业
N	水利、环境和公共设施管理业	76 水利管理业、77 生态保护和环境治理业、78 公共设施管理业
O	居民服务、修理和其他服务业	79 居民服务业、80 机动车、电子产品和日用产品修理业、81 其他服务业
P	教育	82 教育

续 表

产业门类		产业大类
代码	名称	（两位数编码,名称）
Q	卫生和社会工作	83 卫生、84 社会工作
R	文化、体育和娱乐业	85 新闻出版业、86 广播、电视、电影和影视录音制作业、87 文化艺术业、88 体育、89 娱乐业
S	公共管理、社会保障和社会组织	90 中国共产党机关、91 国家机构、92 人民政协、民主党派、93 社会保障、94 群众团体、社会团体和其他成员组织、95 基层群众自治组织
T	国际组织	96 国际组织

2017 年版(GB/T 4754—2017)产业分类标准中的门类和大类

产业门类		产业大类
代码	名称	（两位数编码,名称）
A	农、林、牧、渔业	01 农业、02 林业、03 畜牧业、04 渔业、05 农、林、牧、渔专业及辅助性活动
B	采矿业	06 煤炭开采和洗选业、07 石油和天然气开采业、08 黑色金属矿采选业、09 有色金属矿采选业、10 非金属矿采选业、11 开采专业及辅助性活动、12 其他采矿业
C	制造业	13 农副食品加工业、14 食品制造业、15 酒、饮料和精制茶制造业、16 烟草制品业、17 纺织业、18 纺织服装、服饰业、19 皮革、毛皮、羽毛及其制品和制鞋业、20 木材加工及木、竹、藤、棕、草制品业、21 家具制造业、22 造纸及纸制品业、23 印刷业和记录媒介的复制、24 文教、工美、体育和娱乐用品制造业、25 石油、煤炭及其他燃料加工业、26 化学原料及化学制品制造业、27 医药制造业、28 化学纤维制造业、29 橡胶和塑料制品业、30 非金属矿物制品业、31 黑色金属冶炼和压延加工业、32 有色金属冶炼和压延加工业、33 金属制品业、34 通用设备制造业、35 专用设备制造业、36 汽车制造业、37 铁路、船舶、航空航天和其他运输设备制造业、38 电气机械及器材制造业、39 计算机、通信和其他电子设备制造业、40 仪器仪表制造业、41 其他制造业、42 废弃资源综合利用业、43 金属制品、机械和设备修理业
D	电力、燃气及水生产和供应业	44 电力、热力生产和供应业、45 燃气生产和供应业、46 水的生产和供应业
E	建筑业	47 房屋建筑业、48 土木工程建筑业、49 建筑安装业、50 建筑装饰、装修和其他建筑业
F	批发和零售业	51 批发业、52 零售业

续表

产业门类代码	产业门类名称	产业大类（两位数编码，名称）
G	交通运输、仓储和邮政业	53 铁路运输业、54 道路运输业、55 水上运输业、56 航空运输业、57 管道运输业、58 多式联运和运输代理业、59 装卸搬运和仓储业、60 邮政业
H	住宿和餐饮业	61 住宿业、62 餐饮业
I	信息传输、软件和信息技术服务业	63 电信、广播电视和卫星传输服务、64 互联网和相关服务、65 软件和信息技术服务
J	金融业	66 货币金融服务、67 资本市场服务、68 保险业、69 其他金融业
K	房地产业	70 房地产业
L	租赁和商务服务业	71 租赁业、72 商务服务业
M	科学研究和技术服务业	73 研究与试验发展、74 专业技术服务业、75 科技推广和应用服务业
N	水利、环境和公共设施管理业	76 水利管理业、77 生态保护和环境治理业、78 公共设施管理业、79 土地管理业
O	居民服务、修理和其他服务业	80 居民服务业、81 机动车、电子产品和日用产品修理业、82 其他服务业
P	教育	83 教育
Q	卫生和社会工作	84 卫生、85 社会工作
R	文化、体育和娱乐业	86 新闻出版业、87 广播、电视、电影和录音制作业、88 文化艺术业、89 体育、90 娱乐业
S	公共管理、社会保障和社会组织	91 中国共产党机关、92 国家机构、93 人民政协、民主党派、94 社会保障、95 群众团体、社会团体和其他成员组织、96 基层群众自治组织和其他组织
T	国际组织	97 国际组织

附录2 基于省级层面的产业大类 EG 指数

第一次经济普查产业大类 EG 指数
(GB/T 4754—2002)

编码	产业	EG 指数	排序
	第二产业		
40	通信设备、计算机及其他电子设备制造业	0.13568	1
24	文教体育用品制造业	0.13539	2
19	皮革、毛皮、羽毛(绒)及其制品业	0.09466	3
08	黑色金属矿采选业	0.07622	4
25	石油加工、炼焦及核燃料加工业	0.06539	5
06	煤炭开采和洗选业	0.06341	6
11	其他采矿业	0.05277	7
39	电气机械及器材制造业	0.05245	8
09	有色金属矿采选业	0.05152	9
21	家具制造业	0.04453	10
41	仪器仪表及文化、办公用机械制造业	0.04414	11
16	烟草制品业	0.04358	12
13	农副食品加工业	0.04049	13
28	化学纤维制造业	0.04015	14
42	工艺品及其他制造业	0.03643	15
30	塑料制品业	0.03594	16
18	纺织服装、鞋、帽制造业	0.03423	17
07	石油和天然气开采业	0.02863	18
32	黑色金属冶炼及压延加工业	0.02806	19
17	纺织业	0.02525	20
34	金属制品业	0.02173	21
35	通用设备制造业	0.01901	22
50	其他建筑业	0.01786	23
20	木材加工及木、竹、藤、棕、草制品业	0.01642	24
31	非金属矿物制品业	0.01395	25
10	非金属矿采选业	0.01380	26

续 表

编码	产业	EG 指数	排序
	第二产业		
45	燃气生产和供应业	0.01360	27
15	饮料制造业	0.01354	28
44	电力、热力的生产和供应业	0.01341	29
43	废弃资源和废旧材料回收加工业	0.01297	30
33	有色金属冶炼及压延加工业	0.01214	31
37	交通运输设备制造业	0.01118	32
49	建筑装饰业	0.01088	33
23	印刷业和记录媒介的复制	0.01086	34
29	橡胶制品业	0.01065	35
14	食品制造业	0.00943	36
26	化学原料及化学制品制造业	0.00906	37
48	建筑安装业	0.00855	38
47	房屋和土木工程建筑业	0.00839	39
22	造纸及纸制品业	0.00739	40
46	水的生产和供应业	0.00641	41
27	医药制造业	0.00613	42
36	专用设备制造业	0.00386	43
	第三产业		
90	文化艺术业	0.11514	1
62	软件业	0.10385	2
77	科技交流和推广服务业	0.08281	3
61	计算机服务业	0.07390	4
71	其他金融活动	0.07250	5
91	体育	0.06877	6
83	其他服务业	0.05228	7
75	研究与试验发展	0.05010	8
88	新闻出版业	0.04233	9
73	租赁业	0.03719	10
56	管道运输业	0.03541	11
80	环境管理业	0.02957	12
69	证券业	0.02953	13

续表

编码	产业	EG 指数	排序
	第三产业		
74	商务服务业	0.02896	14
58	仓储业	0.02733	15
86	社会保障业	0.02721	16
76	专业技术服务业	0.02607	17
89	广播、电视、电影和音像业	0.02469	18
78	地质勘查业	0.02412	19
72	房地产业	0.02276	20
53	城市公共交通业	0.02211	21
92	娱乐业	0.02208	22
82	居民服务业	0.02091	23
55	航空运输业	0.02058	24
79	水利管理业	0.02057	25
85	卫生	0.01885	26
84	教育	0.01347	27
54	水上运输业	0.01132	28
67	餐饮业	0.01024	29
63	批发业	0.00985	30
81	公共设施管理业	0.00829	31
66	住宿业	0.00817	32
57	装卸搬运和其他运输服务业	0.00803	33
65	零售业	0.00781	34
52	道路运输业	0.00673	35
68	银行业	0.00576	36
60	电信和其他信息传输服务业	0.00317	37
87	社会福利业	0.00066	38
70	保险业	0.00040	39
59	邮政业	0.00034	40

第二次经济普查产业大类 EG 指数
（GB/T 4754—2002）

编码	产业	EG 指数	排序
	第二产业		
40	通信设备、计算机及其他电子设备制造业	0.12260	1
24	文教体育用品制造业	0.12242	2
19	皮革、毛皮、羽毛（绒）及其制品业	0.09289	3
08	黑色金属矿采选业	0.09148	4
06	煤炭开采和洗选业	0.07231	5
28	化学纤维制造业	0.06298	6
25	石油加工、炼焦及核燃料加工业	0.06206	7
09	有色金属矿采选业	0.05895	8
39	电气机械及器材制造业	0.04895	9
30	塑料制品业	0.04229	10
07	石油和天然气开采业	0.04063	11
11	其他采矿业	0.04040	12
13	农副食品加工业	0.03967	13
41	仪器仪表及文化、办公用机械制造业	0.03921	14
21	家具制造业	0.03725	15
50	其他建筑业	0.03704	16
16	烟草制品业	0.03297	17
42	工艺品及其他制造业	0.03274	18
32	黑色金属冶炼及压延加工业	0.03110	19
18	纺织服装、鞋、帽制造业	0.02968	20
17	纺织业	0.02669	21
34	金属制品业	0.02181	22
10	非金属矿采选业	0.02047	23
23	印刷业和记录媒介的复制	0.01827	24
35	通用设备制造业	0.01819	25
45	燃气生产和供应业	0.01766	26
20	木材加工及木、竹、藤、棕、草制品业	0.01757	27
15	饮料制造业	0.01584	28
44	电力、热力的生产和供应业	0.01506	29

续表

编码	产业	EG 指数	排序
	第二产业		
31	非金属矿物制品业	0.01452	30
33	有色金属冶炼及压延加工业	0.01365	31
47	房屋和土木工程建筑业	0.01253	32
14	食品制造业	0.01211	33
29	橡胶制品业	0.01066	34
26	化学原料及化学制品制造业	0.01014	35
37	交通运输设备制造业	0.00898	36
48	建筑安装业	0.00859	37
22	造纸及纸制品业	0.00837	38
27	医药制造业	0.00788	39
43	废弃资源和废旧材料回收加工业	0.00753	40
46	水的生产和供应业	0.00582	41
49	建筑装饰业	0.00462	42
36	专用设备制造业	0.00408	43
	第三产业		
86	社会保障业	0.14062	1
77	科技交流和推广服务业	0.11057	2
51	铁路运输业	0.08267	3
62	软件业	0.08169	4
69	证券业	0.06405	5
78	地质勘查业	0.05020	6
91	体育	0.04309	7
90	文化艺术业	0.03835	8
75	研究与试验发展	0.03730	9
80	环境管理业	0.03131	10
88	新闻出版业	0.03116	11
56	管道运输业	0.03040	12
61	计算机服务业	0.03018	13
55	航空运输业	0.02568	14

续表

编码	产业	EG 指数	排序
	第三产业		
89	广播、电视、电影和音像业	0.02127	15
83	其他服务业	0.02123	16
74	商务服务业	0.02060	17
53	城市公共交通业	0.01845	18
58	仓储业	0.01830	19
73	租赁业	0.01526	20
92	娱乐业	0.01418	21
76	专业技术服务业	0.01406	22
82	居民服务业	0.01393	23
57	装卸搬运和其他运输服务业	0.01373	24
54	水上运输业	0.01354	25
87	社会福利业	0.01081	26
67	餐饮业	0.01015	27
84	教育	0.00996	28
60	电信和其他信息传输服务业	0.00992	29
79	水利管理业	0.00962	30
85	卫生	0.00911	31
66	住宿业	0.00853	32
72	房地产业	0.00796	33
71	其他金融活动	0.00761	34
65	零售业	0.00664	35
70	保险业	0.00650	36
68	银行业	0.00616	37
52	道路运输业	0.00571	38
63	批发业	0.00446	39
59	邮政业	0.00357	40
81	公共设施管理业	0.00251	41

第三次经济普查产业大类 EG 指数
（GB/T 4754—2011）

编码	产业	EG 指数	排序
	第二产业		
12	其他采矿业	0.10592	1
28	化学纤维制造业	0.10270	2
39	计算机、通信和其他电子设备制造业	0.09498	3
08	黑色金属矿采选业	0.08607	4
06	煤炭开采和洗选业	0.07477	5
19	皮革、毛皮、羽毛及其制品和制鞋业	0.06926	6
09	有色金属矿采选业	0.06691	7
24	文教、工美、体育和娱乐用品制造业	0.05271	8
25	石油加工、炼焦和核燃料加工业	0.04834	9
11	开采辅助活动	0.04531	10
38	电气机械和器材制造业	0.04031	11
21	家具制造业	0.03940	12
16	烟草制品业	0.03573	13
40	仪器仪表制造业	0.03252	14
13	农副食品加工业	0.03252	15
31	黑色金属冶炼和压延加工业	0.02941	16
10	非金属矿采选业	0.02925	17
17	纺织业	0.02559	18
37	铁路、船舶、航空航天和其他运输设备制造业	0.02527	19
29	橡胶和塑料制品业	0.02426	20
15	酒、饮料和精制茶制造业	0.02390	21
18	纺织服装、服饰业	0.02255	22
47	房屋建筑业	0.01872	23
41	其他制造业	0.01774	24
33	金属制品业	0.01739	25
44	电力、热力生产和供应业	0.01706	26
45	燃气生产和供应业	0.01683	27

续表

编码	产业	EG 指数	排序
	第二产业		
43	金属制品、机械和设备修理业	0.01660	28
20	木材加工和木、竹、藤、棕、草制品业	0.01634	29
07	石油和天然气开采业	0.01587	30
23	印刷和记录媒介复制业	0.01543	31
34	通用设备制造业	0.01491	32
32	有色金属冶炼和压延加工业	0.01362	33
14	食品制造业	0.01250	34
30	非金属矿物制品业	0.01235	35
36	汽车制造业	0.01044	36
22	造纸和纸制品业	0.01013	37
26	化学原料和化学制品制造业	0.01006	38
48	土木工程建筑业	0.00986	39
50	建筑装饰和其他建筑业	0.00966	40
42	废弃资源综合利用业	0.00952	41
27	医药制造业	0.00930	42
49	建筑安装业	0.00709	43
35	专用设备制造业	0.00662	44
46	水的生产和供应业	0.00623	45
	第三产业		
69	其他金融业	0.16582	1
67	资本市场服务	0.12836	2
75	科技推广和应用服务业	0.05630	3
65	软件和信息技术服务业	0.05606	4
64	互联网和相关服务	0.05531	5
85	新闻和出版业	0.04415	6
88	体育	0.04052	7
53	铁路运输业	0.04048	8
87	文化艺术业	0.03562	9
81	其他服务业	0.02806	10

续表

编码	产业	EG 指数	排序
	第三产业		
73	研究和试验发展	0.02396	11
56	航空运输业	0.02357	12
57	管道运输业	0.01969	13
55	水上运输业	0.01694	14
59	仓储业	0.01635	15
86	广播、电视、电影和影视录音制作业	0.01615	16
58	装卸搬运和运输代理业	0.01612	17
72	商务服务业	0.01328	18
76	水利管理业	0.01309	19
74	专业技术服务业	0.01229	20
68	保险业	0.01210	21
79	居民服务业	0.01126	22
83	卫生	0.01088	23
66	货币金融服务	0.01033	24
62	餐饮业	0.01018	25
71	租赁业	0.01006	26
61	住宿业	0.00828	27
84	社会工作	0.00776	28
89	娱乐业	0.00774	29
82	教育	0.00729	30
54	道路运输业	0.00604	31
63	电信、广播电视和卫星传输服务	0.00597	32
52	零售业	0.00533	33
60	邮政业	0.00530	34
70	房地产业	0.00511	35
78	公共设施管理业	0.00454	36
80	机动车、电子产品和日用产品修理业	0.00406	37
77	生态保护和环境治理业	0.00337	38
51	批发业	0.00319	39

第四次经济普查产业大类 EG 指数
（GB/T 4754—2017）

编码	产业	EG 指数	排序
	第二产业		
06	煤炭开采和洗选业	0.12640	1
28	化学纤维制造业	0.10349	2
11	开采专业及辅助性活动	0.10051	3
07	石油和天然气开采业	0.09881	4
39	计算机、通信和其他电子设备制造业	0.08050	5
08	黑色金属矿采选业	0.07973	6
12	其他采矿业	0.06236	7
19	皮革、毛皮、羽毛及其制品和制鞋业	0.06178	8
09	有色金属矿采选业	0.06167	9
25	石油、煤炭及其他燃料加工业	0.05572	10
38	电气机械和器材制造业	0.04585	11
31	黑色金属冶炼和压延加工业	0.03928	12
24	文教、工美、体育和娱乐用品制造业	0.03756	13
17	纺织业	0.03644	14
10	非金属矿采选业	0.03585	15
16	烟草制品业	0.03581	16
20	木材加工和木、竹、藤、棕、草制品业	0.03498	17
21	家具制造业	0.03095	18
13	农副食品加工业	0.03027	19
29	橡胶和塑料制品业	0.02868	20
40	仪器仪表制造业	0.02610	21
15	酒、饮料和精制茶制造业	0.02607	22
34	通用设备制造业	0.02280	23
37	铁路、船舶、航空航天和其他运输设备制造业	0.02240	24
41	其他制造业	0.02224	25
45	燃气生产和供应业	0.02220	26
33	金属制品业	0.02137	27

续表

编码	产业	EG 指数	排序
	第二产业		
47	房屋建筑业	0.02131	28
44	电力、热力生产和供应业	0.01904	29
18	纺织服装、服饰业	0.01742	30
32	有色金属冶炼和压延加工业	0.01643	31
22	造纸和纸制品业	0.01551	32
14	食品制造业	0.01457	33
35	专用设备制造业	0.01433	34
23	印刷和记录媒介复制业	0.01338	35
36	汽车制造业	0.01146	36
30	非金属矿物制品业	0.01047	37
48	土木工程建筑业	0.00958	38
49	建筑安装业	0.00933	39
27	医药制造业	0.00863	40
42	废弃资源综合利用业	0.00762	41
43	金属制品、机械和设备修理业	0.00754	42
26	化学原料和化学制品制造业	0.00725	43
46	水的生产和供应业	0.00714	44
50	建筑装饰、装修和其他建筑业	0.00487	45
	第三产业		
53	铁路运输业	0.10637	1
57	管道运输业	0.08208	2
67	资本市场服务	0.06404	3
56	航空运输业	0.04925	4
86	新闻和出版业	0.04891	5
69	其他金融业	0.04844	6
58	多式联运和运输代理业	0.04194	7
66	货币金融服务	0.03451	8
75	科技推广和应用服务业	0.03434	9
94	社会保障	0.03392	10

续表

编码	产业	EG 指数	排序
	第三产业		
64	互联网和相关服务	0.02900	11
68	保险业	0.02355	12
79	土地管理业	0.02336	13
65	软件和信息技术服务业	0.02279	14
55	水上运输业	0.02090	15
76	水利管理业	0.01767	16
73	研究和试验发展	0.01708	17
82	其他服务业	0.01631	18
87	广播、电视、电影和录音制作业	0.01383	19
62	餐饮业	0.01300	20
60	邮政业	0.00922	21
89	体育	0.00877	22
63	电信、广播电视和卫星传输服务	0.00873	23
85	社会工作	0.00856	24
88	文化艺术业	0.00829	25
84	卫生	0.00811	26
77	生态保护和环境治理业	0.00797	27
83	教育	0.00759	28
71	租赁业	0.00758	29
90	娱乐业	0.00720	30
61	住宿业	0.00620	31
80	居民服务业	0.00587	32
72	商务服务业	0.00547	33
78	公共设施管理业	0.00545	34
74	专业技术服务业	0.00484	35
59	装卸搬运和仓储业	0.00467	36
54	道路运输业	0.00391	37
70	房地产业	0.00377	38
52	零售业	0.00368	39
81	机动车、电子产品和日用产品修理业	0.00333	40
51	批发业	0.00141	41